大学赤本シリーズ

446

金沢工業大学

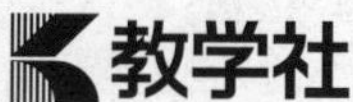

は　し　が　き

おかげさまで，大学入試の「赤本」は，今年で創刊70周年を迎えました。

これまで，入試問題や資料をご提供いただいた大学関係者各位，掲載許可をいただいた著作権者の皆様，各科目の解答や対策の執筆にあたられた先生方，そして，赤本を使用してくださったすべての読者の皆様に，厚く御礼を申し上げます。

以下に，創刊初期の「赤本」のはしがきを引用します。これからも引き続き，受験生の目標の達成や，夢の実現を応援してまいります。

本書を活用して，入試本番では持てる力を存分に発揮されることを心より願っています。

編者しるす

＊　＊　＊

学問の塔にあこがれのまなざしをもって，それぞれの志望する大学の門をたたかんとしている受験生諸君！　人間として生まれてきた私たちは，自己の欲するままに，美しく，強く，そして何よりも人間らしく生きることをねがっている。しかし，一朝一夕にして，この純粋なのぞみが達せられることはない。私たちの行く手には，絶えずさまざまな試練がまちかまえている。この試練を克服していくところに，私たちのねがう真に人間的な世界がはじめて開かれてくるのである。

人生最初の最大の試練として，諸君の眼前に大学入試がある。この大学入試は，精神的にも身体的にも，大きな苦痛を感ぜしめるであろう。あるスポーツに熟達するには，たゆみなき，はげしい練習を積み重ねることが必要であるように，私たちは，計画的・持続的な努力を払うことによって，この試練を克服し，次の一歩を踏みだすことができる。厳しい試練を経たのちに，はじめて満足すべき成果を獲得できるのである。

本書は最近の入学試験の問題に，それぞれ解答を付し，さらに問題をふかく分析することによって，その大学独特の傾向や対策をさぐろうとした。本書を一般の参考書とあわせて使用し，まとはずれのない，効果的な受験勉強をされるよう期待したい。

（昭和35年版「赤本」はしがきより）

挑む人の、いちばんの味方

1954 年に大学入試の過去問題集を刊行してから 70 年。赤本は大学に入りたいと思う受験生を応援しつづけてきました。これからも，苦しいとき落ち込むときにそばで支える存在でいたいと思います。

そして，勉強をすること，自分で道を決めること，努力が実ること，これらの喜びを読者の皆さんが感じることができるよう，伴走をつづけます。

そもそも赤本とは…

受験生のための大学入試の過去問題集！

70年の歴史を誇る赤本は，500点を超える刊行点数で全都道府県の370大学以上を網羅しており，過去問の代名詞として受験生の必須アイテムとなっています。

なぜ受験に過去問が必要なのか？

大学入試は大学によって問題形式や頻出分野が大きく異なるからです。

赤本の掲載内容

傾向と対策

これまでの出題内容から，問題の「**傾向**」を分析し，来年度の入試に向けて具体的な「**対策**」の方法を紹介しています。

問題編・解答編

- 年度ごとに問題とその解答を掲載しています。
- 「**問題編**」ではその年度の試験概要を確認したうえで，実際に出題された過去問に取り組むことができます。
- 「**解答編**」には高校・予備校の先生方による解答が載っています。

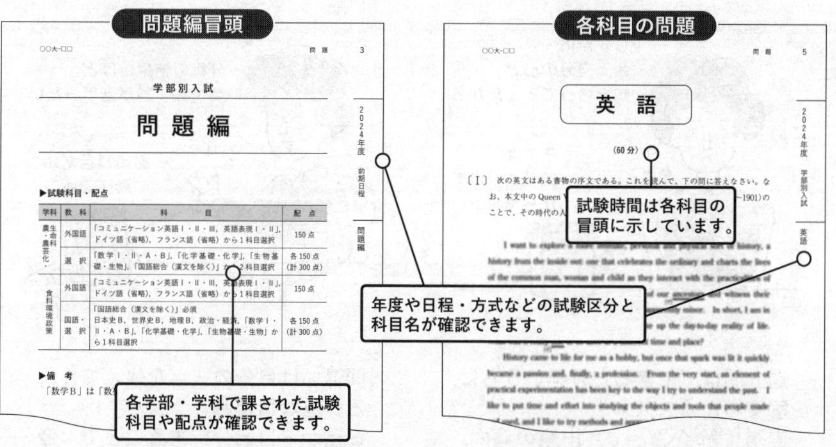

他にも，大学の基本情報や，先輩受験生の合格体験記，在学生からのメッセージなどが載っていることがあります。

掲載内容について

著作権上の理由やその他編集上の都合により問題や解答の一部を割愛している場合があります。なお，指定校推薦入試，社会人入試，編入学試験，帰国生入試などの特別入試，英語以外の外国語科目，商業・工業科目は，原則として掲載しておりません。また試験科目は変更される場合がありますので，あらかじめご了承ください。

受験勉強は

過去問に始まり，

STEP 1 なにはともあれ

まずは解いてみる

しずかに…
今，自分の心と
向き合ってるんだから
ムーン
それは
問題を解いて
からだホン!

過去問は，**できるだけ早いうちに解く**のがオススメ！
実際に解くことで，**出題の傾向，問題のレベル，今の自分の実力**がつかめます。

STEP 2 じっくり具体的に

弱点を分析する

分析の結果だけど
英・数・国が苦手みたい
スリー
必須科目だホン
頑張るホン

間違いは自分の弱点を教えてくれる**貴重な情報源。**
弱点から自己分析することで，**今の自分に足りない力や苦手な分野**が見えてくるはず！

合格者があかす 赤本の使い方

傾向と対策を熟読
（Fさん／国立大合格）
大学の出題傾向を調べるために，赤本に載っている「傾向と対策」を熟読しました。

繰り返し解く
（Tさん／国立大合格）
１周目は問題のレベル確認，２周目は苦手や頻出分野の確認に，３周目は合格点を目指して，と過去問は繰り返し解くことが大切です。

過去問に終わる。

STEP 3

志望校にあわせて

苦手分野の重点対策

明日からはみんなで頑張るよ！
参考書も！ 問題集も！
よろしくね！
呼んだ？
なにを!?
どこから!?
グッ
グッ

参考書や問題集を活用して，苦手分野の**重点対策**をしていきます。**過去問を指針**に，合格へ向けた具体的な学習計画を立てましょう！

STEP 1▶2▶3

サイクルが大事！

実践を繰り返す

STEP 1～3を繰り返し，実力アップにつなげましょう！
出題形式に慣れることや，**時間配分を考えること**も大切です。

目標点を決める
(Yさん／私立大合格)
赤本によっては合格者最低点が載っているので，それを見て目標点を決めるのもよいです。

時間配分を確認
(Kさん／私立大学合格)
赤本は時間配分や解く順番を決めるために使いました。

添削してもらう
(Sさん／私立大学合格)
記述式の問題は先生に添削してもらうことで自分の弱点に気づけると思います。

新課程入試 Q&A

2022年度から新しい学習指導要領（新課程）での授業が始まり，2025年度の入試は，新課程に基づいて行われる最初の入試となります。ここでは，赤本での新課程入試の対策について，よくある疑問にお答えします。

Q1. 赤本は新課程入試の対策に使えますか？

A. もちろん使えます！

旧課程入試の過去問が新課程入試の対策に役に立つのか疑問に思う人もいるかもしれませんが，心配することはありません。旧課程入試の過去問が役立つのには次のような理由があります。

● 学習する内容はそれほど変わらない

新課程は旧課程と比べて科目名を中心とした変更はありますが，学習する内容そのものはそれほど大きく変わっていません。また，多くの大学で，既卒生が不利にならないよう「経過措置」がとられます（Q３参照）。したがって，出題内容が大きく変更されることは少ないとみられます。

● 大学ごとに出題の特徴がある

これまでに課程が変わったときも，各大学の出題の特徴は大きく変わらないことがほとんどでした。入試問題は各大学のアドミッション・ポリシーに沿って出題されており，過去問にはその特徴がよく表れています。過去問を研究してその大学に特有の傾向をつかめば，最適な対策をとることができます。

出題の特徴の例	・英作文問題の出題の有無 ・論述問題の出題（字数制限の有無や長さ） ・計算過程の記述の有無

新課程入試の対策も，赤本で過去問に取り組むところから始めましょう。

Q2. 赤本を使う上での注意点はありますか？

A. 志望大学の入試科目を確認しましょう。

過去問を解く前に，過去の出題科目（問題編冒頭の表）と 2025 年度の募集要項とを比べて，課される内容に変更がないかを確認しましょう。ポイントは以下のとおりです。科目名が変わっていても，実際は旧課程の内容とほとんど同様のものもあります。

英語・国語	科目名は変更されているが，実質的には変更なし。 ▶▶ **ただし，リスニングや古文・漢文の有無は要確認。**
地歴	科目名が変更され，「歴史総合」「地理総合」が新設。 ▶▶ **新設科目の有無に注意。ただし，「経過措置」（Q3参照）により内容は大きく変わらないことも多い。**
公民	「現代社会」が廃止され，「公共」が新設。 ▶▶ **「公共」は実質的には「現代社会」と大きく変わらない。**
数学	科目が再編され，「数学 C」が新設。 ▶▶ **「数学」全体としての内容は大きく変わらないが，出題科目と単元の変更に注意。**
理科	科目名も学習内容も大きな変更なし。

数学については，科目名だけでなく，どの単元が含まれているかも確認が必要です。例えば，出題科目が次のように変わったとします。

旧課程	「数学Ⅰ・数学Ⅱ・数学 A・数学 B（数列・ベクトル）」
新課程	「数学Ⅰ・数学Ⅱ・数学 A・**数学 B（数列）・数学 C（ベクトル）**」

この場合，新課程では「数学C」が増えていますが，単元は「ベクトル」のみのため，実質的には旧課程とほぼ同じであり，過去問をそのまま役立てることができます。

Q3.「経過措置」とは何ですか？

A. 既卒の旧課程履修者への対応です。

多くの大学では，既卒の旧課程履修者が不利にならないように，出題において「経過措置」が実施されます。措置の有無や内容は大学によって異なるので，募集要項や大学のウェブサイトなどで確認しておきましょう。

○旧課程履修者への経過措置の例

- 旧課程履修者にも配慮した出題を行う。
- 新・旧課程の共通の範囲から出題する。
- 新課程と旧課程の共通の内容を出題し，共通範囲のみでの出題が困難な場合は，旧課程の範囲からの問題を用意し，選択解答とする。

例えば，地歴の出題科目が次のように変わったとします。

旧課程	「日本史 B」「世界史 B」から１科目選択
新課程	「**歴史総合**，日本史探究」「**歴史総合**，世界史探究」から１科目選択※ ※旧課程履修者に不利益が生じることのないように配慮する。

「歴史総合」は新課程で新設された科目で，旧課程履修者には見慣れないものですが，上記のような経過措置がとられた場合，新課程入試でも旧課程と同様の学習内容で受験することができます。

新課程の情報は WEB もチェック！
より詳しい解説が赤本ウェブサイトで見られます。
https://akahon.net/shinkatei/

科目名が変更される教科・科目

	旧課程	新課程
国語	国語総合 国語表現 現代文A 現代文B 古典A 古典B	現代の国語 言語文化 論理国語 文学国語 国語表現 古典探究
地歴	日本史A 日本史B 世界史A 世界史B 地理A 地理B	歴史総合 日本史探究 世界史探究 地理総合 地理探究
公民	現代社会 倫理 政治・経済	公共 倫理 政治・経済
数学	数学Ⅰ 数学Ⅱ 数学Ⅲ 数学A 数学B 数学活用	数学Ⅰ 数学Ⅱ 数学Ⅲ 数学A 数学B 数学C
外国語	コミュニケーション英語基礎 コミュニケーション英語Ⅰ コミュニケーション英語Ⅱ コミュニケーション英語Ⅲ 英語表現Ⅰ 英語表現Ⅱ 英語会話	英語コミュニケーションⅠ 英語コミュニケーションⅡ 英語コミュニケーションⅢ 論理・表現Ⅰ 論理・表現Ⅱ 論理・表現Ⅲ
情報	社会と情報 情報の科学	情報Ⅰ 情報Ⅱ

大学のサイトも見よう

目　次

2022年度 問題と解答

掲載内容についてのお断り

- 一般試験Aのうち，下記の日程は掲載していません。
  2024年度：2月3日実施分，2月4日実施分
  2023年度：2月3日実施分，2月4日実施分
  2022年度：2月3日実施分，2月4日実施分
- 推薦試験は掲載していません。
- 国語は，一般試験Bのみ掲載しています。

基本情報

学部・学科の構成

(注) 2025 年 4 月より，学部・学科構成が下記の通りになる予定。なお，内容は予定であり，変更となる場合があります。

大　学

●情報デザイン学部
経営情報学科
環境デザイン創成学科

●メディア情報学部
メディア情報学科
心理情報デザイン学科

●情報理工学部
情報工学科
知能情報システム学科
ロボティクス学科

●**バイオ・化学部**

環境・応用化学科

生命・応用バイオ学科

●**工学部**

機械工学科

先進機械システム工学科

航空宇宙工学科

電気エネルギーシステム工学科

電子情報システム工学科

環境土木工学科

●**建築学部**

建築学科

建築デザイン学科

大学院

工学研究科 / 心理科学研究科 / イノベーションマネジメント研究科

大学所在地

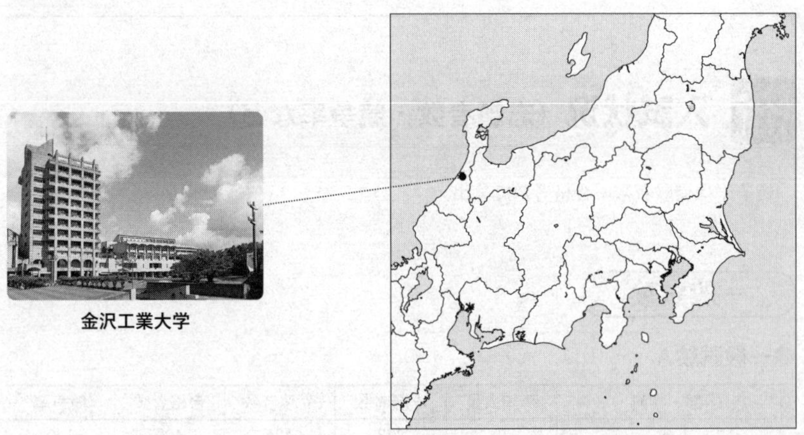
金沢工業大学

〒 921-8501　石川県野々市市扇が丘 7-1

2024 年度入試データ

入試状況（志願者数・競争率など）

○競争率は受験者数÷合格者数で算出。

一般試験

●一般試験 A

学部・学科		募集人員	志願者数	受験者数	合格者数	競争率
工	機械工	70	433	424	409	1.0
	航空システム工	21	29	28	27	1.0
	ロボティクス	35	102	102	96	1.1
	電気電子工	78	297	286	281	1.0
	情報工	70	575	566	552	1.0
	環境土木工	35	100	99	98	1.0
情報フロンティア	メディア情報	42	256	251	246	1.0
	経営情報	21	79	78	73	1.1
	心理科	21	57	57	54	1.1
建築	建築	70	343	340	335	1.0
バイオ・化	応用化	28	150	148	143	1.0
	応用バイオ	28	152	150	147	1.0

●一般試験B

学部・学科		募集人員	志願者数	受験者数	合格者数	競争率
工	機械工	12	11	9	7	1.3
	航空システム工	3	2	1	1	1.0
	ロボティクス	5	4	3	3	1.0
	電気電子工	13	5	5	5	1.0
	情報工	12	16	15	13	1.2
	環境土木工	6	1	1	1	1.0
情報フロンティア	メディア情報	6	9	6	1	6.0
	経営情報	3	1	1	1	1.0
	心理科	3	1	0	0	—
建築	建築	12	12	9	9	1.0
バイオ・化	応用化	5	3	2	2	1.0
	応用バイオ	5	2	1	1	1.0

●一般試験B・共通テストプラス

学部・学科		募集人員	志願者数	受験者数	合格者数	競争率
工	機械工	2	0	0	0	—
	航空システム工	1	0	0	0	—
	ロボティクス	1	0	0	0	—
	電気電子工	2	0	0	0	—
	情報工	2	2	2	1	2.0
	環境土木工	1	0	0	0	—
情報フロンティア	メディア情報	1	0	0	0	—
	経営情報	1	0	0	0	—
	心理科	1	0	0	0	—
建築	建築	2	0	0	0	—
バイオ・化	応用化	1	0	0	0	—
	応用バイオ	1	0	0	0	—

大学入学共通テスト利用

●共通テスト利用A

学部・学科		募集人員	志願者数	受験者数	合格者数	競争率
工	機械工	20	439	439	428	1.0
	航空システム工	6	86	86	85	1.0
	ロボティクス	10	170	170	163	1.0
	電気電子工	22	371	371	366	1.0
	情報工	20	542	542	523	1.0
	環境土木工	10	129	129	125	1.0
情報フロンティア	メディア情報	12	256	256	242	1.1
	経営情報	6	131	131	125	1.0
	心理科	6	69	69	69	1.0
建築	建築	20	290	290	282	1.0
バイオ・化	応用化	8	171	171	164	1.0
	応用バイオ	8	174	174	173	1.0

●共通テスト利用B

学部・学科		募集人員	志願者数	受験者数	合格者数	競争率
工	機械工	4	16	16	16	1.0
	航空システム工	1	6	6	6	1.0
	ロボティクス	2	8	8	8	1.0
	電気電子工	4	15	15	14	1.1
	情報工	4	17	17	6	2.8
	環境土木工	2	7	7	7	1.0
情報フロンティア	メディア情報	3	3	3	3	1.0
	経営情報	1	2	2	2	1.0
	心理科	1	1	1	1	1.0
建築	建築	4	13	13	4	3.3
バイオ・化	応用化	2	5	5	5	1.0
	応用バイオ	2	6	6	6	1.0

●共通テスト利用C

学部・学科		募集人員	志願者数	受験者数	合格者数	競争率
工	機械工	4	7	7	7	1.0
	航空システム工	1	3	3	3	1.0
	ロボティクス	2	1	1	1	1.0
	電気電子工	4	8	8	7	1.1
	情報工	4	11	11	4	2.8
	環境土木工	1	2	2	2	1.0
情報フロンティア	メディア情報	2	5	5	2	2.5
	経営情報	1	1	1	1	1.0
	心理科	1	1	1	1	1.0
建築	建築	4	8	8	4	2.0
バイオ・化	応用化	1	4	4	3	1.3
	応用バイオ	1	4	4	3	1.3

推薦試験

●推薦試験A

学部・学科		募集人員	志願者数	受験者数	合格者数	競争率
工	機械工	44	22	22	22	1.0
	航空システム工	13	3	3	3	1.0
	ロボティクス	22	19	19	19	1.0
	電気電子工	49	16	16	15	1.1
	情報工	44	66	66	65	1.0
	環境土木工	22	13	13	13	1.0
情報フロンティア	メディア情報	27	37	37	36	1.0
	経営情報	13	16	16	16	1.0
	心理科	13	12	12	12	1.0
建築	建築	44	53	53	52	1.0
バイオ・化	応用化	17	10	10	10	1.0
	応用バイオ	17	13	13	13	1.0

（備考）推薦試験Aの数値は，推薦試験A（公募制）および推薦試験A（指定校制）の合計。

●推薦試験B

学部・学科		募集人員	志願者数	受験者数	合格者数	競争率
工	機械工	4	2	1	1	1.0
	航空システム工	2	2	2	2	1.0
	ロボティクス	3	0	0	0	―
	電気電子工	4	2	2	2	1.0
	情報工	4	3	2	2	1.0
	環境土木工	3	0	0	0	―
情報フロンティア	メディア情報	3	2	2	2	1.0
	経営情報	2	1	1	1	1.0
	心理科	2	0	0	0	―
建築	建築	4	1	1	1	1.0
バイオ・化	応用化	2	0	0	0	―
	応用バイオ	2	0	0	0	―

目的志向型入学（AO 入学）

学部・学科		募集人員	一次選考			二次選考			競争率
			志願者数	受験者数	合格者数	志願者数	受験者数	合格者数	
工	機械工	20	39	39	39	39	39	39	1.0
	航空システム工	6	9	9	9	9	9	9	1.0
	ロボティクス	10	16	16	16	14	14	14	1.1
	電気電子工	22	17	17	17	17	17	17	1.0
	情報工	20	49	49	49	44	44	43	1.1
	環境土木工	10	14	14	14	13	13	13	1.1
情報フロンティア	メディア情報	12	45	45	45	43	43	40	1.1
	経営情報	6	12	12	12	11	11	11	1.1
	心理科	6	5	5	5	3	3	3	1.7
建築	建築	20	40	40	40	37	37	37	1.1
バイオ・化	応用化	8	18	18	18	18	18	18	1.0
	応用バイオ	8	10	10	10	9	9	9	1.1

（備考）目的志向型入学（AO 入学）の競争率は，受験者数（一次選考）÷合格者数（二次選考）。

募集要項(出願書類)の入手方法

インターネット出願が導入されています。募集要項は，大学ホームページで確認してください。

問い合わせ先

金沢工業大学　入試センター
〒921-8501　石川県野々市市扇が丘 7-1
TEL　076-248-0365
FAX　076-294-1327
e-mail　nyusi@kanazawa-it.ac.jp
URL　https://www.kanazawa-it.ac.jp/

金沢工業大学のテレメールによる資料請求方法

スマートフォンから	QRコードからアクセスしガイダンスに従ってご請求ください。
パソコンから	教学社 赤本ウェブサイト(akahon.net)から請求できます。

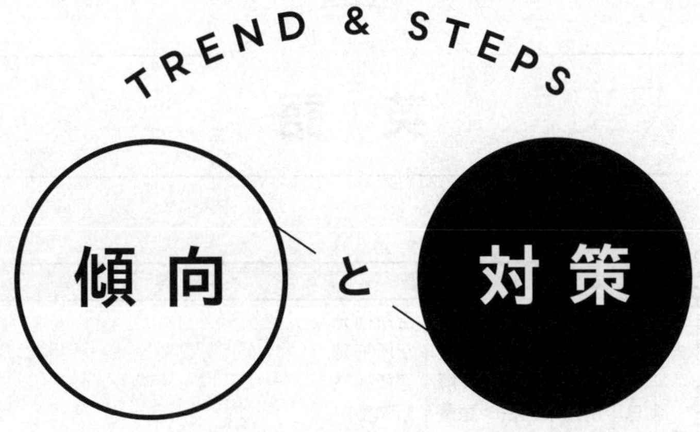

科目ごとに問題の「傾向」を分析し，具体的にどのような「対策」をすればよいか紹介しています。まずは出題内容をまとめた分析表を見て，試験の概要を把握しましょう。

注　意

「傾向と対策」で示している，出題科目・出題範囲・試験時間等については，2024年度までに実施された入試の内容に基づいています。2025年度入試の選抜方法については，各大学が発表する学生募集要項を必ずご確認ください。

来年度の変更点

2025年度入試では，一般試験Ａ・Ｂにおいて，以下の変更が予定されている（本書編集時点）。

〔一般試験Ａ〕

- 試験科目の変更：物理，化学，生物が課されなくなる。

〔一般試験Ｂ〕

- 試験科目の変更：物理，化学が課されなくなる。
- 試験時間の変更：数学の試験時間が90分から70分になる。

英語

年度・区分			番号	項目	内容
2024	一般A●	2月1日	〔1〕	文法・語彙	空所補充
			〔2〕	会話文	空所補充
			〔3〕	読解	空所補充
			〔4〕	文法・語彙	語句整序
			〔5〕	読解	誤り指摘
		2月2日	〔1〕	文法・語彙	空所補充
			〔2〕	会話文	空所補充
			〔3〕	読解	空所補充
			〔4〕	文法・語彙	語句整序
			〔5〕	読解	誤り指摘
	一般B	2月18日	〔1〕	文法・語彙	空所補充
			〔2〕	文法・語彙	誤り指摘・訂正
			〔3〕	文法・語彙	語句整序
			〔4〕	会話文	会話文の完成
			〔5〕	読解	内容説明（各 10 語 5 問），要約文の完成
2023	一般A●	2月1日	〔1〕	文法・語彙	空所補充
			〔2〕	会話文	空所補充
			〔3〕	読解	空所補充
			〔4〕	文法・語彙	語句整序
			〔5〕	読解	誤り指摘
		2月2日	〔1〕	文法・語彙	空所補充
			〔2〕	会話文	空所補充
			〔3〕	読解	空所補充
			〔4〕	文法・語彙	語句整序
			〔5〕	読解	誤り指摘
	一般B	2月18日	〔1〕	文法・語彙	空所補充
			〔2〕	文法・語彙	誤り指摘・訂正
			〔3〕	文法・語彙	語句整序
			〔4〕	会話文	会話文の完成
			〔5〕	読解	内容説明（各 10 語 5 問），要約文の完成

年度	区分	日程	番号	項目	内容
2022	一般A ●	2月1日	〔1〕	文法・語彙	空所補充
			〔2〕	会話文	空所補充
			〔3〕	読解	空所補充
			〔4〕	文法・語彙	語句整序
			〔5〕	読解	誤り指摘
		2月2日	〔1〕	文法・語彙	空所補充
			〔2〕	会話文	空所補充
			〔3〕	読解	空所補充
			〔4〕	文法・語彙	語句整序
			〔5〕	読解	誤り指摘
	一般B	2月18日	〔1〕	文法・語彙	空所補充
			〔2〕	文法・語彙	誤り指摘・訂正
			〔3〕	文法・語彙	語句整序
			〔4〕	会話文	会話文の完成
			〔5〕	読解	内容説明（各10語5問），要約文の完成

（注）●印は全問，◑印は一部マークシート式採用であることを表す。

文法・語彙，会話文，読解と幅広い英語力が問われる

01 出題形式は？

一般試験Aは大問5題，全問マークシート式で，試験時間は60分。一般試験Bは大問5題，記述式で，試験時間は70分。

02 出題内容はどうか？

一般試験Aでは，基礎力を試す問題が幅広く出題されている。全体として，細かい文法知識よりも，語彙力や読解力などを測る内容になっている。

〔1〕では，動詞の語法や時制，仮定法など基本的な文法・語彙力を問う問題が出題されている。代表的な文法事項だけでなく，名詞や接続詞，前置詞に関する問題，熟語を問う問題など，網羅的に出題されている。

〔2〕は，さまざまな場面での会話文が出題されており，日常的によくありそうな状況が設定されている。会話の定型表現が問われるというよりも，文脈に沿った発言を正確に選ぶことが求められている。

〔3〕の読解英文のテーマは，2023 年度は「デジタル緑化活動」「無人航空機による森林消火活動」のように環境に関するものであった。2024 年度は「15 分都市計画」「長距離ランナー　クリフ・ヤング」というユニークなものだった。過去にも「米国初の日系プロバスケットボール選手」というスポーツ関係の記事が取り上げられたことがある。設問は，主に文脈に沿った語彙を問うものが出題されているが，文法の知識を問うものも少なくない。ほとんどは，落ち着いて文脈を追っていけば正解にたどり着ける基礎的な設問で，難問ではない。

〔4〕は，与えられた日本文の意味を表す英文になるように，語句を並べ替える問題。基本的な構文を覚えておけば解答できる問題である。

〔5〕は，10 行程度の短い英文中の 4 つの単語の中から文脈に合わないものを選ぶ全 5 問の設問。文脈上反対の意味になっている単語を選ぶなどわかりやすいものが多いが，語彙のレベルがやや高いものもあり，扱われているトピックを把握して文脈をとらえることが大切である。集中力を切らさないよう，かつ，ある程度の速さで英文を読むことが必要である。

一般試験Ｂでは，一般試験Ａと同様に基礎力を試す問題が出題されているが，英文で解答する記述式の問題も出題されているため，より高い語彙力，正確な英作文力が要求される。語句やイディオム（慣用表現など），英文を記述解答する練習をしておきたい。

〔1〕は短文の空所補充が 5 問出題されている。一般試験Ａ〔1〕と同様の内容であるが，一般試験Ｂでは大問全体で語群（選択肢）が与えられており，記号ではなく単語そのものを解答用紙に書くことが求められている。

〔2〕は誤った語を正しい語（句）に直す問題。英文の中で与えられた日本語訳に合わない箇所を選び，正しい語または語句に直して日本語訳に対応する英文を完成させる。

〔3〕は，一般試験Ａ〔4〕と同様の語句整序問題が 5 問出題されている。

〔4〕は会話文の空欄 3 つをそれぞれ 3 語以上の文や表現で埋めて，自然な会話文を完成させる問題。2022・2023 年度はカフェテリアや教室など日常的な場面設定であった。定型表現を解答すればよい空欄もある。

〔5〕は，長文を読んで英文の設問に 10 語以内の英文で答える問題（5 問）と，要約文中の空欄に入る語や語句を本文から抜き出す問題（5 問）が出題されている。英文のテーマは 2022・2023 年度と理系（工学）の内

容が続いたが，2024年度は「テニスの得点方法」で，一般試験Ａ２月２日実施分の〔３〕と同様，スポーツの話題であった。

03 難易度は？

文法・語彙問題，読解問題，会話文問題のいずれも，高校英語の標準的な問題である。学校での学習を確実に身につけていれば対応できる。落ち着いて取り組み，ケアレスミスをなくし，確実に得点できるよう時間配分を工夫しよう。

対策

01 読解問題対策

読解問題は文脈の把握力が問われるので，300語程度の問題を数多くこなし，文章の内容を素早く把握する練習をしておこう。

誤り指摘問題も，文脈に合わない語句を指摘させる設問なので，どのような内容の文章かを的確に把握しながら読んでいくことが求められる。普段の勉強の際に，英文の内容を常に意識して，頭の中でまとめたり，自分なりの言葉で言い換えたりしながら読む習慣をつけるとよい。理系の話題はもちろんのこと，どんなジャンルの問題が出題されたとしてもあわてないようにしておきたい。そのためには本書で過去問を解いて慣れておくとよいだろう。

02 文法・語彙問題対策

文法・語彙問題は，基礎的なレベルのものが多いので，確実に点数をとれるようにしておきたい。出題内容は文法と熟語に関するものが中心であるが，文脈から判断しなければならないような，読解能力が必要となるものもある。また，単語の知識も問われている。語句の整序問題も文法や語彙の知識が前提となるので，標準的なレベルの文法・語彙の問題集を１冊，何度も繰り返して確実に仕上げておくとよい。

03 会話文問題対策

会話文は標準的なレベルである。会話の定型表現が問われるというよりも，文脈に合った発言を選ぶ問題が中心なので，会話特有の表現を押さえておくこともちろん必要であるが，表現の暗記にとどまらず，会話の文脈を把握する練習を重ねておこう。過去問を解くだけでなく，マーク式の会話文問題集も解いておくと心強い。

04 語彙力をつけよう

誤り指摘問題や文法・語彙問題では，単語の知識を問う問題が多いことも特徴である。標準的なレベルの単語集を１冊徹底的に使って単語を暗記していこう。単語は市販の単語帳を普段からすきま時間などに気楽に眺めておくと意外に頭に入るものである。その点で『風呂で覚える英単語』（教学社）は，バスの待ち時間などの有効活用によいだろう。また，過去問は必ず解いて，その中で出てきた知らない単語もチェックしておけば，幅広い分野に対応できるだろう。

数　学

年度・区分			番号	項　目	内　容
2024	一般A●	2月1日	〔1〕	小問6問	⑴式の値　⑵直線の方程式　⑶実数解をもつ条件と三角比　⑷確率（硬貨投げ）　⑸数列の和（階差の形）　⑹積分で表された関数
			〔2〕	指数関数	指数関数と置き換えによる２次関数
			〔3〕	ベクトル	三角形の外接円とベクトル
			〔4〕	図形と計量	二等辺三角形と内接円，三角比
		2月2日	〔1〕	小問6問	⑴式の値　⑵２次方程式の解の公式，解と係数の関係　⑶最短距離と対称移動　⑷確率（さいころの目の和・積）　⑸三角関数　⑹等差数列と等比数列
			〔2〕	指数・対数関数	対数不等式
			〔3〕	図形と計量	外接円，内接円と余弦定理
			〔4〕	積分法	２つの放物線と交点，面積
	一般B	2月18日	〔1〕	小問10問	⑴式の値　⑵余弦定理，面積　⑶絶対値と方程式　⑷確率（３個のさいころを投げる）　⑸二項定理　⑹整式の割り算　⑺対数方程式　⑻等差数列と等比数列　⑼円と直線　⑽定積分と２次関数
			〔2〕	ベクトル	平面ベクトル
			〔3〕	三角関数	三角関数の相互関係，２倍角の公式
			〔4〕	微・積分法	放物線に接する直交している２直線と面積

年度	区分	日程	番号	項目	内容
2023	一般A●	2月1日	〔1〕	小問6問	⑴式の値　⑵三角比　⑶2次関数のグラフの平行移動　⑷指数・対数の連立方程式　⑸順列　⑹2円が交わる条件
			〔2〕	整式の計算	二項定理
			〔3〕	数　列	漸化式と置き換え
			〔4〕	積分法	係数に $\tan\theta$ を含む2つの2次関数のグラフの共有点と囲む部分の面積
		2月2日	〔1〕	小問6問	⑴式の値　⑵高次方程式（2次方程式の応用）⑶三角比の和と積に関する計算　⑷確率（さいころの目の和）⑸対数不等式　⑹平面ベクトル
			〔2〕	図形と方程式	領域と最大・最小
			〔3〕	微分法	3次関数と極値
			〔4〕	数　列	漸化式と群数列
	一般B	2月18日	〔1〕	小問10問	⑴対称式の値　⑵三角比　⑶放物線の頂点と平行移動　⑷二項定理　⑸対数不等式　⑹相加・相乗平均の関係　⑺等比数列　⑻内接円の半径　⑼三角不等式　⑽3次関数と極値
			〔2〕	ベクトル	平面ベクトル
			〔3〕	確　率	さいころと確率，反復試行の確率
			〔4〕	微・積分法	3次関数のグラフ，接線および接線に垂直な直線，y 軸の囲む2つの部分の面積
2022	一般A●	2月1日	〔1〕	小問6問	⑴式の値　⑵指数関数の2次不等式　⑶3次関数の極値　⑷確率　⑸ベクトルの大きさの最小値　⑹定積分
			〔2〕	整数の性質	整数の約数
			〔3〕	数　列	等差・等比数列の漸化式と積の和
			〔4〕	三角関数	三角関数の合成と2次関数
		2月2日	〔1〕	小問6問	⑴三角関数の差と積　⑵恒等式　⑶積が一定の3つの自然数　⑷対数方程式　⑸三角比　⑹2つの等差数列の共通項
			〔2〕	図形と方程式	領域と最大・最小
			〔3〕	ベクトル	空間ベクトル
			〔4〕	3次関数	3次関数のグラフと x 軸の共有点，x 軸とで囲む図形の面積
	一般B	2月18日	〔1〕	小問10問	⑴式の値　⑵指数不等式　⑶式の割り算と整数値　⑷円と直線　⑸三角比　⑹確率　⑺対数不等式　⑻集合　⑼放物線の方程式　⑽空間ベクトル
			〔2〕	指数関数	指数関数の置き換えによる2次関数
			〔3〕	微・積分法	放物線と接線，さらに y 軸とで囲む図形の面積
			〔4〕	三角関数	三角関数と指数計算

（注）●印は全問，◑印は一部マークシート式採用であることを表す。

出題範囲の変更

2025 年度入試より，数学は新教育課程での実施となります。詳細については，大学から発表される募集要項等で必ずご確認ください（以下は本書編集時点の情報）。

2024 年度（旧教育課程）	2025 年度（新教育課程）
数学Ⅰ・Ⅱ・A・B（数列，ベクトル）	数学Ⅰ・Ⅱ・A・B（数列）

問題量が多く，時間配分に注意が必要

01 出題形式は？

一般試験Aは全問マークシート式である。大問 4 題で試験時間は 60 分。一般試験Bは記述式で，〔1〕が答えのみ，〔2〕以降は途中の推論，計算の記入も必要である。大問 4 題で試験時間は 90 分。

02 出題内容はどうか？

幅広い分野からバランスよく出題されている。いずれの試験とも〔1〕は小問集合問題となっている。

03 難易度は？

いずれの試験とも全問，教科書程度の問題で，題意が読み取りやすいように配慮されており，計算量も負担になるほどではない。ただし，やや難しい問題が含まれる日程もある。時間が足りなくなる場合も想定し，方針のすぐ立つ問題から手際良く解答することを心がけたい。

対策

01 教科書の徹底理解，公式の完全マスター

問題のほとんどが教科書の例題にあるような基本事項を問う出題となっている。教科書傍用問題集の基本〜標準レベルの問題にしぼって演習を繰り返し，基本事項の徹底的な理解を図っておくとよい。他分野との融合問題もあるので，公式などは完全に記憶しておき，的確に使えるようにしておこう。

02 過去問の研究

例年，過去問とよく似た問題が出題されている。過去問に十分目を通して慣れておきたい。また，〔1〕を除き，大問は誘導形式になっているので，過去問の演習を通じて題意を素早く読み取る練習もしておこう。

03 計算力の養成

試験時間内に全問を解くためには，素早く正確な計算力が必要である。特に，解法パターンの決まっている問題も多いので，公式など基本解法を有効に使うことが求められる。

また，マークシート式の試験でも計算過程をきちんと書いておくこと。計算過程が書いてあれば，答えがマークシートに合わないとき誤りをすぐ見つけられるので，あとで見直せるようにしておくことが大切である。記述式の試験では，解答欄の形からミスに気づくことはできないので正確な計算力を身につけておくこと。

国　語

▶一般試験B

年度	番号	種　類	類別	内　容	出　典
2024	〔1〕	現代文	評論	内容説明（80・90字），語意，文整序，書き取り，空所補充，内容真偽	「『覚える』と『わかる』」 信原幸弘
	〔2〕	現代文	小説	四字熟語，空所補充，文整序，書き取り，読み，語意，箇所指摘，内容説明（60字）	「京都怪異物件の謎」 久真瀬敏也
2023	〔1〕	現代文	評論	書き取り，空所補充，内容説明（35・50・60字）	「仕事と人生」 西川善文
	〔2〕	現代文	評論	内容説明（50・70・80字），箇所指摘，読み，書き取り，空所補充	「『完璧』はなぜ『完ぺき』と書くのか」 田部井文雄
2022	〔1〕	現代文	評論	書き取り，内容説明（45字2問他），箇所指摘	「進化の隣人チンパンジー」 松沢哲郎
	〔2〕	現代文	評論	語意，箇所指摘，章整序，表題，要約（100字）	「日本近代文学入門」 堀啓子

注：本書では一般試験Bの国語についてのみ分析しています。

記述式の内容説明の出題あり　内容真偽では正確な正誤判断が必要

01　出題形式は？

現代文のみ大問2題の出題である。記述式で，数十字～100字程度の内容説明も出題されている。試験時間は70分。

02　出題内容はどうか？

評論が中心であるが，小説が出題されることもある。評論は新書などから文系・理系双方の分野の一般的なテーマが取り上げられている。設問は内容説明や空所補充，内容真偽などのオーソドックスなものが中心だが，記述式の内容説明が必ず出題されている。知識を問うものとしては，書き取り，読み，語意などの出題がみられる。

03 難易度は？

文章はどれも読みやすく標準レベルであり，設問も標準的である。記述問題も標準的な難度である。ただし，本文はやや長く，判別の難しい選択肢を含む設問があるので，試験時間を考えると，記述式の解答を要領よくまとめる必要がある。時間配分としては，1題を30分程度で解き，余った時間を見直しにあてるとよいだろう。

対策

01 漢字・国語常識

漢字の書き取り・読みや四字熟語の意味などを，漢字の問題集を利用して対策しておこう。問題集1冊を反復学習して確実なものにしておけば，得点源になる。また，語意などの知識が問われることもあるので，漢字とその読みだけでなく，意味も同時に学習しておきたい。問題演習の際にも，わからない語句があったら必ず辞書を引くこと。

02 現代文

『ちくま評論入門 高校生のための現代思想ベーシック』（筑摩書房）などを利用して，科学・環境・歴史・経済・文学・芸術といった広い範囲の議論に触れておこう。そのうえで，『現代評論20』（桐原書店）のような，文章の内容理解を主眼にしている現代文の問題集などを活用するとよい。

設問への対策では，紛らわしい選択肢に引っかからないようにするために，なんとなく解答を出すのではなく，本文と選択肢の表現や言葉の言い換えによる相違といった細部をよく見て判断する習慣を身につけよう。慣れてくれば，正誤の判別がスピードアップできるようになるはずである。また，選択肢の内容が本文全体から出されることもあるので，傍線部周辺だけを読んで解こうとするのでなく，まず本文を最後まで一読してから解くとよい。

記述式については，『船口の最強の現代文記述トレーニング』(Gakken)などに取り組み，記述式解答のまとめ方を身につけておきたい。

2024年度

問題と解答

一般試験A：2月1日実施分

問題編

▶試験科目・配点

教　科	科　　目	配　点
外国語	コミュニケーション英語Ⅰ・Ⅱ	100点
数　学	数学Ⅰ・Ⅱ・A・B*	100点
理科・国　語	「物理基礎・物理〈省略〉」,「化学基礎・化学〈省略〉」,「生物基礎・生物〈省略〉」,「国語総合（古文・漢文を除く）・現代文B〈省略〉」から1科目選択	100点

▶備　考

＊「数学B」は「数列」,「ベクトル」を出題範囲とする。

上記学力試験と調査書等により総合的に選考する。

英 語

（60分）

I. 次の（ア）～（コ）の下線の部分に入れる語句として、最も適切なものを選択肢から選びなさい。

（ア） I _____ that our classes will be canceled tomorrow because of the storm.

1. have hearing
2. heard
3. hearing
4. was heard

（イ） A hybrid vehicle is one _____ uses both gasoline and electric power.

1. how
2. that
3. what is
4. which is

（ウ） Can you imagine what life will be like 100 years _____ now?

1. at
2. by
3. from
4. in

（エ） The ski season was short _____ the lack of snow.

1. come from
2. depends on
3. due to
4. part of

（オ） The referee _____ a flag each time a goal is scored.

1. raise
2. raises

3. rise
4. rises

(カ) The advances in AI technology _____ astonishing.

1. are
2. has
3. have
4. is

(キ) Green tea has always been popular, but its popularity is growing _____ so now that we understand its health benefits.

1. as much as
2. even more
3. ever since
4. more than

(ク) I could _____ in town longer if I had known you were going to be here.

1. have stayed
2. stayed
3. staying
4. to stay

(ケ) _____ this data, the experiment was a success.

1. According to
2. As
3. Compare to
4. Support

(コ) A: Do you mind if I use your tablet?
B: No, _____.

1. I haven't
2. I'm not
3. it doesn't
4. not at all

Ⅱ. A　次の（ア）～（オ）に入れる文として、最も適切なものを選択肢から選びなさい。選択肢は、一回しか使えません。

A: Did you finish choosing your classes for the fall semester?

B: I did, but it was confusing. （　ア　）

A: I'd never done it before either, but I eventually figured it out. Could you register for all the classes you want to take?

B: I wanted to sign up for Introduction to Japanese History, but I couldn't get into it. I had to choose something else.

A: Oh, really? （　イ　） I wonder why you couldn't.

B: Well, I tried a few times yesterday, but I kept getting the same message. （　ウ　）

A: It's a pretty popular class, so I'm not surprised. I did it three days ago, on the first day of the registration period.

B: （　エ　） I had to finish writing my final reports, so I didn't have time until yesterday.

A: If you really want to take that course, why don't you talk to the professor? （　オ　）

B: Do you think that's possible? I'll send her an email now.

［選択肢］

1. I should have done it then as well, but I was busy.
2. I was able to register for it.
3. It said that the class was full.
4. It was my first time doing it, so I wasn't sure exactly what to do.
5. She may allow you to join the class.
6. Textbooks are sold at the school bookstore.
7. That school's Japanese classes are difficult.
8. When is the final exam?

Ⅱ. B 次の（カ）～（コ）に入れる文として、最も適切なものを選択肢から選びなさい。選択肢は、一回しか使えません。

A: I went to the local pizza restaurant to ask about a part-time job. The sign on the window said that they were looking for someone to help make pizzas.

B: （　カ　）

A: Two, actually. I'm an after-school tutor for elementary school students, and I also work at the convenience store near my apartment.

B: （　キ　）

A: Well, the convenience store is closing next month, so I need something to replace it.

B: That makes sense. Still, with two jobs and homework for all of your classes, you must be exhausted.

A: It's true, I haven't been doing very well in school lately because of all of the time I spend working. （　ク　）

B: What's wrong with the one you have now?

A: （　ケ　） The repair shop said that it would be cheaper to buy a new one rather than to get it fixed.

B: I see. My brother works at a computer store nearby. （　コ　）

A: That would be great! Thank you so much.

［選択肢］

1. A different job might pay more money.
2. Couldn't you ask your parents?
3. I dropped it and broke the screen.
4. I'll ask him if he can get you a discount.
5. I'm trying to earn money for a new computer, though.
6. My brother can make pizzas too.
7. So, you're looking for a third part-time job?
8. Wait, don't you already have a part-time job?

Ⅲ. 次の英文は「15分都市計画」について述べたものです。（ア）～（コ）に入れる最も適切なものを選択肢から選びなさい。

The populations of cities are increasing, and adapting transportation systems and other infrastructure to handle a larger number of people is a challenge. To solve this problem and improve the quality of life for the people who live in cities, urban planners came up with the concept of the 15-minute city.

In a 15-minute city, most of the places people （ ア ） go—work, school, shops, hospitals, and leisure facilities—are all available within a 15-minute walk or bicycle ride from their homes. There are some obvious benefits to a city like this. Having fewer cars on the road reduces pollution and accidents. With people walking or cycling more, they are physically healthier, while （ イ ） easier access to parks and other green spaces improves their mental wellbeing.

Although the main goal is quick access to essential services, 15-minute cities are designed with four important points in mind: density, proximity, diversity, and digitalization.

Density refers to how many people live within a certain area. Designing cities so that they have the correct density is important because it will encourage people who live near each other to solve problems by working （ ウ ） on a local level.

Proximity, or the distance between places, can be thought of as both space and time. Because places are （ エ ） together in 15-minute cities, they take up less space and reduce urban expansion. It also takes less time to travel from one location to another.

Diversity means not only having people of various ethnic and cultural backgrounds living near each other, but also having （ オ ） that can be used for several different purposes. For example, a building in which people live may also have entertainment facilities or businesses.

Digitalization addresses how technology has changed the way we live our lives. Working from home is becoming more common, as are （ カ ） shopping and virtual communication. For these reasons, commuting for work or other purposes is not as necessary as it once was.

However, there are some （ キ ） to creating 15-minute cities. The main problem is how to turn existing cities, which already have extensive infrastructure, into 15-minute cities. Additionally, the same 15-minute city model can't be used everywhere. In European cities, which are more （ ク ）, a 15-minute city model would be easier to implement than in cities in North America, which are usually spread out over a larger area.

Still, many places around the world are already adopting aspects of the 15-minute city. China is developing cities in which residents can （ ケ ） their daily needs within a 15-minute walk from their homes. In Paris, France, school playgrounds were turned into public parks during the COVID-19 pandemic. In Melbourne, Australia, bicycle lanes are being expanded to encourage （ コ ） driving and more cycling. As more urban areas around the world embrace the concept of the 15-minute city, the experience of city living will improve.

（ア） 1. busy　　2. destinations　　3. live
　　 4. normally　　5. vehicle

(イ)	1. having	2. hot	3. invent
	4. nature	5. supports	
(ウ)	1. relate	2. social	3. team
	4. think	5. together	
(エ)	1. closer	2. comparison	3. measure
	4. nothing	5. same	
(オ)	1. convenient	2. enjoyable	3. planned
	4. quickly	5. spaces	
(カ)	1. ancient	2. online	3. purchased
	4. toward	5. wait	
(キ)	1. adapt	2. challenges	3. man-made
	4. positive	5. worry	
(ク)	1. build	2. compact	3. famously
	4. prepare	5. traffic	
(ケ)	1. always	2. identification	3. meet
	4. simple	5. trouble	
(コ)	1. academic	2. enter	3. international
	4. less	5. when	

Ⅳ.

次の（ア）～（オ）のそれぞれの日本文の意味を表す英文になるように、各英文の空欄に語または句を最も適切な順番に並べた場合、3番目にくるものの番号を選びなさい。ただし、文頭にくるものも小文字で書いてあります。また、必要なコンマが省略されている場合もあります。［解答欄のカ～コは使用しません。］

（ア）　昨日よりも少し多く雪が降った。

It snowed a ＿＿ ＿＿ ＿＿ ＿＿ ＿＿.

1. heavily　　2. little　　3. more
4. than　　5. yesterday

（イ）　キャシーは店長なので、誰よりも先に職場に来る。

Being ＿＿ ＿＿ ＿＿ ＿＿ ＿＿ before anyone else.

1. Cathy　　2. comes　　3. the store manager
4. to　　5. work

（ウ）　配送する箱がまだいくつかある。

There are still ＿＿ ＿＿ ＿＿ ＿＿ ＿＿.

1. be　　2. boxes　　3. shipped
4. some　　5. to

（エ）　父は新しい電子レンジを買わざるを得なかった。

My father didn't have ＿＿ ＿＿ ＿＿ ＿＿ ＿＿ a new microwave.

1. any　　2. but　　3. buy
4. choice　　5. to

（オ）　私たちが晩ご飯に何を食べるかは彼にはどうでもいいことだ。

It doesn't ＿＿ ＿＿ ＿＿ ＿＿ ＿＿ eat for dinner.

1. him　　2. matter　　3. to
4. we　　5. what

V. 次の（ア）～（オ）の下線部分①～④で、各文脈に合わないものを一つずつ選びなさい。［解答欄のカ～コは使用しません。］

（ア） There are two types of paint used to protect and color items: oil-based and water-based. "Oil" and "water" refer to the solvent, or material that is mixed with the paint that allows it to **① stay** in liquid form while being applied to a surface. Water-based paint dries quickly, keeps its color longer, and is usually cheaper than oil-based paint. Oil-based paint is durable, meaning it does not chip off easily, and has a more vibrant color **② compared** to water-based paint. Each type of paint is better suited for protecting different kinds of surfaces. For example, water-based paint is good for **③ protecting** the outside of a house, and oil-based paint is better for items like bookshelves and furniture that are more likely to get scratched. When in doubt about which **④ color** to use, ask a specialist to help decide which is best for your situation.

（イ） Many cities in modern-day England are similar in one strange way: The west side of town is usually **① hotter** than the east side. But what could be causing this difference? The **② answer** goes back to the burning of coal in factories over 200 years ago. Before that time, rich and poor areas in English cities were more evenly distributed. However, the burning of coal increased dramatically during the Industrial Revolution, and so did air pollution. In England, the wind generally **③ blows** from west to east, meaning the air tended to be less clean in the eastern halves of cities. Through the 1800s, richer people often moved to the cleaner western halves, and property values **④ dropped** in the east. Even though air pollution has decreased in England since those days, the west sides of cities have remained slightly richer to this day.

（ウ） There are many ways to relax when we are feeling stressed out. A **① method** that has become popular is autonomous sensory meridian response, also known as ASMR. ASMR involves triggering the sense of sight, touch, or sound. For example, a person might relax by watching a video **② showing** different light patterns. Another person might enjoy the sound of someone whispering quietly. Others prefer the sensation of getting their hair cut. People who practice ASMR say that it makes them feel relaxed, calm, and sleepy. They might also feel a tingling sensation that **③ starts** on the top of the head and spreads down to the back of the neck. These days, you can easily find videos or smartphone applications that aim to stimulate ASMR. The next time you are feeling **④ hungry**, why don't you try ASMR?

（エ） In spite of their name, whale sharks are not actually whales at all. While closely related to sharks, these **① giants** of the ocean are the world's largest fish and the only member of the *Rhincodontidae* biological family. They can be found in the warm, tropical waters of the world's oceans and are known to **② swim** vast distances. In 2011, a group of scientists tracked one whale shark for 841 days over a distance of more than 20,000 km. They are also impressively large, with the longest confirmed whale shark measuring 18.8 m. Despite their **③ history**, whale sharks are calm creatures and not a threat to humans, making them popular to swim with in the wild. However, there is a lot we don't know about this **④ species**. Their growth rate, how long they live, and how they reproduce largely remain a mystery.

（オ） A sneeze is a reflex action that generally occurs when foreign particles like dust and pollen **① enter** the nose. When this happens, nerve endings in our nasal passages send signals to our brains, triggering the sneeze response in an effort to get rid of the irritant. Another form of sneezing is known as the Autosomal Dominant Compelling Helio-Ophthalmic Outburst syndrome, or ACHOO syndrome. For people with ACHOO syndrome, uncontrollable sneezing occurs when they are **② exposed** to or look at bright light. This is often followed by a recovery period of up to 24 hours during which bright light will not cause **③ sleeping**. The condition is genetically inherited and affects approximately 35% of the world's population. While the mechanisms behind **④ regular** sneezing are well understood, scientists still don't fully understand ACHOO syndrome.

数　学

（60分）

解答記入上の注意

(1) 解答は,「入学試験解答用紙［数学 No. 1］ー第1面の1, 2,［数学 No. 1］ー第2面の3, 4」の解答マーク欄を使用します。
解答用紙の【記入上の注意】にしたがって使用してください。

(2) 問題文中の ア , イ ウ などには，特に指示のないかぎり，数字（0～9），記号（±，−），または文字（a, b, c, m, n, π）が入ります。ア，イ，ウ，… の一つ一つは，その数字，記号，または文字のいずれか一つが対応します。それらを解答マーク欄のア，イ，ウ，… で示された解答欄にマークして答えなさい。

［例1］ ア イ に −5 と答えたいとき

1	解答マーク欄																
	±	−	0	1	2	3	4	5	6	7	8	9	a	b	c	m	n	π
ア	±	●	0	1	2	3	4	5	6	7	8	9	a	b	c	m	n	π
イ	±	−	0	1	2	3	4	●	6	7	8	9	a	b	c	m	n	π

［例2］ ウ エ に $6a$ と答えたいとき

ウ	±	−	0	1	2	3	4	5	●	7	8	9	a	b	c	m	n	π
エ	±	−	0	1	2	3	4	5	6	7	8	9	●	b	c	m	n	π

(3) 分数で答えるときは，既約分数（それ以上約分できない分数）で答えなさい。符号は分子につけ，分母につけてはいけません。

［例］ $\dfrac{\boxed{オ\ カ}}{\boxed{キ}}$ に $-\dfrac{6}{7}$ と答えたいとき，$\dfrac{-6}{7}$ として

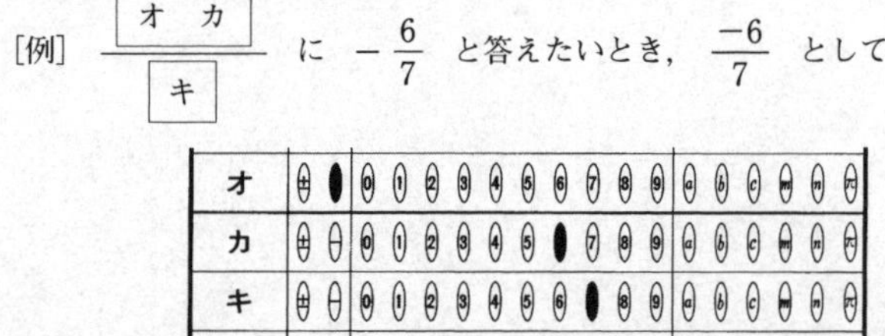

オ	±	●	0	1	2	3	4	5	6	7	8	9	a	b	c	m	n	π
カ	±	−	0	1	2	3	4	5	●	7	8	9	a	b	c	m	n	π
キ	±	−	0	1	2	3	4	5	6	●	8	9	a	b	c	m	n	π

(4) 根号を含む形で答えるときは，根号の中に現れる自然数が最小となる形で答えなさい。

[例] $\boxed{ク}\sqrt{\boxed{ケ}}$ に $4\sqrt{2}$ と答えるところを，$2\sqrt{8}$ としてはいけません。

また，$\dfrac{\sqrt{\boxed{コ}}}{\boxed{サ}}$ に $\dfrac{\sqrt{2}}{2}$ と答えるところを，$\dfrac{\sqrt{8}}{4}$ としてはいけません。

(5) 同一問題の中で，同じカタカナの箇所には同じ数字，記号，または文字が入ります。

問題 1

（1） $x=\dfrac{\sqrt{7}+3}{\sqrt{7}-3}$ であるとき，$x+\dfrac{1}{x}=\boxed{アイウ}$，$x^2+\dfrac{1}{x^2}=\boxed{エオカ}$，

$x^3+\dfrac{1}{x^3}=\boxed{キクケコサ}$ である．

（2） 座標平面において，直線 $(2+a)x+(1-2a)y+1-a=0$ は，

定数 a の値に関係なく定点 $\left(\dfrac{\boxed{シス}}{\boxed{セ}}, \dfrac{\boxed{ソタ}}{\boxed{チ}}\right)$ を通る．

また，この直線が点 $(1, 1)$ を通るとき，$a=\boxed{ツ}$ である．

（3） $0 \leqq \theta \leqq \pi$ とする．x の 2 次方程式 $2x^2+(4\cos\theta)x+1+2\cos 2\theta=0$ が

実数解をもつような θ の値の範囲は $\dfrac{\boxed{テ}}{\boxed{ト}}\pi \leqq \theta \leqq \dfrac{\boxed{ナ}}{\boxed{ニ}}\pi$ である．

（4） 4 枚の硬貨を同時に投げるとき，表と裏が同じ枚数だけ出る確率は $\dfrac{\boxed{ア}}{\boxed{イ}}$ で

ある．また，10 枚の硬貨を同時に投げるとき，表と裏が同じ枚数だけ出る確率は

$\dfrac{\boxed{\text{ウエ}}}{\boxed{\text{オカキ}}}$ である．

（5）　n を自然数とする．$\displaystyle\sum_{k=1}^{n}\frac{2}{(2k+1)(2k+3)}=\frac{\boxed{\text{ク}}\,n}{\boxed{\text{ケ}}\,n+\boxed{\text{コ}}}$ であり，

不等式 $\left|\displaystyle\sum_{k=1}^{n}\frac{2}{(2k+1)(2k+3)}-\frac{1}{3}\right|<\frac{1}{100}$ を満たす n のうち，最小のものは

$\boxed{\text{サシ}}$ である．

（6）　関数 $f(x)$ が等式 $f(x)=x^2+\displaystyle\int_0^1(x+2)f(t)dt$ を満たしている．このとき，

$f(x)=x^2-\dfrac{\boxed{\text{ス}}}{\boxed{\text{セ}}}x-\dfrac{\boxed{\text{ソ}}}{\boxed{\text{タ}}}$ である．

問題２　関数 $y=4^x+4^{-x}+3(2^x-2^{-x})-6$ において，$t=2^x-2^{-x}$ とおく．

(1)　y を t の式で表すと，$y=t^2+\boxed{\text{ア}}\,t-\boxed{\text{イ}}$ である．

(2)　y は $t=\dfrac{\boxed{\text{ウエ}}}{\boxed{\text{オ}}}$，つまり $x=\boxed{\text{カキ}}$ のとき，最小値 $\dfrac{\boxed{\text{クケコ}}}{\boxed{\text{サ}}}$ を

とる．

問題3　$\mathrm{OA}=6,\ \mathrm{OB}=2,\ \angle\mathrm{AOB}=60^\circ$ である $\triangle\mathrm{OAB}$ があり，その外接円の中心をCとし，$\overrightarrow{\mathrm{OC}}=p\overrightarrow{\mathrm{OA}}+q\overrightarrow{\mathrm{OB}}$ とおく．ここで $p,\ q$ は実数である．

(1) $\overrightarrow{\mathrm{OA}}\cdot\overrightarrow{\mathrm{OB}}=\boxed{\text{シ}}$ である．

(2) 辺OAの中点をDとすると，$\overrightarrow{\mathrm{OA}}\cdot\overrightarrow{\mathrm{DC}}=\boxed{\text{ス}}$ であるから，$p,\ q$ は

$\boxed{\text{セ}}\,p+q=\boxed{\text{ソ}}$ を満たす．

(3) 辺OBの中点をEとすると，$\overrightarrow{\mathrm{OB}}\cdot\overrightarrow{\mathrm{EC}}=\boxed{\text{タ}}$ であるから，$p,\ q$ は

$\boxed{\text{チ}}\,p+2q=\boxed{\text{ツ}}$ を満たす．

(4) $\overrightarrow{\mathrm{OC}}=\dfrac{\boxed{\text{テ}}}{\boxed{\text{ト}}}\overrightarrow{\mathrm{OA}}-\dfrac{\boxed{\text{ナ}}}{\boxed{\text{ニ}}}\overrightarrow{\mathrm{OB}}$ である．

問題4　AB＝ACである二等辺三角形ABCに半径1の円が内接しており，辺BCの中点Hについて，$\mathrm{AH}=4$ とする．内接円の中心をO，内接円と辺ABの接点をM，内接円と辺ACの接点をNとして，次の問いに答えよ．

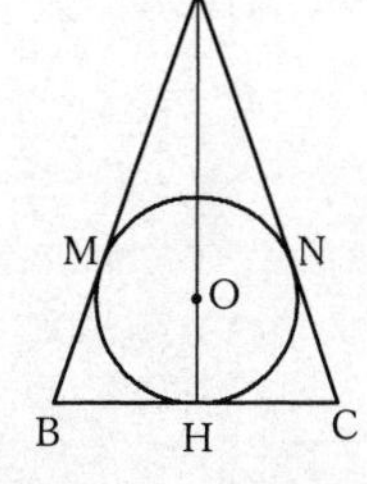

(1) $\mathrm{AM}=\boxed{\text{ア}}\sqrt{\boxed{\text{イ}}}$，$\sin\angle\mathrm{BAH}=\dfrac{\boxed{\text{ウ}}}{\boxed{\text{エ}}}$，

$\cos\angle\mathrm{BAH}=\dfrac{\boxed{\text{オ}}\sqrt{\boxed{\text{カ}}}}{\boxed{\text{キ}}}$ である．

(2) $\sin\angle\mathrm{BAC}=\dfrac{\boxed{\text{ク}}\sqrt{\boxed{\text{ケ}}}}{\boxed{\text{コ}}}$ であり，$\triangle\mathrm{AMN}$ の面積は $\dfrac{\boxed{\text{サシ}}\sqrt{\boxed{\text{ス}}}}{\boxed{\text{セ}}}$ である．

(3)　$\mathrm{MN}=\dfrac{\boxed{ソ}\sqrt{\boxed{タ}}}{\boxed{チ}}$ であり，$\triangle\mathrm{AMN}$ の外接円の半径は $\dfrac{\boxed{ツ}}{\boxed{テ}}$ である.

解答編

英　語

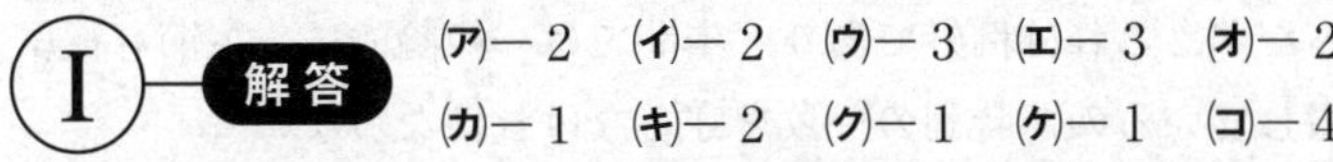

I　解答　(ア)—2　(イ)—2　(ウ)—3　(エ)—3　(オ)—2
(カ)—1　(キ)—2　(ク)—1　(ケ)—1　(コ)—4

解説

(ア)「明日の授業は嵐のために休講になると聞いた」

1のhave hearing，3のhearingでは述部を作れないので不可。4のwas heardでは受身ができてしまうので不可。2．heardが正解。なお，主節が過去なのに従属節でwouldでなくwillが使われているのはおかしい（時制の一致が破れている）と思う人もいるだろうが，発話時点での未来を表すときは，この形が使われる。

(イ)「ハイブリッド車とは，ガソリンと電力の両方を使う車のことである」

oneはa carの意味で，a car that uses ～「～を使う車」とつながる。thatの代わりにwhichでもかまわない。2．thatが正解。

(ウ)「今から100年後の生活がどのようなものになるか，想像できますか？」

What is *A* like?「*A*とはどのようなものですか？」のパターンを覚えておこう。whatがlikeの目的語で，「何のような」という意味。本問ではisがwill beになり，What will life be like?「生活はどのようなものになるでしょうか？」となったものの文頭にCan you imagineが付いたために間接疑問文になり，平叙文の語順を取ってwhat life will be likeという形になっている。「今から」は，文字通りfrom now。100 years from now「今から100年後」の形で覚えておこう。正解は3．from。

(エ)「雪が少なかったので，スキーシーズンは短かった」

The ski season was shortで文の形が完成しているので，その後に

come, depends などの動詞は付けられない。due to ～＝on account of ～＝because of ～「～のために，～のゆえに，～のせいで」 本問は逐語訳すると「雪不足のせいで」となる。3．due to が正解。

(オ) 「ゴールが決まるたびに，レフリーは旗を挙げた」

each time は whenever と同じように従位接続詞として使われ，「～するたびごとに」の意味。rise は「昇る，上がる」という自動詞。raise が「～を上昇させる，上げる」という他動詞なので，3，4は除外される。従属節で現在形が使われているので，主節も現在形の2．raises が正解。主語が三人称単数なので s を付けなければならない。なお，設問(ア)で時制の一致を破ったが，これは例外であり，本問では一般論的に，主節も従属節も現在を表しているので時制の一致を守らなければならない。

(カ) 「AI テクノロジーの進歩は驚くべきものだ」

interest, surprise などの感情を表す動詞は，interesting, surprising の形では「興味を持たせるような，驚かせるような→面白い，驚くべき」，interested, surprised などの形では通常人間が主語になり，「～に興味を持っている，～に驚く」の意味になる。astonish はほぼ surprise と同義語。The advances are astonishing.「その進歩は驚くべきものだ」である。主語が複数なので，is でなく，1．are が正解。

(キ) 「緑茶は（昔から）ずっと人気があったが，今や私たちはその健康効果を理解するようになっているので，その人気はなおさら高まっている」

2．even more を入れる。even more so で「なおさらそうである」の意味。now that 以下は副詞節。now that S V「今や S が V するので」

(ク) 「君がここに来る予定だとわかっていたら町にもっと長く滞在することができていたのに」

過去の非実仮定（古典文法の反実仮想）を表す「仮定法過去完了」なので，従属節（条件節／本問後半／if で導かれる節）では過去完了（had *done*），主節（帰結節／本問前半）では would have *done* の形が原則。本問では，would の代わりに could を使っているので，could have *done*「～できていたのに」となる。1．have stayed が正解。

(ケ) 「データによれば実験は成功だった」

1．According to ～「～によれば」が正解。

(コ) A：「あなたのタブレットを使ってもいいですか？」

B：「いいですよ」

Do you mind if I ～? = Do you mind my *doing*? の形で「～してもいいですか？」の意味になる。逐語訳では mind は「気にする」なので，「私が～したら気にしますか？」となる。そこで，「いいですよ」というときは，ふつうの May I ～? などとは違って，Yes ではなく，No を使って，「気にしませんよ」と答えるのである。4．not at all「全然」が正解。「全然気にしませんよ」の意味。主語は I，助動詞は do を使うべきなので他の選択肢は不可。

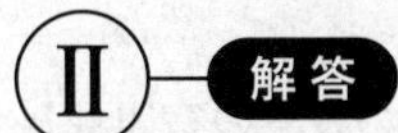

A. (ア)―4　(イ)―2　(ウ)―3　(エ)―1　(オ)―5
B. (カ)―8　(キ)―7　(ク)―5　(ケ)―3　(コ)―4

解説

A.《講座選択に関する会話》

A：秋学期の講座の選択は終わったかい？

B：うん。でも厄介だったんだ。(ア)それをやるのは初めてだったので，どうしたらよいかよくわからなかった。

A：僕も前にやったことはなかったんだ。でも最後はなんとか解決したよ。君は取りたい講座を全部登録できたのかい？

B：日本史入門に申し込みたかったんだけど，駄目だった。他の講座を選ばなきゃならなかったんだ。

A：あ，そうかい。(イ)僕はそれ登録できたよ。君はなぜ駄目だったんだろう。

B：昨日２，３回試してみた。でも，ずっと同じメッセージが来るんだ。(ウ)講座は一杯になってると言うんだよ。

A：かなり人気のある講座だから，別に驚かないけどね。僕は三日前に申し込んだよ。登録期間の第一日目だった。

B：(エ)僕もその時そうすればよかったんだけど，忙しかったんだ。期末試験のレポートを書き終えなければならなかったので，昨日まで時間がなかった。

A：もし本当にあの講座を取りたいのなら，教授に相談したらどうだい？　(オ)講義に参加するのを許可してくださるかもしれない。

B：そんなことができると思うかい？　じゃあ今メールを送ってみよう。

B.《学生のアルバイト》

A：地域のピザレストランへ行って，アルバイトについて訊いてみたんだ。窓の張り紙には，ピザ作りを手伝ってくれる人を探してるって書いてあったんだ。

B：(カ)ちょっと待って，もうすでにアルバイトを一つやっていたよね？

A：実は二つやっているんだ。小学校の生徒たちに塾で教えているし，アパートの近くのコンビニでも働いている。

B：(キ)じゃあ，三番目のアルバイトを探しているのね？

A：えーと。コンビニが来月閉店になるから，代わりを探す必要があるというわけ。

B：なるほど，納得。でも，仕事を二つかかえて，全部の授業の宿題もしなきゃならないんだから，へたばってしまうわよ。

A：そうなんだ。最近成績がよくないのは，仕事に時間を取られるからなのさ。(ク)だけど，新しいパソコンを買いたいから，金を稼ぎたいんだよ。

B：今持ってるパソコン，どうかなったの？

A：(ケ)落として画面がこわれてしまった。修理店が言うには，修理してもらうより，新しいのを買った方が安上がりなんだって。

B：わかった。うちの兄が近くのコンピュータ関連店で働いてるの。(コ)ディスカウントしてもらえないか訊いてみるね。

A：そりゃあいい！　ほんとにありがとう。

(ア)―4　(イ)―1　(ウ)―5　(エ)―1　(オ)―5
(カ)―2　(キ)―2　(ク)―2　(ケ)―3　(コ)―4

解説

《15分都市計画》

(ア)「15分都市では，人々が（　ア　）行くたいていの場所ー職場，学校，商店，病院およびレジャー施設ーはすべて，自宅から徒歩または自転車で15分以内に行くことができる」

go を修飾する副詞が入るべき箇所なので，4．normally「通常，ふつう」が正解。

(イ)「一方，公園などの緑地にたやすく行く（　イ　）ということは，精神的な健康状態を改善する」

have access to ～「～へ行くことができる」 逐語訳は「～への接近方法を持つ」なので，access の前に easier を付けると，「～へのより易しい接近方法を持つ」ということから，「たやすく行くことができるようになる」と訳せる。その have が本問では 1．having となって，動名詞主語を作る。

(ウ) 「適切な人口密度を維持できるように都市計画を立てることが重要であるのは，近隣に住む人々が地域レベルで（　ウ　）働くことによって問題を解決するように促すことになるからである」

by working の後なので副詞が入る。5．together「一緒に」を入れると，「一緒に働く，協力して働く」の意味になる。

(エ) 「15 分都市では場所と場所が（　エ　）ので，空間を占領せず，都市の拡張が抑制される」

places are に続くので形容詞が入る。1．closer「より近い」が正解。

(オ) but 以下が「(多様性とは) また，いくつかの異なった目的のために利用できる（　オ　）を持つこと（である)」というつながりなので，5．spaces「スペース，空間」を入れる。

(カ) 「自宅勤務がふつうになり，また，(　カ　) ショッピングやバーチャル・コミュニケーション（オンライン通信）なども同じである（ふつうになる)」

後ろにある virtual は「仮想の」ということから転じて，コンピュータ関係では online とほぼ同義になる。「オンラインショッピング」と「オンライン通信」を並べているのである。2．online が正解。文全体は，He is honest, as is his brother.「彼は正直だ。彼の兄も正直だ」の構文。as の後は倒置する。本問では，as の後，online shopping and virtual communication が主語で，are が前に出て倒置している。

(キ) 「しかし，15 分都市をつくるにはいくつかの（　キ　）がある」

直後に The main problem is と続くことからも「問題（がある)」と言いたいとわかる。2．challenge には，「挑戦」ということから，「挑戦すべき課題」「問題」「努力目標」などの意味もある。

(ク) 「もっと（　ク　）であるヨーロッパの都市では，15 分都市のモデルは，通常広大な領域に広がっている北米の都市よりも実行しやすい」

ヨーロッパと北米を対比しているので,「広大な領域に広がっている」とほぼ反対の意味になる語を選ぶ。2. compact が「コンパクトな,ぎっしり詰まった」の意味なので,これを選ぶ。

(ケ) residents 以下の訳は次の通り。「住民は自宅から徒歩 15 分以内の所で毎日の需要(必要)を(ケ)することができる」

can の直後で,かつ後ろに目的語があるから,動詞の原形を選ぶ。選択肢の中で動詞になれるのは meet と trouble だけ。meet が「(需要などを)満たす」の意味になる。3. meet が正解。

(コ) 「オーストラリアのメルボルンでは,自転車専用道路が(コ)自動車の運転と,より多いサイクリングを奨励(促進)するために拡大されつつある」

are being expanded が「受身の現在進行形」であることに注意。自動車の通行を減らし,自転車での移動を増やしている,と対比的に言っているので,more の反対語の 4. less「より少ない」を選ぶ。

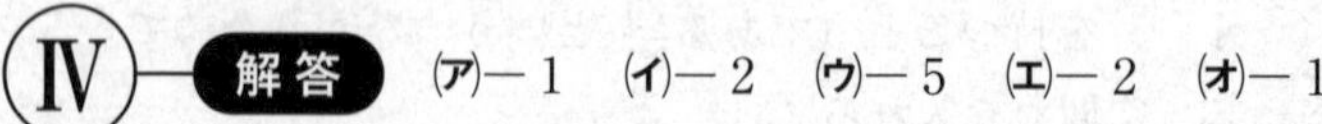

Ⅳ 解答 (ア)―1 (イ)―2 (ウ)―5 (エ)―2 (オ)―1

解説

(ア) (It snowed a) little more <u>heavily</u> than yesterday(.)

比較級に「少し」を付けて「〜より少し大きい」というときは a little bigger than などとする。ここでは more heavily の前に a little を付ける。

(イ) (Being) the store manager Cathy <u>comes</u> to work (before anyone else.)

Being で始まっているので分詞構文になる。Being the store manager ≒ As she is the store manager である。come to work「仕事へ行く」(この work は名詞)

(ウ) (There are still) some boxes <u>to</u> be shipped(.)

There is *A* to *do* で「*A* が〜する予定である」となる。本問では,不定詞が受身になって,「いくつかの箱が配送される予定である」となる。

(エ) (My father didn't have) any choice <u>but</u> to buy (a new microwave.)

have no choice but to *do*「〜するしか仕方がない」という熟語で覚え

ておこう。本問は no を not＋any で置き換えて，don't have any choice but to *do* としたもの。

(オ)　(It doesn't) matter to him what we (eat for dinner.)

動詞の matter＝be important の意味になる（否定・疑問で使うのが一般的）。It doesn't matter＝It is not important である。It が仮主語（形式主語）で what 以下を受け，「私たちが晩ご飯に何を食べるべきかは重要でない（問題でない）」となる。本問ではそれを「どうでもいいことだ」と訳してある。

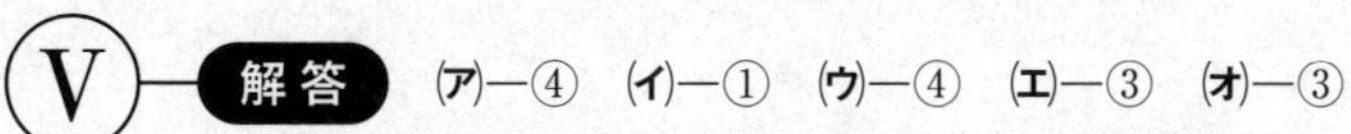

V　解答　(ア)―④　(イ)―①　(ウ)―④　(エ)―③　(オ)―③

解説

(ア)　油性塗料と水性塗料についての文章。④を含む文は，「どの④色を使うべきかと迷ったときには，どれが自分の状況にとってベストであるかを決めるのを手伝ってくれと専門家に頼みなさい」という意味。本文全体は第1文（There are two …）にあるように，色ではなく，「油性塗料と水性塗料」の比較をしているのだから，④の color「色」を paint「塗料」に変えるべきである。

(イ)　イギリス東部と西部の違いについての文章。本文の趣旨は，イングランドの都市では，産業革命の頃の大気汚染が風で流れて，一般に東半分の方が汚れていて，西半分の方が清潔だということ。① hotter「より暖かい」を cleaner「より清潔」に変えるべきである。

(ウ)　ASMR（自律感覚絶頂反応）についての文章。本文はストレスを感じたときの対処方法の一つとして ASMR について述べているのに，④を含む最後の文は「今度④空腹を感じたときには」と言っているのが合わない。④ hungry「空腹な」は，例えば第1文（There are many …）にある stressed out「ストレスを受けている」に変えるべきである。

(エ)　ジンベエザメについての文章。③を含む文では，「ジンベエザメは，その③歴史にもかかわらず，静かな（おとなしい）生物であり…」と言っている。ところが，本文全体では，ジンベエザメの歴史については語っていない。一方，ジンベエザメの英名は whale shark「クジラザメ」という恐ろしいものである。そこで，筆者は，「その名前にもかかわらず」と言いたいのであろうから，③ history を第 1 文にある name に変えるべきである。第 1 文の In spite of their name を③の部分で Despite their name と反復したのである。in spite of ～＝despite「～にもかかわらず」

(オ) くしゃみについての文章。③を含む文は「しばしばこれに引き続いて明るい光が③睡眠を引き起こさない 24 時間の回復期間がやって来る」という意味。第 4 文（For people with …）では，明るい光の刺激によってくしゃみが起こることを言っているので，③が合わない。sleeping「睡眠」を sneezing「くしゃみ」に変えるべきである。

数学

1 **解答** (1)**アイウ.** -16 **エオカ.** 254 **キクケコサ.** -4048
(2)**シス.** -1 **セ.** 5 **ソタ.** -3 **チ.** 5 **ツ.** 2
(3)**テ.** 1 **ト.** 4 **ナ.** 3 **ニ.** 4
(4)**ア.** 3 **イ.** 8 **ウエ.** 63 **オカキ.** 256
(5)**ク.** 2 **ケ.** 6 **コ.** 9 **サシ.** 49
(6)**ス.** 2 **セ.** 9 **ソ.** 4 **タ.** 9

解説

《小問6問》

(1) $x=\dfrac{\sqrt{7}+3}{\sqrt{7}-3}$ より

$$x+\frac{1}{x}=\frac{\sqrt{7}+3}{\sqrt{7}-3}+\frac{\sqrt{7}-3}{\sqrt{7}+3}=\frac{(\sqrt{7}+3)^2+(\sqrt{7}-3)^2}{(\sqrt{7}+3)(\sqrt{7}-3)}$$

$$=\frac{7+6\sqrt{7}+9+7-6\sqrt{7}+9}{7-9}=\frac{32}{-2}=-16 \quad \rightarrow ア〜ウ$$

$$x^2+\frac{1}{x^2}=\left(x+\frac{1}{x}\right)^2-2x\cdot\frac{1}{x}$$

$$=(-16)^2-2=254 \quad \rightarrow エ〜カ$$

$$x^3+\frac{1}{x^3}=\left(x+\frac{1}{x}\right)^3-3x\cdot\frac{1}{x}\left(x+\frac{1}{x}\right)$$

$$=(-16)^3-3(-16)=-4048 \quad \rightarrow キ〜サ$$

(2) $(2+a)x+(1-2a)y+1-a=0$ ……$(*)$ を a について整理すると

$$(x-2y-1)a+2x+y+1=0$$

これを a の恒等式とみて

$$x-2y-1=0 \quad \cdots\cdots ① \qquad 2x+y+1=0 \quad \cdots\cdots ②$$

①より　$x=2y+1$

②に代入して

$$2(2y+1)+y+1=0$$

$$5y+3=0$$

$$y=-\frac{3}{5}=\frac{-3}{5} \quad \to ソ〜チ$$

$$x=2y+1=-\frac{6}{5}+1=-\frac{1}{5}=\frac{-1}{5} \quad \to シ〜セ$$

また，点（1，1）を通るとき，$x=1$，$y=1$ を（＊）に代入して

$$2+a+1-2a+1-a=0 \qquad 4-2a=0 \qquad \therefore \quad a=2 \quad \to ツ$$

(3) $2x^2+(4\cos\theta)x+1+2\cos 2\theta=0$ の判別式を D とすると，実数解をもつ条件から

$$\frac{D}{4}=4\cos^2\theta-2(1+2\cos 2\theta)\geqq 0$$

$$4\cos^2\theta-2\{1+2(2\cos^2\theta-1)\}\geqq 0$$

$$-4\cos^2\theta+2\geqq 0 \qquad \cos^2\theta\leqq\frac{1}{2}$$

$$-\frac{1}{\sqrt{2}}\leqq\cos\theta\leqq\frac{1}{\sqrt{2}}$$

$0\leqq\theta\leqq\pi$ より　$\frac{1}{4}\pi\leqq\theta\leqq\frac{3}{4}\pi$　→テ〜ニ

(4) 4枚の硬貨を同時に投げるとき，表と裏が同じ枚数だけ出るのは，表と裏が2枚ずつ出るときであるからその確率は

$${}_4C_2\left(\frac{1}{2}\right)^2\left(\frac{1}{2}\right)^2=\frac{4\cdot 3}{2\cdot 1}\cdot\frac{1}{4}\cdot\frac{1}{4}=\frac{3}{8} \quad \to ア，イ$$

また，10枚の場合は，表と裏が5枚ずつ出るときであるからその確率は

$${}_{10}C_5\left(\frac{1}{2}\right)^5\left(\frac{1}{2}\right)^5=\frac{10\cdot 9\cdot 8\cdot 7\cdot 6}{5\cdot 4\cdot 3\cdot 2\cdot 1}\cdot\frac{1}{2^5}\cdot\frac{1}{2^5}=\frac{63}{256} \quad \to ウ〜キ$$

(5)

$$\sum_{k=1}^{n}\frac{2}{(2k+1)(2k+3)}=\sum_{k=1}^{n}\left(\frac{1}{2k+1}-\frac{1}{2k+3}\right)$$

$$=\left(\frac{1}{3}-\frac{1}{5}\right)+\left(\frac{1}{5}-\frac{1}{7}\right)+\cdots+\left(\frac{1}{2n+1}-\frac{1}{2n+3}\right)$$

$$=\frac{1}{3}-\frac{1}{2n+3}=\frac{2n}{3(2n+3)}=\frac{2n}{6n+9} \quad \to ク〜コ$$

よって　$\left|\sum_{k=1}^{n}\frac{2}{(2n+1)(2n+3)}-\frac{1}{3}\right|<\frac{1}{100}$

$$\left|-\frac{1}{2n+3}\right|<\frac{1}{100}$$

つまり

$$\frac{1}{2n+3}<\frac{1}{100}\qquad 100<2n+3$$

$$\therefore\quad n>\frac{97}{2}=48.5$$

よって，最小の自然数 n は　　$n=49$　→サシ

(6)　　$f(x)=x^2+\int_0^1(x+2)f(t)\,dt=x^2+(x+2)\int_0^1 f(t)\,dt$

において，$\int_0^1 f(t)\,dt$ は定数であるから，$\int_0^1 f(t)\,dt=A$（定数）とおくと

$$f(x)=x^2+A(x+2)$$

となり

$$A=\int_0^1 f(t)\,dt=\int_0^1\{t^2+A(t+2)\}\,dt$$

$$=\left[\frac{1}{3}t^3+A\left(\frac{1}{2}t^2+2t\right)\right]_0^1$$

$$=\frac{1}{3}+A\left(\frac{1}{2}+2\right)=\frac{5}{2}A+\frac{1}{3}$$

であるから

$$-\frac{3}{2}A=\frac{1}{3}\qquad\therefore\quad A=-\frac{2}{9}$$

よって　　$f(x)=x^2-\frac{2}{9}x-\frac{4}{9}$　→ス～タ

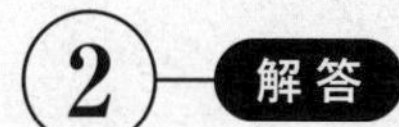

(1)**ア.**　3　**イ.**　4

(2)**ウエ.**　-3　**オ.**　2　**カキ.**　-1　**クケコ.**　-25

サ.　4

解説

《指数関数と置き換えによる2次関数》

(1)　$4^x+4^{-x}=(2^x-2^{-x})^2+2=t^2+2$ であるから

$$y=t^2+2+3t-6=t^2+3t-4\quad→ア，イ$$

(2)　　$y=\left(t+\frac{3}{2}\right)^2-\frac{9}{4}-4=\left(t+\frac{3}{2}\right)^2-\frac{25}{4}$

ここで，$2^x-2^{-x}=t$ より

$$(2^x)^2 - t(2^x) - 1 = 0$$

ここで，$2^x = X$ とおくと，$X > 0$ である。

また，$f(X) = X^2 - tX - 1$ とおくと，$y = f(X)$ は下に凸の放物線であり

$$f(0) = -1 < 0$$

よって，X の2次方程式 $f(X) = 0$ は，t の値に関わらず正の解をもつ。したがって，t はすべての実数値をとる。

ゆえに，y は

$$t = -\frac{3}{2} = \frac{-3}{2} \quad \text{→ウ～オ}$$

のとき，つまり

$$(2^x)^2 + \frac{3}{2}(2^x) - 1 = 0$$

$$2(2^x)^2 + 3(2^x) - 2 = 0$$

$$(2 \cdot 2^x - 1)(2^x + 2) = 0$$

$2^x > 0$ より

$$2^x = \frac{1}{2}$$

$$x = -1 \quad \text{→カキ}$$

のとき，最小値 $-\dfrac{25}{4} = \dfrac{-25}{4}$ をとる。　→ク～サ

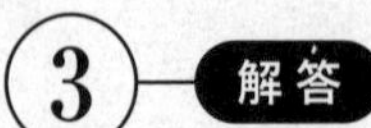

(1)シ． 6　**(2)ス．** 0　**セ．** 6　**ソ．** 3

(3)タ． 0　**チ．** 3　**ツ．** 1

(4)テ． 5　**ト．** 9　**ナ．** 1　**ニ．** 3

解説

《三角形の外接円とベクトル》

(1)　$\overrightarrow{OA} \cdot \overrightarrow{OB} = |\overrightarrow{OA}||\overrightarrow{OB}| \cos\angle AOB = 6 \times 2 \times \cos 60^\circ = 6$　→シ

(2)　Cは外接円の中心より　$\overrightarrow{OA} \perp \overrightarrow{DC}$

よって　$\overrightarrow{OA} \cdot \overrightarrow{DC} = 0$　→ス

$$\overrightarrow{DC} = \overrightarrow{OC} - \overrightarrow{OD} = p\overrightarrow{OA} + q\overrightarrow{OB} - \frac{1}{2}\overrightarrow{OA} = \left(p - \frac{1}{2}\right)\overrightarrow{OA} + q\overrightarrow{OB}$$

であるから，$\overrightarrow{OA} \cdot \overrightarrow{DC} = 0$ より

$$\left(p-\frac{1}{2}\right)|\overrightarrow{\mathrm{OA}}|^2+q\overrightarrow{\mathrm{OA}}\cdot\overrightarrow{\mathrm{OB}}=0 \qquad 36\left(p-\frac{1}{2}\right)+6q=0$$

$\therefore\ \ 6p+q=3$　→セ，ソ

(3)　(2)と同様に，$\overrightarrow{\mathrm{OB}}\perp\overrightarrow{\mathrm{EC}}$ より $\overrightarrow{\mathrm{OB}}\cdot\overrightarrow{\mathrm{EC}}=0$

であり　→タ

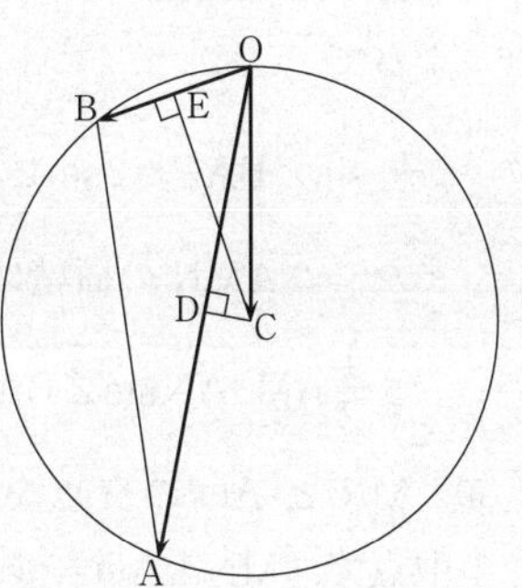

$$\overrightarrow{\mathrm{EC}}=\overrightarrow{\mathrm{OC}}-\overrightarrow{\mathrm{OE}}=p\overrightarrow{\mathrm{OA}}+q\overrightarrow{\mathrm{OB}}-\frac{1}{2}\overrightarrow{\mathrm{OB}}$$

$$=p\overrightarrow{\mathrm{OA}}+\left(q-\frac{1}{2}\right)\overrightarrow{\mathrm{OB}}$$

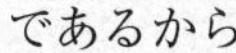

であるから

$$p\overrightarrow{\mathrm{OA}}\cdot\overrightarrow{\mathrm{OB}}+\left(q-\frac{1}{2}\right)|\overrightarrow{\mathrm{OB}}|^2=0$$

$$6p+4\left(q-\frac{1}{2}\right)=0$$

$\therefore\ \ 3p+2q=1$　→チ，ツ

(4)　(2)の式より $q=3-6p$ を(3)の $3p+2q=1$ に代入して

$$3p+6-12p=1 \qquad \therefore\ \ p=\frac{5}{9}$$

$$q=3-6p=3-\frac{10}{3}=-\frac{1}{3}$$

したがって　$\overrightarrow{\mathrm{OC}}=\frac{5}{9}\overrightarrow{\mathrm{OA}}-\frac{1}{3}\overrightarrow{\mathrm{OB}}$　→テ～ニ

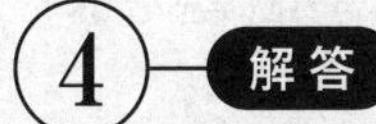

4　解答

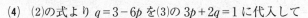

(1)ア. 2　**イ.** 2　**ウ.** 1　**エ.** 3　**オ.** 2　**カ.** 2　**キ.** 3

(2)ク. 4　**ケ.** 2　**コ.** 9　**サシ.** 16　**ス.** 2　**セ.** 9

(3)ソ. 4　**タ.** 2　**チ.** 3　**ツ.** 3　**テ.** 2

解説

《二等辺三角形と内接円，三角比》

(1)　$\mathrm{AO}=\mathrm{AH}-\mathrm{OH}=4-1=3$，$\mathrm{OM}=1$，$\angle\mathrm{OMA}=90^\circ$ より

$$\mathrm{AM}=\sqrt{3^2-1^2}=2\sqrt{2}$$　→ア，イ

$$\sin\angle\mathrm{BAH}=\sin\angle\mathrm{OAM}=\frac{\mathrm{OM}}{\mathrm{AO}}=\frac{1}{3}$$　→ウ，エ

$$\cos\angle BAH=\sqrt{1-\sin^2\angle BAH}=\sqrt{1-\frac{1}{9}}=\frac{2\sqrt{2}}{3}\quad \to オ〜キ$$

(2) AH は∠BAC の二等分線であるから　$\angle BAC=2\angle BAH$

よって

$$\sin\angle BAC=2\sin\angle BAH\cdot\cos\angle BAH=2\cdot\frac{1}{3}\cdot\frac{2\sqrt{2}}{3}=\frac{4\sqrt{2}}{9}\quad \to ク〜コ$$

また，△AMN の面積は，$AM=AN=2\sqrt{2}$ より

$$\frac{1}{2}AM\cdot AN\sin\angle BAC=\frac{1}{2}\cdot 2\sqrt{2}\cdot 2\sqrt{2}\cdot\frac{4\sqrt{2}}{9}=\frac{16\sqrt{2}}{9}\quad \to サ〜セ$$

(3) MN と AO の交点を L とすると L は線分 MN の中点で，MN⊥AO である。

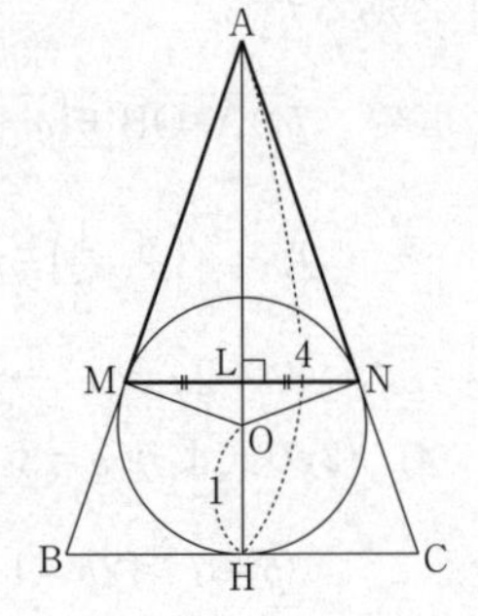

$$ML=AM\sin\angle MAH=AM\sin\angle BAH$$
$$=2\sqrt{2}\cdot\frac{1}{3}=\frac{2\sqrt{2}}{3}$$

$$MN=2ML=\frac{4\sqrt{2}}{3}\quad \to ソ〜チ$$

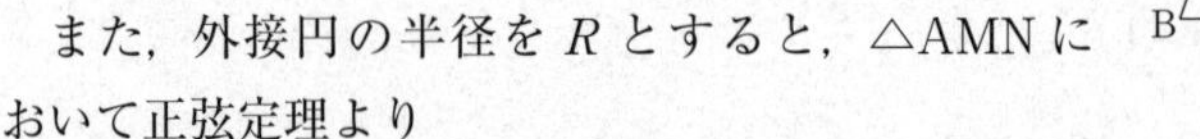

また，外接円の半径を R とすると，△AMN において正弦定理より

$$2R=\frac{MN}{\sin\angle BAC}$$

$$R=\frac{1}{2}\cdot\frac{4\sqrt{2}}{3}\cdot\frac{9}{4\sqrt{2}}=\frac{3}{2}\quad \to ツ，テ$$

別解 B から引いた 2 本の接線の長さは等しいので $BH=BM=x$ とおくと，△ABH で三平方の定理から

$$AB^2=BH^2+AH^2\qquad (2\sqrt{2}+x)^2=x^2+4^2$$

$$4\sqrt{2}x=8\qquad \therefore\quad x=\frac{8}{4\sqrt{2}}=\sqrt{2}$$

△AMN∽△ABC から

$$MN=\frac{AM}{AB}\cdot BC=\frac{2\sqrt{2}}{2\sqrt{2}+\sqrt{2}}\cdot 2\sqrt{2}=\frac{4\sqrt{2}}{3}$$

△AMN の外接円は，$\angle AMO=\angle ANO=90^\circ$ より，AO を直径にもつ。よって，求める半径は

$$\frac{1}{2}AO=\frac{3}{2}$$

一般試験A：2月2日実施分

問題編

▶試験科目・配点

教　科	科　　　　　目	配 点
外国語	コミュニケーション英語Ⅰ・Ⅱ	100点
数　学	数学Ⅰ・Ⅱ・A・B*	100点
理科・国　語	「物理基礎・物理〈省略〉」,「化学基礎・化学〈省略〉」,「生物基礎・生物〈省略〉」,「国語総合（古文・漢文を除く）・現代文B〈省略〉」から1科目選択	100点

▶備　考

＊「数学B」は「数列」,「ベクトル」を出題範囲とする。

上記学力試験と調査書等により総合的に選考する。

英 語

（60 分）

I. 次の（ア）～（コ）の下線の部分に入れる語句として、最も適切なものを選択肢から選びなさい。

（ア） I hope that she _____ abroad next year.

1. go
2. going
3. had gone
4. will go

（イ） There was a feeling of _____ among the fans after their team lost the game.

1. disappoint
2. disappointed
3. disappointing
4. disappointment

（ウ） The company is making _____ effort to raise profits this year.

1. every
2. far
3. many
4. really

（エ） One _____ four people, or 25%, say they don't exercise daily.

1. and
2. in
3. out
4. to

（オ） My cousin Rachael stayed with me _____ my mother was on a business trip.

1. by
2. during

3. through
4. while

(カ) My parents had their car _____ before going on vacation.

1. fix
2. fixed
3. fixes
4. fixing

(キ) Greg invited me to a concert but didn't tell me _____ it is.

1. here
2. that
3. there
4. when

(ク) A small airplane was _____ taking off from the runway.

1. saw
2. seeing
3. seen
4. sees

(ケ) We study the _____ influential technology of this century.

1. moreover
2. most
3. that
4. which

(コ) I regret _____ eaten so much spicy curry last night.

1. about
2. for
3. having
4. was

Ⅱ. A　次の（ア）～（オ）に入れる文として、最も適切なものを選択肢から選びなさい。選択肢は、一回しか使えません。

A: Good morning. How did you sleep last night?

B: Morning, Dad. Uh, pretty well, I guess.

A: That's good. (____ア____) We have a very busy day today, and it's already 9:00 AM.

B: Really? But it's Saturday, and I want to relax and watch TV this morning. By the way, where's Sara?

A: (____イ____) Now you have to hurry so I can take you to tennis practice. It starts in half an hour.

B: Can't I just stay at home today? I'm so tired.

A: No, sorry. After I drop you off at tennis, I need to pick your sister up. (____ウ____)

B: Will Mum come with you to see me play?

A: Unfortunately not. She's on her way back from her business trip today. We'll all go to the station and pick her up this afternoon. (____エ____)

B: Yeah, that sounds good. (____オ____)

A: Great, we can go out for lunch after tennis. You can choose the place!

［選択肢］

1. Before we get her, would you like to eat lunch at a restaurant?
2. He always does the dishes after breakfast.
3. I already took your sister to her swimming lesson.
4. I'll be hungry after playing tennis, and I bet Sara will be too after swimming.
5. The match was so exciting.
6. Then, Sara and I will come back and watch the end of your practice.
7. They went there yesterday.
8. You'll have to get ready quite quickly this morning, though.

Ⅱ. B

次の（カ）～（コ）に入れる文として、最も適切なものを選択肢から選びなさい。選択肢は、一回しか使えません。

A: Hi, Sandra. How are you? Have you finished making your poster for the science presentation tomorrow?

B: I'm good, Barry. （　カ　）

A: Don't you remember? The teacher told us that we have to create individual posters for our team research project. （　キ　）

B: Oh no! I completely misunderstood the instructions. I thought that our team was creating one poster and that the presentation was next week.

A: Nope, it's tomorrow. What are you going to do?

B: Umm, could I get a copy of your poster? （　ク　） Is that OK?

A: Well . . . The teacher told us to make our own poster and our own script. I don't think we can both use the same poster. （　ケ　）

B: OK, I guess I'd better get started then. I still have another report to write for my English class. That's due tomorrow as well!

A: （　コ　） You should try writing down deadlines and due dates in your calendar.

B: Thanks, that's good advice. I really need to be more organized.

［選択肢］

1. Buying the supplies online is much cheaper.
2. Did you remember to lock the door?
3. Each team member has to give a presentation tomorrow.
4. I'll use it to make my own presentation script.
5. Maybe it's better if you make everything yourself.
6. Should they try to make time after the weekend?
7. What presentation are you talking about?
8. Wow, you have a lot to do!

Ⅲ. 次の英文は「長距離ランナー　クリフ・ヤング」について述べたものです。（ア）～（コ）に入れる最も適切なものを選択肢から選びなさい。

When you think of the world's top athletes, what kind of people do you imagine? Perhaps you picture fit, young adults who spend hours in the gym every day, training in expensive sneakers and using top-of-the-line exercise equipment. While this image is true of most of the world's best athletes, it certainly didn't apply to legendary Australian runner Cliff Young.

Young began running long distances during his childhood on his family's farm. The Youngs （ ア ） around 2,000 sheep on their land in Beech Forest, Victoria, but they didn't ride horses or drive vehicles through the fields to keep an eye on the animals. Instead, Young used to run alongside the sheep in his boots to move them from one place to （ イ ）.

As he grew into an adult, Young shifted into potato farming, but he continued running 20 to 30 km each morning （ ウ ） breakfast just for fun. Then one day in 1979, at the age of 56, he noticed an advertisement in a local newspaper for a 16 km race. He decided to join.

Young enjoyed the race and performed well in it. The （ エ ） motivated him to join other races, and he participated in the Melbourne Marathon four times from 1979 to 1982. Each year, he finished with a respectable time of just over three hours.

His real fame came in 1983 when, at the age of 61, he won the Westfield Sydney to Melbourne Ultramarathon—an 875 km race （ オ ） he completed in a time of five days, fifteen hours, and four minutes. One impressive element of his record-breaking time was his strategy of nearly continuous running. Other participants ran faster but stopped at night for six hours of sleep on （ カ ）. Young, on the other hand, would sleep for only two hours some nights, and other nights he wouldn't sleep at all. While others may have run faster, Young's slow-and-steady, day-and-night approach earned him first place.

Young won $10,000 for his first-place finish in the ultramarathon, but he felt it was not fair that he should get all of the money when five other people had （ キ ） finished the difficult race too. He divided the prize money among them, giving each of the other finishers $2,000 and not keeping any for himself.

The （ ク ） of the 61-year-old's unlikely victory spread, and Cliff Young became a hero to Australian runners. His running style, called the "Young Shuffle," gained popularity among extreme long-distance runners. The method （ ケ ） taking shorter steps to reduce impact on the legs and keeping the arms low at the sides so that energy isn't wasted in moving them too much.

Cliff Young passed away in 2003, but his legacy lives on. People remember him for his endurance, his generosity, and his willingness to take on （ コ ） challenges later in life. A memorial plaque in his hometown describes his importance to the community, and appropriately, it is attached to a statue of a boot, just like he wore in his younger days when running on the farm.

（ア）　1. always　2. final　3. kept
　　　4. many　5. under

(イ) 1. another　2. avoided　3. else
4. quickly　5. seasonal

(ウ) 1. before　2. have　3. meal
4. on　5. prefer

(エ) 1. advanced　2. experience　3. greatly
4. hurried　5. tense

(オ) 1. by　2. its　3. so
4. such　5. that

(カ) 1. afterward　2. average　3. general
4. less　5. today

(キ) 1. gone　2. he　3. none
4. successfully　5. worth

(ク) 1. basically　2. future　3. places
4. recorded　5. story

(ケ) 1. become　2. eventually　3. involves
4. requirement　5. unique

(コ) 1. create　2. face　3. new
4. remove　5. unable

IV.

次の（ア）～（オ）のそれぞれの日本文の意味を表す英文になるように、各英文の空欄に語または句を最も適切な順番に並べた場合、3番目にくるものの番号を選びなさい。ただし、文頭にくるものも小文字で書いてあります。また、必要なコンマが省略されている場合もあります。［解答欄のカ～コは使用しません。］

（ア） 多くのリサイクル資材が建築に使用され始めている。

Many recycled materials ____ ____ **____** ____ ____ in construction.

1. are　　2. be　　3. beginning
4. to　　5. used

（イ） 全ての人がファッションに興味がある訳ではない。

Not ____ ____ **____** ____ ____ fashion.

1. all　　2. are　　3. in
4. interested　　5. people

（ウ） チームはプロジェクトを進めるかどうか決断する必要がある。

The team needs to ____ ____ **____** ____ ____ the project or not.

1. decide　　2. proceed　　3. to
4. whether　　5. with

（エ） 稲妻が光るのと同時に雨が強く降り始めた。

____ ____ **____** ____ ____ the lightning flashed, rain started to fall hard.

1. as　　2. at　　3. same
4. the　　5. time

（オ） 自動運転車が公道を普通に走る日が近い将来に来るだろうか。

Will the day come in the ____ ____ **____** ____ ____ are common on public roads?

1. future　　2. near　　3. self-driving
4. vehicles　　5. when

V. 次の（ア）～（オ）の下線部分①～④で、各文脈に合わないものを一つずつ選びなさい。［解答欄のカ～コは使用しません。］

（ア） The Great Bell of Dhammazedi is thought to be the largest bell ever made. It was cast from silver, gold, copper, and tin in 1484 in present-day Myanmar. It weighed 297,000 kg, was nearly 6 m tall, and was over 3 m wide. **① Despite** its great size, nobody knows exactly where the Great Bell of Dhammazedi is today. In 1608, Portuguese explorers stole the bell with the goal of melting it and using the metal to make a cannon. They loaded the **② cannon** onto their boat and began transporting it down a river. However, the water became too **③ rough** and the boat sank. Many people have looked for the bell at the bottom of the river, but it may be buried under several meters of mud. Although governments and private explorers have made great efforts to find it, the **④ location** of the Great Bell of Dhammazedi is still unknown.

（イ） When we describe the sides of a boat, we use the words "starboard" for the right side and "port" for the left side. The words starboard and port come from the time when boats were steered using long, wooden boards. Originally, since most **① people** are right-handed, steering boards were located on the right, or starboard, side of the boat. When people wanted to get on or off of a boat, they would have to use the left, or port, side since the **② board** on the starboard side would be in the way. It can be confusing to know which side of a boat is right or left depending on whether a person on the boat is **③ looking** toward the front or the back of the boat. Using the terms starboard and port helps sailors avoid this confusion. For this reason, even though boat technology has changed, we still use starboard and port when talking about the **④ size** of a boat.

(ウ) While it may not look like one, the piano is actually a type of stringed instrument. When a piano key is **① pressed**, a system of levers and springs causes a soft hammer to hit strings of varying lengths and thicknesses to produce sound. The **② general** idea is the same as that of a finger plucking a guitar string, except in the case of the piano, there is a padded hammer hitting the string. When a key is not being pressed down, a soft fabric pad rests on top of the string to **③ keep** it from vibrating. Pressing down on a key lifts the fabric pad to allow the string to vibrate when the hammer hits it. When the player's finger is raised from the **④ page**, the fabric pad returns to the original position on the string, stopping the sound.

(エ) The Nazca Lines are a collection of large pictures carved into the ground near the city of Nazca in southern Peru. Many of the Nazca Lines form the images of animals like monkeys, birds, and spiders, while **① others** are simple geometric shapes or patterns. Created between 1,500 and 2,500 years ago, some of these ancient **② roads** measure up to 370 m long. The Nazca Lines were made by the removal of small, reddish-brown stones from the surface of the ground, revealing a yellowish soil underneath. The area receives almost no rainfall and has very little wind—calm conditions which have helped to **③ preserve** the Nazca Lines. Some of the images have been shown to mark the movements of the sun and stars, but no one knows the full story of **④ exactly** why the Nazca people created these desert illustrations.

(オ) Doing physical activities like exercising or working outside during hot weather can be dangerous. To determine the risk of hot weather **① conditions**, weather forecasters measure the Wet Bulb Globe Temperature (WBGT). WBGT helps **② predict** the effects of temperature, humidity, wind speed, and solar radiation on the human body. A device for measuring WBGT uses three thermometers. The first is a wet bulb thermometer that is covered in a wet cloth to mimic human sweating. Water evaporates from the cloth and cools the thermometer. The second is a black globe thermometer. It measures solar radiation, which heats the globe while the wind cools it. Finally, a dry bulb thermometer measures the temperature of the air in the shade. In general, a WBGT of 35°C is considered the maximum temperature that the **③ environment** can handle. By measuring WBGT instead of just measuring the air temperature, we can get a better idea about the dangers of engaging in **④ physical** activities outdoors on a hot day.

数　学

(60分)

解答記入上の注意

(1) 解答は，「入学試験解答用紙［数学No. 1］－第1面の1，2，［数学No. 1］－第2面の3，4」の解答マーク欄を使用します。
解答用紙の【記入上の注意】にしたがって使用してください。

(2) 問題文中の ア ， イ ウ などには，特に指示のないかぎり，数字（0～9），記号（±，−），または文字（a, b, c, m, n, π）が入ります。ア，イ，ウ，… の一つ一つは，その数字，記号，または文字のいずれか一つが対応します。それらを解答マーク欄のア，イ，ウ，… で示された解答欄にマークして答えなさい。

［例1］ ア イ に －5 と答えたいとき

1	解答マーク欄																
	±	−	0	1	2	3	4	5	6	7	8	9	a	b	c	m	n	π
ア	±	●	0	1	2	3	4	5	6	7	8	9	a	b	c	m	n	π
イ	±	−	0	1	2	3	4	●	6	7	8	9	a	b	c	m	n	π

［例2］ ウ エ に $6a$ と答えたいとき

	±	−	0	1	2	3	4	5	6	7	8	9	a	b	c	m	n	π
ウ	±	−	0	1	2	3	4	5	●	7	8	9	a	b	c	m	n	π
エ	±	−	0	1	2	3	4	5	6	7	8	9	●	b	c	m	n	π

(3) 分数で答えるときは，既約分数（それ以上約分できない分数）で答えなさい。符号は分子につけ，分母につけてはいけません。

［例］ $\dfrac{\boxed{オ\ カ}}{\boxed{キ}}$ に $-\dfrac{6}{7}$ と答えたいとき，$\dfrac{-6}{7}$ として

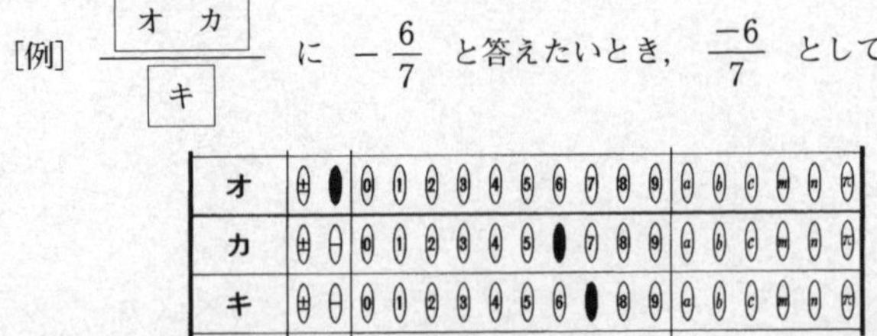

(4) 根号を含む形で答えるときは，根号の中に現れる自然数が最小となる形で答えなさい。

[例] $\boxed{ク}\sqrt{\boxed{ケ}}$ に $4\sqrt{2}$ と答えるところを，$2\sqrt{8}$ としてはいけません。

また，$\dfrac{\sqrt{\boxed{コ}}}{\boxed{サ}}$ に $\dfrac{\sqrt{2}}{2}$ と答えるところを，$\dfrac{\sqrt{8}}{4}$ としてはいけません。

(5) 同一問題の中で，同じカタカナの箇所には同じ数字，記号，または文字が入ります。

問題 1

（1） $(2+\sqrt{2}-\sqrt{6})(2+\sqrt{2}+\sqrt{6})=\boxed{ア}\sqrt{\boxed{イ}}$ であり，$\dfrac{1}{2+\sqrt{2}+\sqrt{6}}$ の分母を有理化すると $\dfrac{1}{2+\sqrt{2}+\sqrt{6}}=\dfrac{\boxed{ウ}+\sqrt{\boxed{エ}}-\sqrt{\boxed{オ}}}{\boxed{カ}}$ である.

（2） 2 次方程式 $x^2-5x+8=0$ の解は $x=\dfrac{\boxed{キ}\pm\sqrt{\boxed{ク}}\,i}{\boxed{ケ}}$ である. ここで，i は虚数単位である. この 2 つの解をそれぞれ α, β とおくとき，2 数 α^2, β^2 を解とする 2 次方程式の 1 つは $x^2-\boxed{コ}x+\boxed{サシ}=0$ である.

（3） 座標平面上に 2 点 $\mathrm{A}(-1,0), \mathrm{B}(3,4)$ がある. 点 P が直線 $y=x$ 上を動くとき，線分 AP と線分 PB の長さの和 $\mathrm{AP}+\mathrm{PB}$ の最小値は $\sqrt{\boxed{スセ}}$ であり，そのときの点 P の座標は $\left(\dfrac{\boxed{ソ}}{\boxed{タ}}, \dfrac{\boxed{チ}}{\boxed{ツ}}\right)$ である.

(4)　3 個のさいころを同時に投げるとき，出る目の和が 4 になる確率は $\dfrac{\boxed{ア}}{\boxed{イウ}}$

である．また，出る目の積が 6 以上になる確率は $\dfrac{\boxed{エオ}}{\boxed{カキ}}$ である．

(5)　関数 $f(\theta)=2\cos 2\theta-4\sin\theta+3\ (0\leqq\theta\leqq 2\pi)$ は，

$\theta=\dfrac{\boxed{ク}}{\boxed{ケ}}\pi,\ \dfrac{\boxed{コサ}}{\boxed{シ}}\pi$ のとき最大値 $\boxed{ス}$ をとり，

$\theta=\dfrac{\boxed{セ}}{\boxed{ソ}}\pi$ のとき最小値 $\boxed{タチ}$ をとる．

(6)　数列 $\{a_n\}$ が $a_1+a_3=2,\ a_2+a_4=6$ を満たしている．数列 $\{a_n\}$ が

等差数列ならば，その一般項は $a_n=\boxed{ツ}\,n-\boxed{テ}$ であり，

等比数列ならば，その一般項は $a_n=\dfrac{\boxed{ト}^{\,n-1}}{\boxed{ナ}}$ である．

問題2　次の問いに答えよ.

(1) 不等式 $\log_3(2^x+1)<2$ の解は, $x<$ ア である.

(2) 方程式 $(x-1)\left(1-\dfrac{1}{x}\right)=\dfrac{1}{2}$ の解は, $x=\dfrac{1}{\fbox{イ}}$, ウ である.

(3) 不等式 $\log_4\{(8^x-1)(1-8^{-x})\}>-\dfrac{1}{2}$ の解は, $x<-\dfrac{1}{\fbox{エ}}$, $\dfrac{1}{\fbox{オ}}<x$ である.

問題3　点 O を中心とする半径 5 の円 O, 点 A を中心とする半径 3 の円 A, 点 B を中心とする半径 2 の円 B があり, 右図のように円 O に円 A と円 B が内接し, 円 A と円 B が外接している. さらに, 円 O に内接し, 円 A と円 B に外接する円の中心を点 C, 半径を r とする.

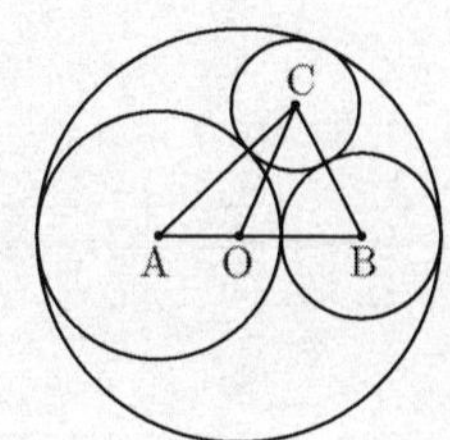

(1) OC$=5-r$, OA$=$ カ , AC$=$ キ $+r$ である

から, $\cos\angle\text{AOC}=\dfrac{\fbox{ク}-\fbox{ケ}\,r}{\fbox{コ}-r}$ である.

(2) OC$=5-r$, OB$=$ サ , BC$=$ シ $+r$ であるから,

$\cos\angle\text{BOC}=\dfrac{\fbox{スセ}-\fbox{ソ}\,r}{\fbox{タ}(\fbox{チ}-r)}$ である.

(3) $r=\dfrac{\fbox{ツテ}}{\fbox{トナ}}$ である.

問題4　a を実数とする．座標平面において，放物線 $y=x^2$ を C_1，放物線 $y=-x^2+ax+4$ を C_2 とおく．C_1 と C_2 が異なる 2 点で交わり，それらの交点を通る直線が直線 $y=x$ に平行であるとする．このとき，

(1) $a=$ [ア] である．

(2) C_1 と C_2 の交点の座標は $(x, y)=($[イウ], [エ]$)$, $($[オ], [カ]$)$ である．

(3) C_1 と C_2 で囲まれた図形の面積は [キ] である．

解答編

英語

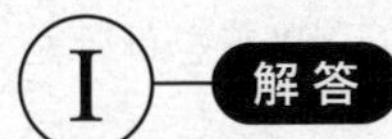

(ア)―4　(イ)―4　(ウ)―1　(エ)―2　(オ)―4
(カ)―2　(キ)―4　(ク)―3　(ケ)―2　(コ)―3

解説

(ア)「彼女が来年海外へ行くことを私は望む」

next year「来年」があるから，未来のことを言っている。よって4．will go が適切。なお，現在形が入る余地はあるが，1．go は三人称単数現在の -es が付いていないから不可。

(イ)「彼らのチームが負けた後，ファンの間に失望感があった」

a feeling of 〜 で「〜の感覚」となるように，空所に名詞が来なければならない。4．disappointment が「失望」という名詞。

(ウ)「会社は今年利益を上げようとあらゆる努力をしている」

この「努力する」という熟語は make an effort, make every effort, make efforts という形で使われる。effort を修飾する形容詞が入るが単数であるから3の many は不可。1．every が正解。

(エ)「4人に1人，言い換えれば（or）25％の人々が毎日運動しているわけではないと言っている」

「4人に1人」というときは，one in four people または one out of four people の言い方がある。2．in が正解。

(オ)「母が出張している間，いとこのレイチェルが私と一緒にいてくれた」

後半が節（ＳＶ構造）になっているから，従位接続詞の4．while が適切。他の3つの選択肢はいずれも通常は前置詞であり，節の前に来ることはできない。

(カ)「私の両親は休暇で旅行へ行く前に車を修理してもらった」

have O *done*「Oを～してもらう」なので，過去分詞の2．fixed が正解。

(キ)「グレッグは私をコンサートに招待してくれたが，それがいつであるかは言ってくれなかった」

間接疑問文である。When is it? を tell の目的語にしたもので，間接疑問の節は平叙文の語順になるので，when it is となる。4．when が正解。

(ク)「滑走路から小さな飛行機が離陸しているのが見えた」

SVOC の構文の受身。能動にすれば，They saw a small airplane taking off from the runway. となる。その SVO 部分を受身にして A small airplane was seen とし，その後にCの部分の taking 以下を付けたもの。3．seen が正解。

(ケ)「我々は，今世紀で最も影響力のあるテクノロジーを学ぶ」

influential（影響力のある）を修飾する副詞が入る。最上級にして，the most influential とする。2．most が正解。

(コ)「私は昨晩，あんなに辛いカレーを食べたことを後悔している」

regret *doing*「～したことを後悔している」なので，3．having が正解。regret eating でも可ではあるが，「後悔しているのは現在」で「食べたのは過去」であることをはっきりさせるために，having eaten という「完了の動名詞」を使っている。

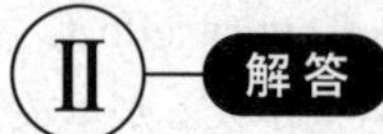

A．(ア)－8　(イ)－3　(ウ)－6　(エ)－1　(オ)－4
B．(カ)－7　(キ)－3　(ク)－4　(ケ)－5　(コ)－8

解説

A．《父と子の朝の会話》

A：おはよう。昨晩はよく眠れたかい？

B：おはよう，パパ。よく眠れたよ。たぶん。

A：そりゃあよかった。(ア)しかし，おまえ，今朝は急いで準備しなければならないぞ。私たちは今日は忙しいんだ。それにもう9時だ。

B：本当？　でも，今日は土曜だよ。今朝はリラックスしてテレビを見たいんだ。ところで，サラはどこ？

A：(イ)おまえの妹（サラ）は，もう私が水泳教室へ連れて行ったよ。おまえも，テニスの練習に連れて行くから，それに間に合うように急いでくれよ。あと30分で始まる。

B：今日は家にいちゃいけない？　疲れているんだ。

A：悪いが駄目だ。おまえをテニスのところで降ろした後，妹を拾わなきゃならない。(ウ)それから，サラと私は戻って来て，おまえの練習の最後のところを見るんだよ。

B：ママも僕がプレーするのを見に来てくれるの？

A：残念だが来れないね。ママは今日，出張から帰って来るんだ。午後には，みんなで駅までママを迎えに行く。(エ)ママを拾う前にレストランでランチを食べたいかね？

B：わあ，素敵。テニスの練習の後だから腹が減っているはずだよ。(オ)きっとサラも水泳の後だから同じだろう。

A：そりゃあいい。テニスの後にランチに行けるな。場所はおまえが選んでいいよ。

B.《学校の課題についての友人同士の会話》

A：やあ，サンドラ。調子はどう？　明日の理科の発表のためのポスターは作り終えたかい？

B：バリー。私は快調だよ。(カ)発表って，何のこと？

A：おぼえてないのかい？　チームのリサーチプロジェクトのために一人一人ポスターを作って来いって先生が言ったじゃないか。(キ)明日，メンバーが一人一人発表をしなけりゃならないんだよ。

B：あら，大変だ！　私，先生の指示を完全に誤解してた。チーム全体でポスターを一枚作って，発表は来週なんだとばかり思ってた。

A：違うよ。明日なんだよ。どうするつもりだい？

B：むむむ。あなたのポスター，コピーさせてくれる？　(ク)それを使って，私の発表の原稿作るよ。それでいい？

A：うーん。先生は，僕らに自分自身のポスターと原稿を作れって言ったんだよ。二人で同じポスターを使えるとは思えないね。(ケ)全部自分でやった方がいいんじゃないかな。

B：わかった。じゃあ，すぐにとりかかった方がいいね。もう一つ，英語の授業のレポートも書かなきゃならない。それも明日が締め切りだ！

A：(コ)わあ。することがたくさんあるんだね！　カレンダーに締切期限を書いておきなよ。

B：ありがとう。それはいいアドバイスだね。私，本当に，もっときちんとしなきゃね。

III　解答

(ア)―3　(イ)―1　(ウ)―1　(エ)―2　(オ)―5
(カ)―2　(キ)―4　(ク)―5　(ケ)―3　(コ)―3

解説

《長距離ランナー　クリフ・ヤング》

(ア)「ヤング一家はヴィクトリア州ビーチフォレストの所有地に約2,000頭の羊を（　ア　）」

3．kept「飼っていた」が適切。

(イ)「ヤングは羊の横をブーツを履いて走って，あちこちと動き回ったものだった」

from one place to another が「一つの場所から別の場所へ」で「あちこちへ」という熟語になる。1．another が正解。

(ウ)「しかし，彼はただ楽しみのためだけに，毎朝，朝食（　ウ　）20キロないし30キロを走り続けた」

「朝食前に」ということになる，1．before が正解。

(エ)　直前文（Young enjoyed the …）と空所を含む節を訳すと，「彼はレースを楽しみ，よい成績を上げた。その（　エ　）が彼を他のレースに参加させる励みとなった」となる。The（　エ　）の形になっていて述語動詞 motivated が続いているから，(エ)は文の主語であり，名詞でなければならない。選択肢の中で名詞になれるのは experience「経験」と tense「時制」だけ。その経験によってレースに参加しようという気になったのだから，2．experience が適切。

(オ)　(オ)を含む an 875km 以下はメルボルンのウルトラマラソンの説明で，「彼が…完走した875km のレース」であるから，(オ)には関係代名詞が来る。completed の目的語が関係代名詞になっている。選択肢の中で関係代名詞は5．that だけなので，これが正解。

(カ)「他の参加者たちはより速く走り，夜は（　カ　）6時間の睡眠を取った」

on average「平均して」（on の後に an / the を補うこともある）となる，2．average が正解。

(キ) but 以下は「しかし，彼は，他の5人の人も困難なレースを（　キ　）終えたのに，自分が金を全部もらうのは公平でないと考えた」となる。「他の5人」が主語で空所は had と finished の間なので，副詞が入る。唯一の副詞が4．successfully「成功裏に，うまく」であり，これを入れると完走したことを意味することになる。

(ク) the と of の間にはさまれている以上，この位置に来る語は名詞以外ありえない。選択肢の中で名詞は，future「未来」と story「物語」と places「場所」である。5．story を入れると，「この61歳の人の思いがけない勝利の物語が広まった」とうまくつながる。

(ケ)「この方法は，エネルギーが手足を動かしすぎて浪費されないように，歩幅を短くして，脚にかかる衝撃を減らし，腕を体側に垂らしておくことを（　ケ　）」

主節の述語動詞が欠けているから，それを補わなければならない。3．involves を入れると，「垂らしておくことを含む」とつながる。

(コ) his willingness 以下が「後の人生で（　コ　）試練（挑戦）を引き受ける（に立ち向かう）彼の意欲」となり，challenges を修飾する形容詞が入る。3．new を選ぶと，「新しい試練」となって話が合う。

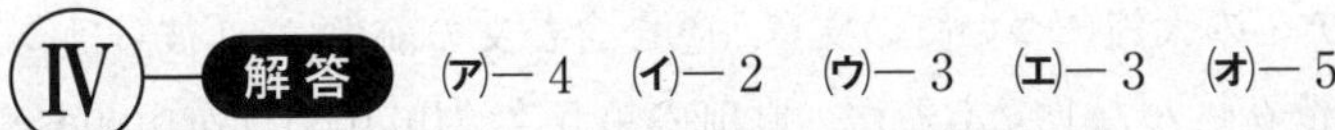

(ア)—4　(イ)—2　(ウ)—3　(エ)—3　(オ)—5

解説

(ア) (Many recycled materials) are beginning to be used (in construction.)

begin が現在進行形になって are beginning となる。その後に，use「使用する」を受身の不定詞にして to be used という形で付ける。

(イ) (Not) all people are interested in (fashion.)

all を主語にした否定文は Not all で始まることが多い。その後に，be interested in 〜「〜に興味がある」を付ける。主語が複数なので be 動詞は are である。

(ウ) (The team needs to) decide whether to proceed with (the project or not.)

I don't know what to eat.「何を食べたらよいかわからない」のように，

疑問詞の後に to *do* を付けた形を「不定詞疑問文」というが，who to *do*, how to *do* などがある。whether to *do* もその類で，「～すべきかどうか」という意味。whether they should proceed … の意味だと考えればよい。

(エ) At the <u>same</u> time as (the lightning flashed, rain started to fall hard.)

at the same time as S V「SがVするのと同時に」は as soon as S V と同義だと考えてよい。

(オ) (Will the day come in the) near future <u>when</u> self-driving vehicles (are common on public roads?)

in the near future「近い将来に」は重要熟語。when は関係副詞で，when 以下文末までは，the day の直後にあるべき関係詞節だが，長いから後ろに飛んだもの。The day when I can go abroad will come.「私が海外へ行ける日がやって来るだろう」の when I can go abroad が come の後に飛ぶのと同じである。

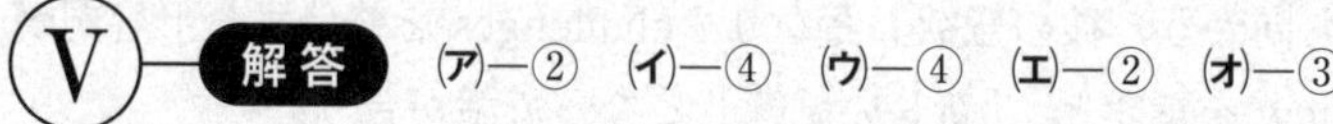
V 解答 (ア)—② (イ)—④ (ウ)—④ (エ)—② (オ)—③

解説

(ア) ダマゼディの大鐘についての文章。②を含む文の前半は，「彼らは<u>②大砲</u>を船に積み込んだ」であるが，直前の第５文（In 1608, Portuguese …）では，「ポルトガル人は，大砲を作る目的で鐘を盗んだ」と言っているから，船に積み込んだ物は大砲ではなく，鐘である。② cannon を bell に変えるべきである。

(イ) ボートの右舷と左舷についての文章。④を含む最終文のカンマ以下では，「我々はなお，船の<u>④大きさ</u>について語るときには，starboard と port（という用語）を使うのである」と言っているが，本文では，船のサイズについて語っているのではなく，第１文（When we describe …）にあるように，船の右側（右舷）starboard と左側（左舷）port の区別を言っているのである。④の size を side（側）に変えるべきである。

(ウ) ピアノの仕組みについての文章。④を含む最終文では，「演奏者の指が<u>④ page</u> から持ち上げられた（離れた）とき，布パッドが弦の上の元の位置に戻り，音を止めるのである」と言っている。前文（Pressing down on …）のピアノの鍵盤が押された状態と比較して指がピアノの鍵盤から離れたときのことを言いたいのであるから，④ page を key（鍵盤）に変えるべきである。

(エ)　ナスカの地上絵についての文章。②を含む第 3 文（Created between 1,500 …）では，「これらの古代の②道路は，1,500 年ないし 2,500 年前に作られたのだが，長さは 370 メートルに及ぶものもある」と言っている。いわゆるナスカの地上絵のことであるが，これは空中から見ると絵や幾何学的図形に見えるものであり，直後の第 4 文（The Nazca Lines …）には，「ナスカの線は地表の石を取り除くことによって作られた」とあるが，道路であるという記述は本文中にはまったく見られない。冒頭でも The Nazca Lines（ナスカの線）と言っているので，② roads を lines に変えるべきである。

(オ)　暑さ指数 WBGT についての文章。③を含む文（In general, a WBGT …）は「概して，35℃の WBGT は，③環境が処理できる（取り扱える）温度の上限だと考えられている」と言っている。ところが，第 2 文（WBGT helps …）では「WBGT は，気温，湿度，風速，日射が人体に及ぼす影響を予測するのに役立つ」と言っているのだから，「処理する（取り扱う）」のは「人体」である。③ environment を human body に変えるべきである。

数学

1 解答

(1)**ア.** 4 **イ.** 2 **ウ.** 1 **エ.** 2 **オ.** 3 **カ.** 4

(2)**キ.** 5 **ク.** 7 **ケ.** 2 **コ.** 9 **サシ.** 64

(3)**スセ.** 34 **ソ.** 3 **タ.** 2 **チ.** 3 **ツ.** 2

(4)**ア.** 1 **イウ.** 72 **エオ.** 25 **カキ.** 27

(5)**ク.** 7 **ケ.** 6 **コサ.** 11 **シ.** 6 **ス.** 6 **セ.** 1 **ソ.** 2

タチ. −3

(6)**ツ.** 2 **テ.** 3 **ト.** 3 **ナ.** 5

解説

《小問6問》

(1)
$$(2+\sqrt{2}-\sqrt{6})(2+\sqrt{2}+\sqrt{6})=(2+\sqrt{2})^2-(\sqrt{6})^2$$
$$=4+4\sqrt{2}+2-6=4\sqrt{2} \quad \to ア,\ イ$$

よって
$$\frac{1}{2+\sqrt{2}+\sqrt{6}}=\frac{2+\sqrt{2}-\sqrt{6}}{4\sqrt{2}}$$
$$=\frac{\sqrt{2}+1-\sqrt{3}}{4}=\frac{1+\sqrt{2}-\sqrt{3}}{4} \quad \to ウ \sim カ$$

(2) $x^2-5x+8=0$ を解くと，解の公式により
$$x=\frac{5\pm\sqrt{25-32}}{2}=\frac{5\pm\sqrt{7}i}{2} \quad \to キ \sim ケ$$

これらをα，βとすると$\alpha+\beta=5$，$\alpha\beta=8$であるから
$$\alpha^2+\beta^2=(\alpha+\beta)^2-2\alpha\beta=25-16=9$$
$$\alpha^2\beta^2=(\alpha\beta)^2=64$$

よって，α^2，β^2を2解とする2次方程式の1つは
$$x^2-9x+64=0 \quad \to コ \sim シ$$

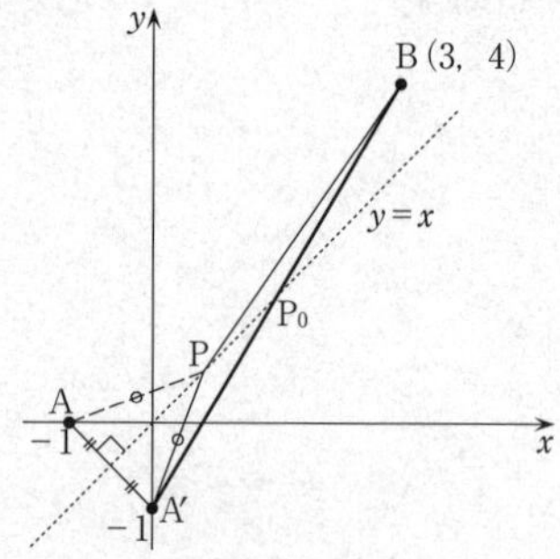

(3) A，Bは直線$y=x$からみて，ともに同じ側にあるから，直線$y=x$に関して，Aと対称な点A′(0, −1) をとると

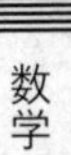

$$AP+BP=A'P+BP$$

である。この値が最小となるのはA′，P，Bが一直線上に並ぶときで，最小値は

$$A'B=\sqrt{3^2+(4+1)^2}=\sqrt{34} \quad \to ス セ$$

そのときのPをP_0とすると，P_0は，直線A′B：$y=\frac{5}{3}x-1$と直線$y=x$との交点であるから

$$\frac{5}{3}x-1=x \qquad \therefore \quad x=\frac{3}{2}$$

よって，求めるPの座標は　$\left(\frac{3}{2},\ \frac{3}{2}\right)$　→ソ～ツ

(4)　3個のさいころを同時に投げるとき，出る目の和が4となるのは，3つのさいころの目が，1，1，2のときであるから，その確率は

$${}_3C_2\left(\frac{1}{6}\right)^2\left(\frac{1}{6}\right)=\frac{1}{72} \quad \to ア～ウ$$

また，出る目の積が6より小さくなるのは

- 3つのさいころの目が1
- 2つのさいころの目が1で，残りの1つの目が2～5
- 2つのさいころの目が2で，残りの1つの目が1

のときで，その確率は

$$(1+{}_3C_2\times4+{}_3C_2)\times\left(\frac{1}{6}\right)^3=16\times\frac{1}{6^3}=\frac{2}{27}$$

よって，出る目の積が6以上になる確率は

$$1-\frac{2}{27}=\frac{25}{27} \quad \to エ～キ$$

(5)　$f(\theta)=2\cos2\theta-4\sin\theta+3=2(1-2\sin^2\theta)-4\sin\theta+3$

$$=-4\sin^2\theta-4\sin\theta+5=-4\left(\sin\theta+\frac{1}{2}\right)^2+6$$

$0\leqq\theta\leqq2\pi$より$-1\leqq\sin\theta\leqq1$であるから$f(\theta)$は

$\sin\theta=-\frac{1}{2}$すなわち$\theta=\frac{7}{6}\pi,\ \frac{11}{6}\pi$のとき，最大値　6　→ク～ス

$\sin\theta=1$すなわち$\theta=\frac{1}{2}\pi$のとき，最小値　-3　→セ～チ

(6)　$a_1+a_3=2$ ……①　$a_2+a_4=6$ ……②

• 数列 $\{a_n\}$ が等差数列のとき

初項を a，公差を d として，$a_n=a+(n-1)d$ より①，②は

$$\begin{cases} a+a+2d=2 \\ a+d+a+3d=6 \end{cases} \iff \begin{cases} a+d=1 & \cdots\cdots③ \\ a+2d=3 & \cdots\cdots④ \end{cases}$$

④−③ より　$d=2$

③から　$a=-1$

よって　$a_n=-1+2(n-1)=2n-3$　→ツ，テ

• 数列 $\{a_n\}$ が等比数列のとき

初項を a，公比を r として $a_n=ar^{n-1}$ より①，②は

$$\begin{cases} a+ar^2=2 \\ ar+ar^3=6 \end{cases} \iff \begin{cases} a(1+r^2)=2 & \cdots\cdots⑤ \\ ar(1+r^2)=6 & \cdots\cdots⑥ \end{cases}$$

⑤を⑥に代入して

$$2r=6 \quad \therefore \quad r=3$$

⑤より　$a=\dfrac{2}{10}=\dfrac{1}{5}$

よって

$$a_n=\frac{1}{5}\cdot 3^{n-1}=\frac{3^{n-1}}{5}$$　→ト，ナ

(1)**ア．** 3　(2)**イ．** 2　**ウ．** 2
(3)**エ．** 3　**オ．** 3

解説

《対数不等式》

(1)　$\log_3(2^x+1)<2$ より

$$2^x+1<3^2=9 \qquad 2^x<8=2^3$$

底 $2>1$ より　$x<3$　→ア

(2)　$(x-1)\left(1-\dfrac{1}{x}\right)=\dfrac{1}{2}$ より

$$(x-1)(x-1)=\frac{1}{2}x \quad (x\neq 0)$$

$$x^2-2x+1=\frac{1}{2}x \qquad 2x^2-5x+2=0$$

$$(2x-1)(x-2)=0 \qquad \therefore \quad x=\frac{1}{2},\ 2 \quad \to イ，ウ$$

これらは$x\neq 0$を満たす。

(3) $\quad \log_4\{(8^x-1)(1-8^{-x})\}>-\dfrac{1}{2}$

底$4>1$より

$$(8^x-1)(1-8^{-x})>4^{-\frac{1}{2}}=\frac{1}{2}$$

この解は真数条件 $(8^x-1)(1-8^{-x})>0$を満たす。

よって，8^x (>0) を両辺にかけて $(8^x-1)(8^x-1)>\dfrac{8^x}{2}$ から，(2)と同様にして

$$(2\cdot 8^x-1)(8^x-2)>0 \qquad \therefore \quad 8^x<\frac{1}{2},\ 8^x>2$$

$2^{3x}<2^{-1}$，$2^{3x}>2^1$，底$2>1$より

$$3x<-1,\ 3x>1 \qquad \therefore \quad x<-\frac{1}{3},\ \frac{1}{3}<x \quad \to エ，オ$$

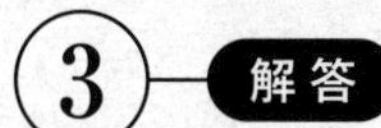

(1)カ. 2　**キ.** 3　**ク.** 5　**ケ.** 4　**コ.** 5

(2)サ. 3　**シ.** 2　**スセ.** 15　**ソ.** 7　**タ.** 3　**チ.** 5

(3)ツテ. 30　**トナ.** 19

解説

《外接円，内接円と余弦定理》

(1) 右図より

$$\mathrm{OC}=5-r,\ \mathrm{OA}=2,\ \mathrm{AC}=3+r \quad \to カ，キ$$

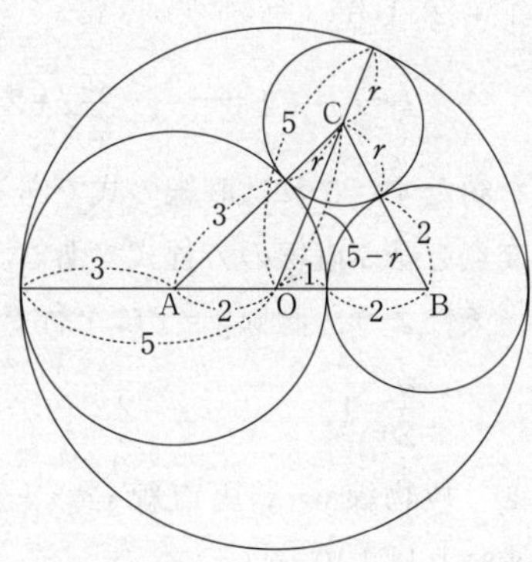

△OACで余弦定理から

$$\cos\angle\mathrm{AOC}=\frac{2^2+(5-r)^2-(3+r)^2}{2\cdot 2(5-r)}$$

$$=\frac{20-16r}{4(5-r)}=\frac{5-4r}{5-r}$$

$$\to ク〜コ$$

(2) 前図より OC$=5-r$，OB$=3$，BC$=2+r$ →サ，シ

△OBC で，余弦定理から

$$\cos\angle \mathrm{BOC}=\frac{3^2+(5-r)^2-(2+r)^2}{2\cdot 3(5-r)}$$

$$=\frac{30-14r}{6(5-r)}=\frac{15-7r}{3(5-r)} \quad \text{→ス〜チ}$$

(3) $\angle\mathrm{AOC}+\angle\mathrm{BOC}=180°$ より

$$\cos\angle\mathrm{BOC}=\cos(180°-\angle\mathrm{AOC})=-\cos\angle\mathrm{AOC}$$

であるから

$$\frac{15-7r}{3(5-r)}=-\frac{5-4r}{5-r} \qquad 15-7r=-15+12r$$

$$\therefore \quad r=\frac{30}{19} \quad \text{→ツ〜ナ}$$

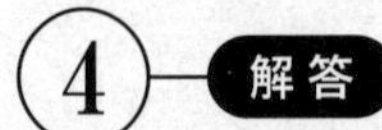

(1)ア. 2 **(2)イウ.** -1 **エ.** 1 **オ.** 2 **カ.** 4
(3)キ. 9

解説

《2つの放物線と交点，面積》

(1) $C_1: y=x^2$ ……①

$C_2: y=-x^2+ax+4$ ……②

とする。

C_1 と C_2 の2交点の座標は①，②を同時に満たす $(x,\ y)$ であるから，①+② より

$$2y=ax+4 \iff y=\frac{a}{2}x+2$$

を満たす。これは直線の式であるから，2交点を結ぶ直線の方程式である。

条件より，直線 $y=x$ に平行であるから

$$\frac{a}{2}=1 \qquad \therefore \quad a=2 \quad \text{→ア}$$

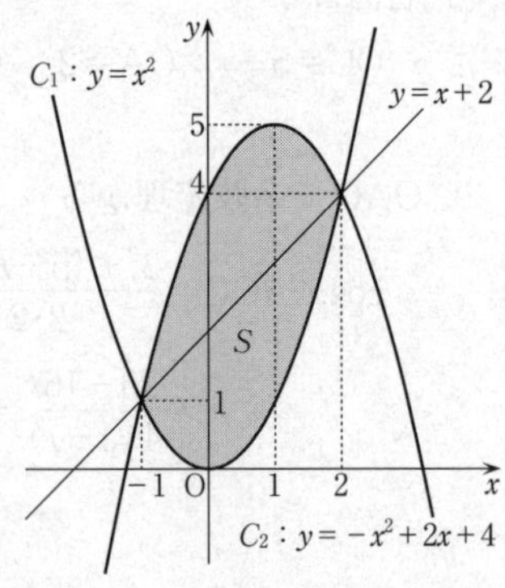

(2) 放物線 $y=x^2$ と直線 $y=x+2$ の交点を求めればよい。

$$x^2=x+2 \qquad x^2-x-2=0$$

$$(x+1)(x-2)=0 \qquad x=-1,\ 2$$

より，交点の座標は　$(-1,\ 1)$，$(2,\ 4)$　→イ～カ

(3)　求める面積を S とする。$a=2$ より②は

$$y=-x^2+2x+4$$

よって

$$S=\int_{-1}^{2}\{(-x^2+2x+4)-x^2\}\,dx$$
$$=-2\int_{-1}^{2}(x+1)(x-2)\,dx$$
$$=(-2)\times\left\{-\frac{(2+1)^3}{6}\right\}=9 \quad →キ$$

（注）　$\displaystyle\int_{\alpha}^{\beta}(x-\alpha)(x-\beta)\,dx=-\frac{(\beta-\alpha)^3}{6}$ を用いた。

一般試験B：2月18日実施分

問題編

▶試験科目・配点

教　科	科　　目	配　点
外国語	コミュニケーション英語Ⅰ・Ⅱ	100点
数　学	数学Ⅰ・Ⅱ・A・B*	150点
理科・国　語	「物理基礎・物理〈省略〉」,「化学基礎・化学〈省略〉」,「国語総合（古文・漢文を除く）・現代文B」から１科目選択	100点

▶備　考

＊「数学B」は「数列」,「ベクトル」を出題範囲とする。

上記学力試験と調査書等により総合的に選考する。

英 語

(70 分)

I. 次の(ア)〜(オ)各文の(　　)に入る最も適切な英単語を、選択肢から1つ選んで書きなさい。選択肢は1度しか使えません。

[選択肢]

almost	become	conduct	daytime
energy	football	for	involve
manage	matches	patient	pen
pie	put	qualities	where

(ア) He handed her one ticket and (　　) the other one in his pocket.

(イ) None of the elementary school teachers are as kind and (　　) as Dick.

(ウ) It was (　　) dark when I entered the house.

(エ) Why doesn't anybody want to eat the (　　) I baked?

(オ) The carpet really (　　) the style of the room.

Ⅱ． 次の（ア）～（オ）各文の下線部分１～３のうち日本文に合わないものを１つ選んで 誤 1 2 3 欄の番号に丸をつけなさい。次に、日本文に合うように、それを正して 正 に書きなさい。正しい形は２語以上になる場合もあります。

> **例**
>
> 二人の女性は往来の激しい道を渡った。
>
> Two women walk(1) across(2) the busy(3) street.
>
> **［解答例］**
>
> 誤 ① 2 3　　正 walked

（ア）私がインタビューした４人のうち、レイだけが正しく質問に答えた。

Among the four people when(1) I interviewed(2), only Ray answered my questions correctly(3).

（イ）どんな困難な状況でも、あきらめるか乗り越えようとするかだ。

In any difficult situation(1), you can either give up and(2) try to overcome(3) it.

（ウ）長い議論の末、委員たちはついに同意に達した。

After(1) a long discussion, the committee members have(2) finally reached an agreeable(3).

（エ）カラフルな帽子をかぶった男性たちが先週行われたコンサートで踊った。

Men wear(1) colorful hats danced(2) in the concert that was held(3) last week.

（オ）友人と私は二つの家具を隣の部屋に移動するように頼まれた。

My friend and I were(1) asked to move two pieces of furnitures(2) to the next(3) room.

Ⅲ.

次の（ア）～（オ）のそれぞれの日本文の意味を表す英文になるように、各英文の空欄に語または句を最も適切な順序に並べた場合、3番目にくるものの番号を書きなさい。ただし、文頭にくるものも小文字で書いてあります。また、必要なコンマが省略されている場合もあります。

（ア）　以前、この地域では暖房器具が必要ではなかった。

People in ____ ____ ____ ____ ____ before.

1. a heater　2. area　3. needed
4. never　5. this

（イ）　ボビーは、ゲームをする時間より勉強する時間のほうが短い。

____ ____ ____ ____ ____ studying is less than he spends playing video games.

1. Bobby　2. of　3. spends
4. the amount　5. time

（ウ）　本日、私が提案書を一つ、上司が明日もう一つお届けします。

I'll bring one proposal today, and my ____ ____ ____ ____ ____ one tomorrow.

1. boss　2. bring　3. other
4. the　5. will

（エ）　ミシュランガイドはもともと人々にフランス中を旅行させるために出版された。

The Michelin Guide was originally ____ ____ ____ ____ ____ throughout France.

1. encourage　2. people　3. published
4. to　5. to travel

（オ）　週末までにすべてのレポートを準備しておきます。

I will ____ ____ ____ ____ ____ ready by the weekend.

1. all　2. have　3. of
4. reports　5. the

Ⅳ.

会話が完成するように、（ア）～（ウ）に文脈に適した文または表現を考えて3語以上で書きなさい。

A:　(　ア　) You don't look so good.

B:　My stomach really hurts.

A:　What did you eat for lunch?

B:　(　　イ　　)

A:　Hmm . . . I wonder if it gave you food poisoning.

B:　I don't think the sushi is the problem. It was fresh and tasted delicious.

A:　Do you have a fever?

B:　I don't think so. I don't know what to do. I feel so terrible right now.

A:　(　　ウ　　) Do you want me to take you there?

B:　Yes, please. Thank you so much.

V. 次の英文は「テニスの得点方法」について述べたものです。本文を読んで、設問に答えなさい。

In many sports, the winner is determined by which team or player scores the most points in the contest. The scoring system varies depending on the sport, but it is usually quite simple. In soccer, for example, a team is awarded one point each time the ball passes completely over the opponent's goal line. In basketball, a team is awarded points each time the ball goes through the basket. However, some sports have more complicated scoring systems. Tennis is one such sport.

In a tennis game, players start with a score of "love," which is the term used for zero points. Rather than counting each point in order (one, two, three, etc.), points are counted in the following sequence: 15, 30, 40, game. If both players reach 40, it is referred to as "deuce." In this case, a player must then win two more points in a row to win the game.

The history of how tennis came to have such a unique scoring system is not entirely clear. One theory is that clocks were originally used to keep score, with the minute hand moving a quarter of the way around the clock each time a point was won—15 minutes, 30 minutes, 45 minutes, and 60 minutes. When the minute hand made its way completely around the clock face, the game was finished. To allow for deuce scores, the 45 was changed to 40, and the minute hand would be moved ahead 10 minutes for each point won thereafter. If a player could not win two points in a row, the clock would be reset to the 40-minute mark, and the game would continue.

Although this sounds like a logical explanation of how the tennis scoring system was developed, there is one problem: The first reference to tennis scoring was in the 15th century. At that time, clocks only measured time in hours, not minutes, so it is unlikely they would have been used to score tennis games in this manner.

Another possible source of tennis scoring comes from a French game called *jeu de paume*. Like in tennis, this game is played on a court and involves hitting a ball to an opponent, though players first used their hands instead of rackets. Each side of the court was 45 feet long (approximately 14 meters), and when a point was won, the player moved forward 15 feet. After winning another point, the player would move ahead another 15 feet (30 feet total). Upon winning a third point, the player would move forward 10 feet (40 feet total). However, there is no proof that *jeu de paume* was the actual inspiration for modern-day tennis scoring.

Over the years, several alternative scoring methods for tennis have been created. As matches have grown longer, tennis associations have begun to consider changes to the tennis scoring system that would shorten the length of games. Some of these scoring systems have even been used in exhibition matches between professional tennis players. However, it is yet to be seen whether they will be adopted more widely, and the standard 15-30-40-game scoring system remains the most common.

A.　（ア）～（オ）の設問について本文の内容に基づいて英語で答えなさい。ただし、１０語以内とします。

（ア）What are two sports that have simple scoring systems?

（イ）What does "deuce" mean?

（ウ）One theory is that clocks were originally used to keep score in tennis. Why is this probably not true?

（エ）What did *jeu de paume* players originally use to hit the ball?

（オ）What is one reason that tennis associations are interested in changing the tennis scoring system?

B.　次の本文の要約の空欄（カ）～（コ）に入る言葉をそれぞれ本文からそのまま一語のみ抜き出して書きなさい。

Compared to other sports, the scoring system in tennis is somewhat （　カ　）. Players start with （　キ　） points, also known as "love." A player must win four points to win a game, and the points are counted as follows: 15, 30, 40, game. It is not （　ク　） how this scoring system was developed, but some people think clocks may have first been used to keep score. Others think the scoring system may come from a French game that is similar to tennis. In that game, a player moves （　ケ　） on the court after winning a point. Today, there are some （　コ　） scoring systems, but the standard 15-30-40-game method is used the most.

数　学

（90 分）

注意：採点は解答用紙のみで行います．問題用紙に書いた計算等は評価しません．
問題1（1）～（5）の解答は，答えのみを【数学】第一面 の該当箇所に記入してください．

問題1　次の問いに答えよ．

（1）　$x=\dfrac{\sqrt{5}+\sqrt{3}}{2}$, $y=\dfrac{\sqrt{5}-\sqrt{3}}{2}$ であるとき，x^2+y^2 および $\dfrac{1}{x}+\dfrac{1}{y}$ の値を求めよ．

（2）　平行四辺形 ABCD が $\mathrm{AB}=3$, $\mathrm{AD}=4$, $\mathrm{BD}=2$ を満たしている．このとき，$\cos\angle\mathrm{BAD}$ の値と平行四辺形 ABCD の面積 S を求めよ．

（3）　方程式 $|x^2-2x|=-2x^2+1$ を解け．

（4）　3 個のさいころを同時に投げるとき，3 個とも異なる目が出る確率 P_1 を求めよ．また，3 個のさいころのうち 2 個は同じ目，残りの 1 個は異なる目が出る確率 P_2 を求めよ．

（5）　$\left(2x+\dfrac{1}{2x}\right)^{10}$ の展開式において，定数項 a と x^2 の係数 b を求めよ．

注意：**採点は解答用紙のみで行います．問題用紙に書いた計算等は評価しません．問題1（6）～（10）の解答は，答えのみを【数学】第一面 の該当箇所に記入してください．**

（6）　a, b を定数とする．整式 $P(x) = x^3 - ax^2 - bx + 2$ を $x - 1$ で割ると余りが -6，$x - 2$ で割ると余りが -12 であるとき，a, b の値を求めよ．

（7）　方程式 $\log_2(x+2) + \log_2(2-x) + \log_2(3-x) = 2 + \log_2 3$ を解け．

（8）　初項が 1 である等差数列 $\{a_n\}$ と初項が 1 である等比数列 $\{b_n\}$ が $a_2 + b_2 = 2, a_3 + b_3 = 6$ を満たしている．このとき，$\{a_n\}$ の公差 d と $\{b_n\}$ の公比 r の組 (d, r) をすべて求めよ．

（9）　a を定数とする．座標平面上で，円 $(x-a)^2 + (y-2a)^2 = 5$ と直線 $x - 2y + 2 = 0$ が接しているとき，a の値をすべて求めよ．

（10）すべての実数 x について，等式 $f(x) + \int_0^x t f'(t)\,dt = x^3 - 3x^2 - 9x + 7$ を満たす 2 次関数 $f(x)$ を求めよ．

注意：**採点は解答用紙のみで行います．問題用紙に書いた計算等は評価しません．**
問題2，3の解答は，途中の推論・計算も含め【数学】第一面，【数学】第二面の該当箇所に記入してください．

問題2　1辺の長さが1である正方形 OABC において，辺 OA を $3:1$ に内分する点を D，線分 OB を $1:2$ に内分する点を E とし，線分 AE と線分 BD の交点を F とする．また，$\overrightarrow{\mathrm{OA}}=\vec{a}$, $\overrightarrow{\mathrm{OC}}=\vec{c}$ とする．

(1) $\overrightarrow{\mathrm{OE}}$ を $\vec{a}, \vec{c}$ を用いて表せ．

(2) $\overrightarrow{\mathrm{OF}}$ を $\vec{a}, \vec{c}$ を用いて表せ．

(3) $\overrightarrow{\mathrm{OF}}$ の大きさ $\left|\overrightarrow{\mathrm{OF}}\right|$ を求めよ．

問題3　$\cos\theta=-\dfrac{3}{7}$ $\left(\dfrac{\pi}{2}<\theta<\pi\right)$ であるとき，

(1) $\sin\theta$, $\tan\theta$ の値を求めよ．

(2) $\sin 2\theta$, $\cos 2\theta$ の値を求めよ．

(3) $\sin\dfrac{\theta}{2}$, $\cos\dfrac{\theta}{2}$ の値を求めよ．

注意：採点は解答用紙のみで行います．問題用紙に書いた計算等は評価しません．
問題４の解答は，途中の推論・計算も含め 【数学】第二面 の該当箇所に記入してください．

問題４ 座標平面上の放物線 $y=\dfrac{1}{2}x^2$ を C とし，C 上の点 $\mathrm{P}\left(1, \dfrac{1}{2}\right)$ における C の接線を ℓ_1 とする．また，ℓ_1 に垂直で C に接する直線を ℓ_2 とし，ℓ_2 と C の接点を Q とする．

(1) ℓ_1 の方程式を求めよ．

(2) ℓ_2 の方程式を求めよ．

(3) 直線 PQ と C で囲まれた図形の面積 S_1 を求めよ．

(4) ℓ_1, ℓ_2 および C で囲まれた図形の面積 S_2 を求めよ．

下書き

10	40
20	50
30	60

問六　文中の空欄 C に入る語として、最も適切なものを次の①～⑤から一つ選び、その番号を記入せよ。

①しかし　②つまり　③なお　④ところで　⑤しかも

問七　文中の傍線部（い）「奇しくも」の読みを送り仮名も含めてひらがなで書き、その意味を記述せよ。（ただし、判読できる丁寧な楷書で記すこと）

問八　文中の傍線部（a）「この句には、災害伝承として考えるべきことが含まれていると、私は考えています」とあるが、それはどういう情景がこの句に詠まれているからか。五十五文字以上六十文字以内で抜き出して記述せよ。（なお、記号・句読点は一文字として数える。）

下書き

問九　文中の傍線部（b）「最上川の句は、実は絵に描くのが非常に難しい句なんですよね」とあるが、桜咲はなぜ難しいと言ったのか。その理由を三十文字以上六十文字以内で記述せよ。

問一　文中の傍線部（あ）「新進気鋭」の意味を記述せよ。

問二　文中の空欄［Ａ］に入る語として、最も適切なものを次の①～⑤から一つ選び、その番号を記入せよ。

①人文　②社会　③自然　④心理　⑤宇宙

問三　文中の（1）～（5）を前後の文脈に合うように並べ替えたとき、三番目になるものはどれか。その番号を記入せよ。

問四　文中の傍線部（ア）、（イ）のカタカナをそれぞれ漢字に書き改めよ。（ただし、判読できる丁寧な楷書で記すこと）

問五　文中の空欄［Ｂ］に入る語として、最も適切なものを次の①～⑤から一つ選び、その番号を記入せよ。

①技術　②想像　③強制　④描写　⑤抑止

そこに表示されたのは、『都賀(とが)川水難事故』という水害についての情報だった。

「二〇〇八年、神戸で起きてしまった都賀川の水難事故。これは、都賀川の河川敷や中州で遊んでいた人たちが、激しい雨が降ってきたから避難しようとしたら急激な増水に見舞われて逃げられず、被害が出てしまった事故です。いわば、『雨が激しく降って来た』と同時に、『川が一気に増水した』という状況に陥ってしまった、ということもできるのです」

なぜ、そんなことになってしまったのか。

桜咲は、大事なことを教え（イ）サトすように語ってゆく。

「この都賀川は、事故現場の上流で、六甲(ろっこう)川と杣谷(そまたに)川とが『Y』の字のように合流している川です。それは言い換えれば、この二つの川の流域に降ったすべての雨が都賀川に集まって来る、ということを意味しているわけです」

ふとプロジェクターの画像が切り替わり、都賀川付近の地図が映し出された。神戸市内の山間部と湾岸部にまたがるように、『Y』の字型の青い線が引かれている。

「都賀川の水難事故では、神戸の市街地だけでなく山間部でも激しい雨が降り続いていました。このY字の右側に当たる六甲川は通常の水量だったものの、左側に当たる杣谷川では急激な水位の上昇があり、それが一気に合流地点へ流れ込み合わさることで、都賀川の急激な水位上昇をもたらした、とされています。そして、その増水の波が迫ってくると同時に、豪雨をもたらす雲も動いてきていた。ゆえに、事故地点では豪雨になると同時に、急激な増水が襲ってきてしまったのです」

桜咲は、重そうな口を開くように、話を続ける。

「さて。ここまでお話しすると、察している方も多いかと思います。今回扱っている最上川の句が、どのような情景を描いているのか。それはまさに、山形県の山々に降った雨が支流に流れ込み、それらがすべて最上川へと集められ、増水して流れが早く、激しくなっているという情景です」

桜咲はそう説明しながら、プロジェクターを操作して画像を切り替えた。

「ではここで、最上川とはどういう川なのか、この画像を見てください」

映し出されているのは、山形県の形だけを切り取ったような、簡素な地図だった。

その形は、例えるなら、左側を向いて口を開けているモアイ像のように見えた。ちょうど、カンガルーみたいな形をした新潟県の鼻先の部分を咥(くわ)えている格好だ。

（久真瀬敏也『京都怪異物件の謎　桜咲准教授の災害伝承講義』宝島社による。なお、文章を改変したところがある。）

萌花は完全にイメージが行き詰まってしまった。

五月雨が降っていたのは、この句を詠む前の時点だった。雨が降っていた場所も、雨を集めたと言っている以上、最上川だけでなく支流や山も含んでいる。

時間も場所も、範囲が広すぎるのだ。一枚の写真では到底表現しきれない。

そう考えたとき、萌花はふと閃(ひらめ)いて、思わず顔を上げて桜咲を見やっていた。

（い）奇しくも、ちょうど桜咲も萌花のことを見ていたようで、何かを察したように小さく頷いてきた。そして、

「おや？　いつもの熱心な方。何か気付いたみたいですね？」

そんなことを言いながら、萌花に発言を促してきた。

周囲からクスクスと笑い声が漏れ聞こえてくる。萌花は、初回講義からいろいろ目立つことをやらかしてしまったせいで、この講義では『熱心な方』として有名なのだ。

萌花は、恥ずかしさと桜咲への抗議の気持ちで顔が熱くなりながらも、このまま何も言わずに引き下がっては負けた気もするので、自分の考えを披露した。

「この最上川の句は、絶対に、絵には描けないと思います」

「うん」桜咲は頷いて、萌花の考えが間違っていないことを示してくれた。それが気遣いなのかは解らないけれど、萌花は少し自信を持てた。

「では、その理由は？」

「それは、この句が描写しているものの中に、かなりの時間経過と場所の移動があるからです。［C］、写真のような光景を描写したものではなくて、動画を描写しているようなものになっているんだと思います」

「そうですね。私もそう考えています――」

桜咲が大きく頷きながら言ってきたので、萌花は思わず安堵(あんど)して、大きく溜息を漏らした。

「そもそも、雨が降ることと、川が増水することについては、タイムラグがあります。そしてさらに、多くの人が意識していないところなのですが、雨が降る場所と増水する場所とにもズレが存在しているんです。……ただ、この時間のラグと、場所のズレとが歪(いびつ)に嚙(か)み合ってしまうと、こちらの想定していないような悲劇を生むことになってしまうのです」

桜咲は説明をしながら、プロジェクターの画像を切り替えた。

しているほどです。そんな蕪村の句の特徴は、何と言っても、まるで写真を撮ったかのような写実性と絵画性です。これは、明治時代の俳人である正岡子規も指摘しているところですが、実際、蕪村の句は、どこの世界のどんな人でも同じ風景をイメージできるほど、［B］力が優れているんですよね」

そう言われて、萌花はこの二つの句で表現されている風景を想像してみた。

梅雨の雨が降っていて、増水している大河の手前に、家が二軒佇んでいる光景……。

梅雨の雨が降っていて、増水して濁っている川が青い海に流れ込んでいて、まるで濁流の川が茶色い槍になったかのように、青い海を衝いて濁していく光景……。

確かに、そのような光景がパッと頭に浮かんでくる、もしその絵を描けと言われたとしても、簡単に描くことができそうだった。……絵を描く技量はさておいて。

「ちなみに正岡子規は、この家二軒の句と、芭蕉の最上川の句とを比較して、『蕪村の方が優れている』と評価して蕪村の地位を一段と上げた、と言われています。そう言われてみると、(b)最上川の句は、実は絵に描くのが非常に難しい句なんですよね」

桜咲にそう言われて、さっそく萌花はイメージしようとしてみた。

『五月雨を　あつめて早し　最上川』――

萌花はすぐに、雨が降っている光景と、そのせいで増水して濁った最上川が流れている光景をイメージできた。

その調子で、次は『あつめて』の部分をイメージしていく。集めると言っているのだから、最上川だけでなく周囲の川や山に降っている雨も、最上川に流れ込んできているのだろう。

そう考えると、この句に描かれている光景は、やけに広範囲に亘っていることに気付いた。少なくとも、雨と川を描いただけでは不十分だ。

「ちなみに――」

と、ここで桜咲が、どこか楽しげに情報を付け加えてきた。

「この句は、梅雨の長雨のせいで旅の足止めをくらった芭蕉と曾良が、天候の回復を待って、最上川を下ったときに詠んだものです。さすがに、最上川が増水するほどの雨の最中に川下りをするのは危険ですからね。つまり、雨そのものは既に止んでいたか、少なくとも弱まっていたと考えられます」

……え？　それじゃあ、私のイメージは最初から間違ってた？　これじゃあ絵に描くことなんてできないんじゃないの。

（5）桜咲の軽口に、そこかしこから苦笑するような声が漏れていた。

民俗学が好きな萌花にとっては、古典文学を理解できれば多くの史料の原文を読めるようになるので、古典の暗記はやりがいもあって楽しかった。

「この講義で特に注目していただきたいのは、言うまでもないですが、『雨』です。雨を詠んだ句は多々ありますが、この句ほど災害伝承としての意味合いが強い句は、なかなかありません」

桜咲は、力強い視線を学生たちに向けながら、そう語る。その自信ありげな目が、いっそう話の内容に説得力を持たせて、ぐいぐいとみんなを引き込んでいこうとしているように感じられる。

「ではここで、ちょうど良い比較対象となる句も紹介しておきましょう。レジュメにも載せてありますが、この三つの句です」

プロジェクターの画像が切り替わり、スクリーンに三つの句が映し出された。

『五月雨の　降り残してや　光堂』　松尾芭蕉

『五月雨や　大河を前に　家二軒』　与謝蕪村（よさぶそん）

『五月雨や　滄海（あおうみ）を衝く　濁り水』　与謝蕪村

「一つ目は、同じく『おくのほそ道』の中で芭蕉が詠んだ句ですね。岩手県平泉（ひらいずみ）、奥州藤原（おうしゅうふじわら）氏のミイラが眠る、中尊寺金色堂（ちゅうそんじこんじきどう）の情景を詠んだ句です。梅雨の長雨に晒（さら）されて数百年、それでも輝きが褪（あ）せることなく、雨を弾くような金色を誇っている金色堂。恐らく芭蕉は、この金色堂を見たときに、見た目の輝きだけでなく、今は無き奥州藤原氏の栄華も重ねて見えていたのかもしれません。特に、直前に詠んでいる『夏草や　兵（つわもの）どもが　夢の跡』と併せて見ると、一層の侘（わび）しさを感じられるかと思います」

萌花は、思わずしんみりしながら頷（うなず）いていた。高校の授業では、ここまで深く考察したことはなかった気がする。

つくづく、桜咲の博識ぶりには溜息（ためいき）しか出ない。

「こうして見ますと、この句には災害伝承の要素は無いと言えます」

確かに、綺麗（きれい）で物悲しい句ではあるけれど、災害伝承と言うことはできないだろう。

「では、続いて二つ目と三つ目の句です。これらは与謝蕪村の句ですね。時代としては、蕪村は芭蕉の死の約二〇年後に生まれています。蕪村は芭蕉に（ア）アコガれて、実際に東北を旅したり、『おくのほそ道』をまるまる書写して絵を描き加えた『奥の細道図巻（えまき）』と呼ばれる物も作成

その中で桜咲は、岐阜県飛騨の伝承に登場する異形の存在・『両面宿儺』を災害伝承として解釈した論文を発表していた。

古代の飛騨地方を支配していたという、二面四臂——二つの顔と四本の腕——を有する伝説上の存在、両面宿儺。その正体は、ある説では朝廷に反逆する地方豪族と解され、またある説では、山奥で生きる鉱山従業者の集団とも解されている。それを災害伝承の観点から、「両面宿儺は古代の公害病を象徴している」という説を発表したのだ。

この論文は学会で大きな反響を呼ぶこととなり、現在は学会や講義だけでなく、一般的なメディア露出も増えていた。災害伝承の研究の成果を知ってもらうこと——特に両面宿儺の研究成果を世に広めるというのは、桜咲のライフワークでもある。

そして萌花も、その協力をしていきたいと思っているのだけど。

桜咲の講義は、理路整然としていて、とても解りやすくて聞きやすい。その上、顔が整っていて声も良いため、特に女性からの人気が高い。この講義室に居る学生たちも、七割以上が女子だった。

そういう学生の中には、きっと最初はミーハーな気持ちでこの講義を受け始めた人も多かっただろう。だけど、この講義を受けている内に、純粋に民俗学に興味を持つようになった人が増えているように萌花は感じていた。

「さて、みなさんにお配りしたレジュメにもありますが、『おくのほそ道』の基本情報は、このようなものになります」

桜咲はプロジェクターを使って、『おくのほそ道』の作者や刊行年などの基本情報をスクリーンに映し出した。萌花たちに配られたレジュメにも、同じ内容が記されている。

作者は、松尾芭蕉。弟子の河合曾良を伴って旅をし、その道程と旅情、そして時々の俳句を記していった紀行文・俳諧。原稿自体は晩年に完成していたようであるが、刊行は、芭蕉の死後である一七〇二年。

「文系の方たちにとっては、古典でしっかりと勉強してきたことかもしれません。あの『月日は百代の過客にして——』から始まる冒頭の章を暗記している……あるいは暗記させられた、という方も多いでしょうね」

(1)　身に覚えがあるのだろう。

(2)　かくいう萌花も、高校の先生に言われて暗記をさせられた口だった。

(3)　それに加えて、萌花は自主的に百人一首もすべて暗記していたこともあって、古典は良い得点源だった。

(4)　ただ、そのお陰で、暗記した範囲にある古典の用語や文法については完璧に理解できるようになっていた。

集めている音が、講義室の後方に座っている梅沢萌花(うめざわもえか)の耳にも届く。

「そしてこの句は、一種の『災害伝承』でもあると言えます。厳密に言えば、災害が起きてしまったわけではないですが、(a)この句には、災害伝承として考えるべきことが含まれていると、私は考えています」

その言葉に、萌花は思わず感心しながら聞き入っていた。

萌花自身、この句は小学校でやった俳句カルタでも出てきたので知っていたし、高校の古典の授業でも習った。ただ、それを災害伝承として見るというのは、考えたことがなかった。

「ということで、今回の『妖怪防災学・入門』の講義では、このように災害を伝える文学作品――つまり『災害文学』について、学んでいきましょう。……あ、もちろん後で妖怪も出てきますから、妖怪の話を聞くためにこの講義を受けている方も、安心してくださいね」

そんな軽口を交える桜咲に、学生たちから笑い声が漏れていた。

……相変わらず、話が上手いなぁ。

萌花は、思わず頬(ほお)を緩めながら、そんなことを思った。

桜咲は、災害伝承を研究している(あ)新進気鋭の民俗学者として、積極的にメディア露出をしている。当然ながら、本人が出演を希望しただけでは出演できるわけもなく、彼のトークや知識が人気だからこそ――そしてその声も顔も人気だからこそ――メディアに出続けられているのだ。

そもそも、桜咲が研究テーマとしている災害伝承とは、過去に起こった災害について、その事実や経緯・教訓などを未来に残し伝えてゆくものを言う。

文献や碑などに記されたものが多いが、地域に伝わる口承も少なくない。また、ことわざや昔話として伝わっているものもあれば、地名になっているもの、あるいは神話や妖怪伝説として伝わっているものもある。

このように、様々な形態で残されている伝承の中に、過去の災害を象徴しているものがあるのではないかと調査・研究し、それを将来の防災に役立てる――

いわば、［A］科学的な視点のみではなく、民俗学的な視点でも防災を考える。

それが、桜咲の研究テーマなのだ。

この分野は、昨今における自然災害の多さや被害の甚大さもあって、世間でも非常に関心を集めていた。

問七　次の(1)〜(5)の文章で、本文の内容について正しく述べているものには①を、誤って述べているものには②を、それぞれ記入せよ。

(1)応用科学と基礎科学はそれぞれ目的とするところが異なるものの、結果的に社会に役立つものを生んでいるという点では同じである。

(2)「課題の解決」にはどのような知識が役立つのかを知ることが重要であり、そのうえでは必ず知的徳の働きが必要となる。

(3)純粋な知的欲求があるからこそ、真理の探究が可能になるのであり、世俗的・実利的な目的がある場合はそれを妨げる可能性がある。

(4)知的活動において「知的徳」が有効に発揮されることによって、苦境に陥ることなく課題の解決に向かうことができる。

(5)品種改良や新薬の開発といった実用的な研究を進めていくうえでは「倫理的徳」と「知的徳」の両方が必要となる場面がある。

二

次の文章を読んで、後の問いに答えよ。

「五月雨(さみだれ)を　あつめて早し　最上川(もがみ)」

桜咲竜司(さくらざきりゅうじ)准教授の声が、マイクを通して講義室に響く。

東京・聖蹟桜ヶ丘(せいせきさくらがおか)。多摩川沿いにキャンパスが広がる清修院(せいしゅういん)大学の、文学部棟にある大講義室では、今、『妖怪防災学・入門』の講義が行われていた。

月曜日の一コマ目——朝九時前という、多くの人にとって非常に億劫(おっくう)だろうと思われる時間にもかかわらず、三〇〇余りの座席はほとんどが埋まっている。

私語はまったく無い。桜咲が話す合間に一息吐(つ)いたときには、講義室内が無音となって、外の雨音まで聞こえてくるほどだった。

みんな、桜咲の声に耳を傾けているのだ。

「みなさんの多くは、古典の授業や俳句カルタなどで、この句を聞いたことがあるかと思います。江戸時代の俳人・松尾芭蕉(まつおばしょう)が、『おくのほそ道』に記した句の一つですね——」

ここで桜咲は、話の内容が十分に伝わっているかを確認するかのように、講義室全体を見回しながら一息吐いた。雨音が——まさに五月雨を

どのようなことに注意すべきと考えているか、九十字以内で記述せよ。(なお、記号・句読点は一文字と数える。)

下書き

問三　文中の傍線部(ア)「立つ瀬がない」の意味を十五字以内で記述せよ。

問四　文中の(あ)〜(お)を前後の文脈に合うように並べ替えて記入せよ。

問五　文中の傍線部(イ)「スイコウ」、(ウ)「モサク」をそれぞれ漢字に書き改めよ。(ただし、判読できる丁寧な楷書で記すこと)

問六　文中の空欄 A 、 B に入る語をそれぞれ本文中より抜き出して記述せよ。

　このように、課題に直面して途方に暮れるとき、A や B といった知的徳が重要な働きをする。これらの知的徳を発揮してはじめて、暗中モサクの闇をくぐり抜けて何とか光明を見いだし、どんな知識が課題の解決に役立つかのメタ知識を形成することができるのである。
　以上、真理の探究と課題の解決というふたつの知的活動において、知的徳がどう発揮されるかを見てきた。このような人間の知的活動においては、「開かれた心」「好奇心」「知的な A 」「知的な B 」といった知的徳の発揮が重要な役割を担う。ここで示したことは、知的徳の発揮のごく一部にすぎないが、それでも知的徳の発揮がどのようなものか、その感触をつかんでもらえればと思う。

（信原幸弘『「覚える」と「わかる」　知の仕組みとその可能性』による。なお文章を改変したところがある。）

問一　文中の傍線部（a）「人間に特有の『徳』とはどのようなものであろうか」とある。それに関する本文の説明について「倫理的徳」と「知的徳」という分類を用いて、それぞれ具体的な徳目をあげながらまとめ、八十字以内で記述せよ。（なお、記号・句読点は一文字と数える。）

下書き

10　20　30　40　50　60　70　80

問二　文中の傍線部（b）「知的徳のひとつに『開かれた心』がある」とある。著者は「開かれた心」がなぜ重要であり、それを実践する上で

である。
課題の解決にはさまざまな知的徳が重要な役割を果たすが、ここでは、その全貌を述べることはとうていできないので、課題の解決に必要なメタ知識の獲得において、知的徳がどんな役割を果たすかということに的を絞って見ていきたい。
そのまえに、メタ知識のなかには、それを獲得するのにそもそも知的徳の働きを必要としないものもあることを指摘しておきたい。たとえば、コーヒーを台所からリビングへ運ぶという課題においては、関連する事柄（カップの傾きや通路の障害物の有無など）が興味・関心の的として情動によって際立つため、どの事柄の知識が課題の（イ）スイコウに役立つかをただちに知ることができる。ここでは、知的徳の出る幕はない。
しかし、課題によっては、どの知識が役立つかがすぐにはわからないことがある。そのときには、メタ知識を獲得するために、知的徳の働きが必要となる。たとえば、夏休みにこれまでやったことのないような作文の課題が出されたとしよう。何を書けばいいのだろうか。途方に暮れる。自分のもっている知識にせよ、新たに形成すべき知識にせよ、とにかくどんな知識がこの課題のスイコウに役立つかが皆目わからない。何度もやったことのある課題なら、このように途方に暮れることはないが、新規の課題の場合は、苦境に陥ることがしばしばある。
このように課題をまえにして途方に暮れるとき、「知的な［A］」や「知的な［B］」といった知的徳がメタ知識を獲得するのに重要な働きをする。
作文の課題をまえにして、どうしてよいか皆目わからないとき、私たちはとりあえず何かやってみるだろう。たとえば、まずテーマを決めようとするかもしれない。テーマが決まれば、おのずと関連する知識が明らかになってこよう。地球温暖化、スマホ依存、ウクライナ侵攻、人生の意味、などなど、いろいろテーマが浮かんでくる。だが、どれもピンとこない。さて、どうしよう。
テーマを決めようとしても、そう簡単に決まらないことも多い。そのようなときは、他人の作文を参考にするかもしれない。しかし、他人の作文をいくつか読んでも、多少のヒントにはなるが、テーマは決まらないし、書く内容もはっきりしてこない。さあ、どうしよう。作文の書き方の本でも読むか。しかし、それらを読んでも、やはり多少の参考にはなるが、テーマも、書く内容も、なかなか絞れない。こうしてしばしば、延々と試行錯誤を続けることになる。
試行錯誤は暗中（ウ）モサクである。明るい光のもとで明瞭に見える目標に向かって着実に歩を進めるのではなく、真っ暗闇のなかでどこへ向かって進んでいるのかもわからないまま、とにかく動き回る。挫折の連続であり、いつ光明が得られるのかわからないという不安に絶えずさいなまれる。このようななかで試行錯誤を続けるには、粘り強い探求と相次ぐ挫折への忍耐力が不可欠である。そのような粘り強さと忍耐力を発揮してはじめて、一条の光明が射しこんでくる可能性が開けてくる。

(あ) では、なぜ人間は生き残ることができたのか。
(い) それは結局、真理の探究が結果的に、ある程度役に立ったからであろう。
(う) そんな無駄なことをしているせいで、ひょっとしたら生き残ることができなかったかもしれない。
(え) じっさい、基礎科学は実用的な価値の実現を目的としていないにもかかわらず、大きな実用的価値を生み出すことがある。
(お) 真理の探究によって得られた知識が何の実用的な役に立たないとすれば、人間は無駄なことに労力を費やしていることになる。

とくに世のなかを変えるような画期的な実用的価値は、むしろ基礎科学の成果からもたらされると言ってもよいだろう。ノーベル賞を授与された科学者はよく基礎科学の重要性を訴えるが、それは目的外の価値を生み出す基礎科学の力を訴えているのだと理解できよう。たとえば、二〇一八年にノーベル生理学・医学賞を受賞した本庶佑(ほんじょたすく)氏は、基礎科学に従事する若手の研究者に安定した地位と研究資金を提供するために、ノーベル賞の賞金をもとにして「有志基金」を設立した。ここには、基礎科学の重要性にたいする本庶氏の強い思いがうかがえる。

このように考えてくると、好奇心という知的徳は、真理の純粋な追求（「真理のための真理の探究」）を促すものであるとはいえ、結局は人類の生存に大きく貢献しているのである。

初めての課題に必要なもの

それでは、つぎに、徳が重要な働きをするもうひとつの知的活動として、さきに挙げた「課題の解決」に移ろう。

私たちは課題を解決するとき、すでに獲得している知識や新たに形成した知識を活用して解決を試みる。そのさいに重要なのは、そもそもどんな知識が課題の解決に役立つかを知ることである。自分のもっている知識のうち、どれが目下の課題の解決に役立つかを知らなければ、それを活用することはできない。知っていたのに、どうして思い浮かばなかったのかと後悔することがある。たとえば、ピタゴラスの定理を知っていたのに、それが思い浮かばなかったために、その定理を使えば簡単に解ける数学の問題が解けなかったというような経験をしたことがあるだろう。これは、知識をもっているのに、それが目下の課題の解決に役立つことに気づけなかったということにほかならない。

すでに獲得した知識にせよ、新たに形成すべき知識にせよ、どんな知識が課題の解決に役立つかを知ることが重要である。これは知識についての知識であるから、「メタ知識」とよばれる。言語について語る言語が「メタ言語」、数学についての数学が「メタ数学」とよばれるのと同様

のどんな意見に耳を傾ければよいのだろうか。この問題にたいして、一概にこうだと言えるような答えはない。たとえば、十人ほどのできるだけ異なる意見に耳を傾ければよい、というようなことは言えない。どれくらい多くの人のどんな意見に耳を傾けるべきかは、それぞれの場合で個別に判断するよりほかないのである。

　開かれた心というのは、たんに他人の意見を真摯に聞くだけではなく、どの人のどのような意見を真摯に聞くかをそれぞれの場合で個別に判断することも含む。いろいろな人と意見を交わすという経験を何度も積むことによって、それぞれの場合にどの意見に耳を傾けるべきかが判断できるようになってくる。このような判断力こそが、開かれた心という知的徳のもっとも重要な要素なのである。

　開かれた心のほかにも、真理の探究において重要な働きをする知的徳はいろいろある。つぎに、そのなかでもとくに興味深い「好奇心」について見ていこう。私たちは好奇心があるからこそ、真理の探究が可能なのだと言っても過言ではない。何らかの目的のために知ろうとするのではなく、ただただ知りたい。このような純粋な知的欲求が私たちを真理の探究に向かわせる。

たとえば、生物学者は生物の複雑な生命活動をただただ明らかにしようとする。それが明らかになることで、作物の品種改良や病気の治療に役立つこともあるだろう。しかし、そのような実用的な目的とは関係なく、ただただ生命活動の実態を知りたいという純粋な好奇心から、知ろうとする。それを知ってどうするのかと問われても、「別にどうもしない、ただ知りたいのだ」と答える。知ることがすでに至高の喜びなのである。

　好奇心は「悦(よろこ)ばしき知識」へのひたすらな欲求である。真理の純粋な追求（つまり「真理のための真理の探究」）を行おうとする基礎科学は、好奇心をその原動力とする。それは「好奇心に駆動された研究（curiosity-driven research）」である。これにたいして、応用科学は好奇心というよりも、品種改良や新薬の開発といった実用的な目的にもとづく研究である。もちろん、応用科学も重要であるが、真理の探究という点で言えば、それをおもに担っているのは基礎科学である。

　科学もまた社会の役に立つべしという声が、昨今はかまびすしい。基礎科学もまた、真理の探究にだけかまけているのではなく、何らかの役に立たなければならないというわけである。このようにプレッシャーをかけられると、基礎科学は（ア）立つ瀬がない。そもそも基礎科学は、実用的な価値の実現などまったく目的にしておらず、ただひたすら真理の探究だけを目的にしているからである。そのような基礎科学にどのようにして社会の役に立てと言うのか。それは基礎科学をやめて、応用科学になれと言うことに等しいのではないか。

　そもそも人間にはなぜ好奇心があるのだろうか。

たとえば、正義の徳は、ある行為が不正でないかどうか、公平性を欠いていないかどうかを正しく判断することを可能にする。加えて、公正で公平な行為を実行し、そうでない行為を抑制することも可能にする。正義の徳を備えた人は、まさにその徳によって、このような倫理的な判断や行為を正しく行うことができるのである。〈中略〉

つぎに「知的徳」を見ていこう。倫理的徳が倫理的実践に関わる徳であるのにたいして、知的徳は知識の獲得に関わる徳である。私たち人間の活動はそのほとんどが知識にもとづいて行われると言ってよいくらい、知識が重要な役割を果たしている。図書館に行くにも、ふつう図書館がどこにあるかを知っていなければならないし、自転車に乗るにも、自転車の乗り方を知っていなければならない。このような知識の獲得を可能にするのが、知的徳（知的に卓越した性格）である。知的徳を備えた人は、その徳によって、さまざまな知識を獲得することができる。〈中略〉

なぜ真理を求めるのか

私たちの知的活動は多岐にわたるが、そのなかからとくに知的徳が重要な働きをするふたつの活動に注目しよう。真理の探究と課題の解決である。このふたつの活動において知的徳がどのような働きをするかを見ていこう。

まず、真理の探究から見ていく。真理の探究は、たとえば、事件の真相を解明したり、事故の原因を明らかにしたりする知的活動である。それはようするに、何が真なのかを明らかにするものである。何が真なのかが明らかになれば、知識が獲得されることになるから、真理の探究は知識の獲得につながる。事故の原因が明らかになれば、その事故がどのようにして起こったのかについての知識が得られる。このような真理の探究において、知的徳はどんな働きをするだろうか。

（b）知的徳のひとつに「開かれた心」がある。開かれた心とは、自分と異なる考えの人の意見にも真摯（しんし）に耳を傾けることであり、独善に陥るのを防ぎ、正しい考えに至ることを可能にする。

しかし、人の意見を聞くことが重要だといっても、意見が多すぎる場合がある。たとえば、地球温暖化の問題について、私はそれを阻止するために、二酸化炭素の排出量を減らすべきだと考えているとしよう。これにたいして、そもそもこのままでも地球は温暖化しないと考える人や、温暖化してもそれほど大きな害はないと考える人もいるし、さらに、二酸化炭素の排出量を減らさなくても、温暖化を阻止する新しい技術がいずれ開発されるだろうと考える人もいる。このようにほとんど無数と言ってもいいくらい多くの意見があるような場合には、すべての意見に耳を傾けることは実際上不可能であろう。

他人の意見に耳を傾けることが重要だとしても、じっさいに耳を傾けるのはどうしても一部の意見にならざるをえない。では、どれだけの人

2024年度　2月18日

国語

国語

（七〇分）

一　次の文章を読んで、後の問いに答えよ。

倫理的徳と知的徳

あの先生は「徳がある」から、みなに尊敬される。不始末を起こした会社の社長が「私の不徳のいたすところです」と言って謝罪する。このようなことを眼にしたことがあるだろう。ここで言われる「徳」は明らかに人間に特有のものであろう。イヌやネコに「徳がある」とか「不徳のいたすところだ」とか言うのは、非常に奇妙であろう。

では、この（a）人間に特有の「徳」とはどのようなものであろうか。それを明らかにするために、古代ギリシアの哲学者アリストテレスが定義した「徳」の意味に着目することにしよう。

アリストテレスによれば、徳とは「卓越した性格」を意味する。私たちはさまざまな性格をもつ。親切、意地悪、鷹揚（おうよう）、短気、勤勉、怠惰、好奇心、無関心など、数えあげればきりがない。このような性格の集まりがそれぞれの人の「人柄」や「人物像」を構成する。徳はさまざまな性格のうち、とくにすぐれたもの（卓越した性格）を意味する。ただし、「悪徳」と言うこともあるように、徳には悪い性格を含めることもある。その場合は、善い性格のほうは「美徳」とよぶ。話が複雑になるので、ここでは、たんに「徳」と言えば、美徳を意味することとする。

徳は大きく「倫理的徳」と「知的徳」に分けられる。まずは前者から見ていこう。倫理的徳は、その名のとおり、倫理的な実践（倫理的な判断や行為）に関わる徳である。具体的には、正義、勇気、節制、慈愛など、さまざまなものがある。私たちは日々、なされた行為について、それを善いとか、悪いとか判断している。また、善いことをして、悪いことをしないようにしている。このような倫理的な判断や行為において中心的な役割を果たすのが倫理的徳である。

解答編

英語

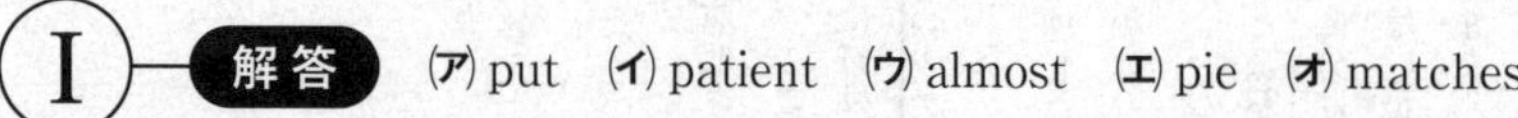

I
解答
(ア) put　(イ) patient　(ウ) almost　(エ) pie　(オ) matches

解説

(ア)「彼は彼女にチケットを１枚手渡し，もう１枚を自分のポケットに…」

put *A* in *B*「*A* を *B* の中に入れる（置く）」なので，put が正解。handed と時制を合わせるという意味でも，与えられている動詞のうち過去形なのは，現在形と過去形が同じ put のみ。

(イ)「その小学校の教師たちの中で，ディックほどに親切で…人はいない」

kind と似た意味の形容詞が入ると考えられるので，patient「忍耐強い」が正解。

(ウ)「私が家に入ったのは，…暗くなってからだった」

強調構文である。dark を修飾する副詞を考えると，almost「ほとんど」が適切。

(エ)「私の焼いた…をどうして誰も食べたがらないのかしら？」

「焼いて食べる」ものといえば，選択肢の中では pie「パイ」しか考えられない。

(オ)「その絨毯は本当に部屋のスタイルに…いる」

「似合う」の意味で使われる become と match が考えられるが，本問では主語が the carpet という単数名詞なので，become を選ぶのなら，becomes でなければならない。matches が正解。

Ⅱ 解答

（誤／正の順に）

(ア) 1／who または whom または that　(イ) 2／or
(ウ) 3／agreement　(エ) 1／wearing または who wore　(オ) 2／furniture

解説

(ア) 「私がインタビューした4人」なので，the four people は I interviewed の目的語となっており1は the four people を先行詞とする関係代名詞であるべきである。1の when は関係副詞なので，これを関係代名詞 who または whom または that に変えなければならない。

(イ) either *A* or *B*「*A* か *B* かどちらか」なので，2．and を or に変える。

(ウ) 「同意に達する」であるが，3．agreeable は「同意できる，好ましい」という形容詞なので，「同意」という名詞に変えなければならない。agreement がそれである。

(エ) 「カラフルな帽子をかぶった男性たち」とするには，1．wear を Men を修飾する形にしなければならない。関係代名詞を使う場合，文全体が過去なので，who wear は不可。

(オ) furniture は advice とともに入試最頻出の不可算名詞である。複数形の s を付けることはできない。「二つの家具」というときは，two pieces of furniture という。2．furnitures を furniture に変える。

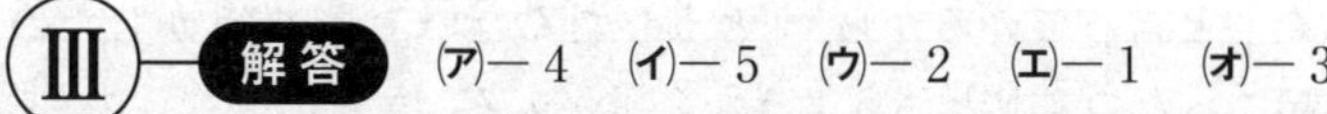

Ⅲ 解答

(ア)―4　(イ)―5　(ウ)―2　(エ)―1　(オ)―3

解説

(ア) (People in) this area never needed a heater (before.)

People needed a heater. が文の骨子を作る。People を in this area で修飾し，never は一般動詞の前に来るため，needed の前に never が入る。

(イ) The amount of time Bobby spends (studying is less than he spends playing video games.)

the amount of ～「～の量」 文の骨子は The amount is less than ～「その量は～よりも少ない」。Bobby の前に関係代名詞 which (that) が省略されており，studying までが関係詞節。spend *A doing*「～することに *A* を費やす」 目的語 *A* が関係代名詞となって前に抜けて行ったのだと考えればよい。

(ウ)　(I'll bring one proposal today, and my) boss will bring the other (one tomorrow.)

and 以下は「私の上司が明日もう一つのものを持って来る」と付け加えたもの。the other one は one がなくてもよい。the other proposal の proposal を one で受けている。

(エ)　(The Michelin Guide was originally) published to encourage people to travel (throughout France.)

最初の to は「encourage するために（出版された）」，後ろの to は encourage *A* to *do* の構文「*A*〈人など〉を励まして～させる」となる。

(オ)　(I will) have all of the reports (ready by the weekend.)

have *A* ready＝get *A* ready「*A* を準備する」

Ⅳ　解答例

（各 3 語以上）

(ア) What's the matter (with you)? / What happened to you?

(イ) I ate sushi.

(ウ) You need to go to the hospital. / You should go (and) see a doctor.

解説

(ア)　Aは空所直後に「具合がよくなさそうだね」と言い，その後，Bが「胃が痛むんだ」と言っているから，「どうしたんだい？」「どうかしたのか？」「何か起こったの？」というような発言が入る。

(イ)　空所直前のAの発言は「昼食に何を食べたの？」であるから，Bは食べたものの名前を言っていると考えられる。また，空所直後のAの「それで食中毒を起こしたのかも」という発言の後，Bは「寿司が問題だとは思わない」と言っているから，「寿司を食べたんだ」という発言を入れるのが適切であろう。

(ウ)　Aは空所直後に「そこへ連れて行ってあげようか？」と言っており，その後のBの発言が「ありがとう」である。病人をどこかへ連れて行ってあげよう，と言っているのだから，病院と考えるのがふつうである。「病院へ行くべきだ（行った方がよい）」などを考える。

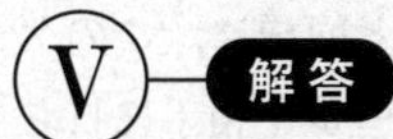
A.（各10語以内）

(ア) They are soccer and basketball.

(イ) It refers to when both players score 40.

(ウ) This is because clocks then measured time only in hours.

(エ) They used their hands.

(オ) They wanted to shorten the duration〔length〕of the game.

B. (カ) complicated (キ) zero (ク) clear (ケ) forward (コ) alternative

解説

《テニスの得点方法》

A. (ア) 「単純な得点方法を持つ二つのスポーツは何か？」

第1段第3・4文（In soccer, for … through the basket.）でサッカーとバスケットボールが挙げられている。10語以内という条件が付いているので注意。

(イ) 「ジュース（deuce）とはどういう意味か？」

第2段3文（If both players …）に「双方のプレーヤーが40点に達したら，ジュースと呼ばれる」とある。「それは両方のプレーヤーが40点に達したときをいう」とすればよい。mean（意味する）を使って It means that both players have scored 40. としてもよいだろう。

(ウ) 「ある説によると，テニスではもともとは，得点を記録するために時計が使われていたという。これはおそらく正しくないだろうが，なぜか？」

時計が使われていたという話は第3段（The history of … game would continue.）に出てくるが，分針を見て得点の記録に使うという話になっている。そして，その次の第4段（Although this sounds … in this manner.）では，その当時（15世紀）には，時計は時間単位で計るだけで分までは計測できなかったため，テニスで得点の記録に使われた可能性は低いと言っている。「当時は，時計は時間単位だけを計ったから」とすればよい。「時間単位でなく分単位」の表現は，第4段第2文（At that time, …）の中に，in hours, not minutes と書かれているが，10語以内という指定があるので，短くまとめる必要がある。

(エ) 「ジュ・ド・ポーム（*jeu de paume*）のプレーヤーたちは，ボールを打つために何を使ったのか？」

第5段第2文（Like in tennis, …）に「テニスの場合と同様に，このゲーム（ジュ・ド・ポーム）は，コートでプレーされ，ボールを相手に打ち返すことを含んでいる。もっとも最初はプレーヤーはラケットではなく手を使ったが」と言っている。「彼らは手を使った」と答えればよいだろう。

(オ)「テニス協会がテニスの得点方法を変えることに関心を持っている一つの理由は何か？」

最終段第2文（As matches have grown …）で，「試合が長引くようになるにつれて，テニス協会は，試合の長さを短縮するようにテニスの得点方法を変えることを考え始めている」と言っているので，本文の shorten the length of games を使って，「彼らは試合の長さを短縮したいと思った」と書けばよい。

B. (カ)「他のスポーツと比較すると，テニスの得点方法はいくぶん（　カ　）である」

第1段の最後の2つの文（However, some sports … one such sport.）で「しかし，スポーツによっては，より complicated（複雑）な得点方法を取っているものもある。テニスはそのようなスポーツの一つである」と言っている。complicated が正解になる。

(キ)「プレーヤーは love とも呼ばれる（　キ　）ポイントから始める」

第2段第1文（In a tennis game, …）で，「テニスでは，love というスコアから始める。それは，ゼロポイントのために使われる用語である」と言っている。zero が正解。

(ク)「この得点方法がどのようにして発展したのかは（　ク　）でない。しかし，スコアを付けるために最初は時計が使われたかもしれないと考える人もいる」

第3段第1・2文（The history of … and 60 minutes.）で，「テニスがどのようにしてこのようなユニークな得点方法を採用するに至ったかの歴史はあまり clear（明白，あきらか）ではない。一つの説はもともとは時計がスコアを付けるために使われたというものである」と言っている。clear が正解である。

(ケ)「このゲーム（＝あるフランスのゲーム）では，プレーヤーは得点したのち，コートを（　ケ　）移動する」

要約文の a French game とは第5段で言及されているジェ・ド・ポー

ムのことである。第3文（Each side of …）の後半で，「1点が獲得されると，プレーヤーはコートを15フィート前方に移動する」とある。forwardが正解である。

(コ)「今日では，いくつかの（　コ　）得点方法があるが，標準的な15-30-40の方法が一番よく使われている」

最終段第1文（Over the years, …）で，「長年にわたって，いくつかの代替のテニスの得点方法（several alternative scoring methods）が作り出されてきた」とあり，それを受けて，最終段最終文（However, it is …）の後半（, and the standard …）で，「そして，標準的な15-30-40の方法が今でもまだ一番ふつうである」と言っている。要約文では，some（　コ　）scoring systemsと言っているが，someとseveral，systemsとmethodsはほぼ同義だから，(コ)に入る単語はalternative「代替の」である。

数　学

1 解答

(1) $x^2+y^2=4$，$\dfrac{1}{x}+\dfrac{1}{y}=2\sqrt{5}$

(2) $\cos\angle\mathrm{BAD}=\dfrac{7}{8}$，$S=\dfrac{3\sqrt{15}}{2}$

(3) $x=-\dfrac{1}{3}$，$-1+\sqrt{2}$

(4) $P_1=\dfrac{5}{9}$，$P_2=\dfrac{5}{12}$

(5) $a=252$，$b=840$

(6) $a=2$，$b=7$

(7) $x=-1$，0

(8) $(d,\ r)=(2,\ -1)$，$(-2,\ 3)$

(9) $a=-1$，$\dfrac{7}{3}$

(10) $f(x)=\dfrac{3}{2}x^2-9x+7$

解説

《小問10問》

(1)
$$x+y=\frac{\sqrt{5}+\sqrt{3}}{2}+\frac{\sqrt{5}-\sqrt{3}}{2}=\sqrt{5}$$

$$xy=\frac{\sqrt{5}+\sqrt{3}}{2}\cdot\frac{\sqrt{5}-\sqrt{3}}{2}=\frac{5-3}{4}=\frac{1}{2}$$

よって

$$x^2+y^2=(x+y)^2-2xy=(\sqrt{5})^2-2\cdot\frac{1}{2}=5-1=4$$

$$\frac{1}{x}+\frac{1}{y}=\frac{x+y}{xy}=2\sqrt{5}$$

（注）直接，計算すると

$$x^2+y^2=\left(\frac{\sqrt{5}+\sqrt{3}}{2}\right)^2+\left(\frac{\sqrt{5}-\sqrt{3}}{2}\right)^2=\frac{5+2\sqrt{15}+3}{4}+\frac{5-2\sqrt{15}+3}{4}=4$$

$$\frac{1}{x}+\frac{1}{y}=\frac{2}{\sqrt{5}+\sqrt{3}}+\frac{2}{\sqrt{5}-\sqrt{3}}=\frac{2(\sqrt{5}-\sqrt{3})+2(\sqrt{5}+\sqrt{3})}{(\sqrt{5}+\sqrt{3})(\sqrt{5}-\sqrt{3})}=2\sqrt{5}$$

(2)　△ABD で余弦定理より

$$\cos\angle \mathrm{BAD}=\frac{3^2+4^2-2^2}{2\cdot 3\cdot 4}=\frac{21}{24}=\frac{7}{8}$$

$$\sin\angle \mathrm{BAD}=\sqrt{1-\left(\frac{7}{8}\right)^2}=\frac{\sqrt{15}}{8}$$

$$S=2\triangle \mathrm{BAD}=\mathrm{AB}\cdot\mathrm{AD}\cdot\sin\angle \mathrm{BAD}$$

$$=3\cdot 4\cdot\frac{\sqrt{15}}{8}=\frac{3\sqrt{15}}{2}$$

(3)　$|x^2-2x|=-2x^2+1$　……① とおく。

(i)　$x^2-2x\geqq 0$ すなわち $x\leqq 0$，$2\leqq x$ のとき

①は

$$x^2-2x=-2x^2+1 \qquad 3x^2-2x-1=0$$

$$(3x+1)(x-1)=0 \qquad \therefore\quad x=-\frac{1}{3},\ 1$$

$x\leqq 0$，$2\leqq x$ より　　$x=-\dfrac{1}{3}$

(ii)　$x^2-2x<0$ すなわち $0<x<2$ のとき

①は

$$-(x^2-2x)=-2x^2+1$$

$$x^2+2x-1=0 \qquad \therefore\quad x=-1\pm\sqrt{2}$$

$0<x<2$ より　　$x=-1+\sqrt{2}$

(i)，(ii)より　　$x=-\dfrac{1}{3},\ -1+\sqrt{2}$

(4)　3 個のさいころをA，B，Cとする。これら 3 個を同時に投げるとき，3 個とも異なる目が出るのは，Aはなんでもよく，Bの目はAの目以外，Cの目は，A，B以外の目であればよいので

$$P_1=1\times\frac{5}{6}\times\frac{4}{6}=\frac{5}{9}$$

別解　1～6の目のうち異なる 3 個の目の並べ方は ${}_6\mathrm{P}_3$ 通りなので

$$P_1={}_6\mathrm{P}_3\times\left(\frac{1}{6}\right)^3=6\cdot 5\cdot 4\cdot\frac{1}{6^3}=\frac{5}{9}$$

また，3個とも同じ目が出る確率は　$\left(\dfrac{1}{6}\right)^3\times 6=\dfrac{1}{36}$

よって

$$P_2=1-\left(P_1+\frac{1}{36}\right)=1-\frac{21}{36}=\frac{15}{36}=\frac{5}{12}$$

(5)　$\left(2x+\dfrac{1}{2x}\right)^{10}$ の展開式の一般項は

$${}_{10}\mathrm{C}_k(2x)^{10-k}\left(\frac{1}{2x}\right)^k={}_{10}\mathrm{C}_k2^{10-2k}x^{10-2k}\quad (k=0,\ 1,\ \cdots,\ 10)$$

定数項 a は $10-2k=0$ より $k=5$ のときなので

$${}_{10}\mathrm{C}_5=\frac{10\cdot 9\cdot 8\cdot 7\cdot 6}{5\cdot 4\cdot 3\cdot 2\cdot 1}=252$$

また，x^2 の項は $10-2k=2$ より $k=4$ のときなので，その係数 b は

$${}_{10}\mathrm{C}_4\times 2^2=\frac{10\cdot 9\cdot 8\cdot 7}{4\cdot 3\cdot 2\cdot 1}\times 4=840$$

(6)　$P(x)=x^3-ax^2-bx+2$ を $x-1$ で割ると余りが -6 で，$x-2$ で割ると余りが -12 であるから，剰余の定理により

$$P(1)=1-a-b+2=-6\qquad \therefore\quad a+b=9\quad \cdots\cdots①$$
$$P(2)=8-4a-2b+2=-12\qquad \therefore\quad 2a+b=11\quad \cdots\cdots②$$

②－① より　　$a=2$

①から　　$b=9-2=7$

(7)　$\log_2(x+2)+\log_2(2-x)+\log_2(3-x)=2+\log_2 3\quad \cdots\cdots①$

真数は正であるから

$$x+2>0\quad \text{かつ}\quad 2-x>0\quad \text{かつ}\quad 3-x>0$$

よって　　$-2<x<2\quad \cdots\cdots②$

このとき，①から

$$\log_2(x+2)(2-x)(3-x)=\log_2 4+\log_2 3\qquad (x+2)(2-x)(3-x)=12$$
$$x^3-3x^2-4x=0\qquad x(x^2-3x-4)=0$$
$$x(x+1)(x-4)=0$$

②より　　$x=-1,\ 0$

(8)　　$a_n=1+d(n-1)$，$b_n=r^{n-1}$

であるから，$a_2+b_2=2$，$a_3+b_3=6$ より

$$1+d+r=2,\ 1+2d+r^2=6$$

整理して $d=1-r$ ……①, $2d+r^2=5$ ……②

①を②に代入して

$$2(1-r)+r^2=5 \qquad r^2-2r-3=0$$

$$(r+1)(r-3)=0$$

$\therefore\ r=-1,\ 3$

①から　$(d,\ r)=(2,\ -1),\ (-2,\ 3)$

(9) 円 $(x-a)^2+(y-2a)^2=5$ と直線 $x-2y+2=0$ が接しているから

(円の中心 $(a,\ 2a)$ と直線の距離) $=$ (円の半径 $\sqrt{5}$)

よって

$$\frac{|a-4a+2|}{\sqrt{1^2+(-2)^2}}=\sqrt{5} \qquad |-3a+2|=5$$

$$-3a+2=\pm 5 \qquad \therefore\ a=-1,\ \frac{7}{3}$$

(10) $f(x)=ax^2+bx+c\ (a\neq 0)$ とおく。条件より

$$ax^2+bx+c+\int_0^x t(2at+b)\,dt=x^3-3x^2-9x+7$$

$$\begin{aligned}(\text{左辺})&=ax^2+bx+c+\int_0^x (2at^2+bt)\,dt\\&=ax^2+bx+c+\left[\frac{2a}{3}t^3+\frac{b}{2}t^2\right]_0^x\\&=ax^2+bx+c+\frac{2a}{3}x^3+\frac{b}{2}x^2\\&=\frac{2a}{3}x^3+\left(a+\frac{b}{2}\right)x^2+bx+c\end{aligned}$$

右辺と比較して

$$\frac{2a}{3}=1,\ a+\frac{b}{2}=-3,\ b=-9,\ c=7$$

これを解いて

$$a=\frac{3}{2},\ b=-9,\ c=7$$

よって　$f(x)=\dfrac{3}{2}x^2-9x+7$

別解 $f(x)+\int_0^x tf'(t)\,dt=x^3-3x^2-9x+7$ ……①

とする。①の両辺を x で微分すると

$$f'(x)+xf'(x)=3x^2-6x-9$$

$$(x+1)f'(x)=3(x^2-2x-3)=3(x+1)(x-3)$$

これが任意の実数 x で成り立つから

$$f'(x)=3(x-3)=3x-9$$

$$f(x)=\frac{3}{2}x^2-9x+C\quad(C\text{ は定数})$$

①で $x=0$ として　$f(0)=7$

よって，$C=7$ で

$$f(x)=\frac{3}{2}x^2-9x+7$$

これは確かに 2 次関数である。

2 解答

(1) $\overrightarrow{\mathrm{OB}}=\overrightarrow{\mathrm{OA}}+\overrightarrow{\mathrm{OC}}=\vec{a}+\vec{c}$

$$\overrightarrow{\mathrm{OE}}=\frac{1}{3}\overrightarrow{\mathrm{OB}}=\frac{1}{3}(\vec{a}+\vec{c})\quad\text{……(答)}$$

(2) メネラウスの定理を△OAE と線分 BD に用いて

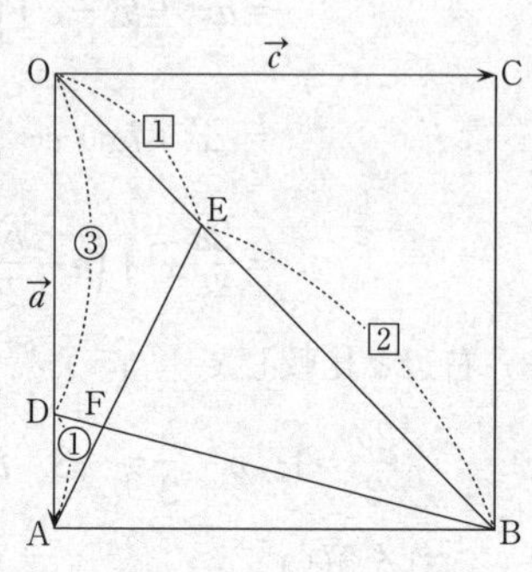

$$\frac{\mathrm{OD}}{\mathrm{DA}}\cdot\frac{\mathrm{AF}}{\mathrm{FE}}\cdot\frac{\mathrm{EB}}{\mathrm{BO}}=1$$

$$\frac{3}{1}\cdot\frac{\mathrm{AF}}{\mathrm{FE}}\cdot\frac{2}{3}=1$$

$$\therefore\quad\frac{\mathrm{AF}}{\mathrm{FE}}=\frac{1}{2}$$

よって，AF：FE＝1：2 であるから

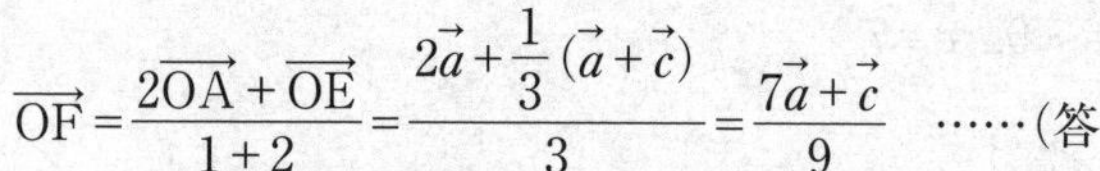

$$\overrightarrow{\mathrm{OF}}=\frac{2\overrightarrow{\mathrm{OA}}+\overrightarrow{\mathrm{OE}}}{1+2}=\frac{2\vec{a}+\frac{1}{3}(\vec{a}+\vec{c})}{3}=\frac{7\vec{a}+\vec{c}}{9}\quad\text{……(答)}$$

(3) $|\vec{a}|=|\vec{c}|=1$，$\vec{a}\cdot\vec{c}=0$ であるから

$$|\overrightarrow{\mathrm{OF}}|^2=\frac{|7\vec{a}+\vec{c}|^2}{81}=\frac{49|\vec{a}|^2+14\vec{a}\cdot\vec{c}+|\vec{c}|^2}{81}$$

$$=\frac{49+0+1}{81}=\frac{50}{81}$$

よって　$|\overrightarrow{OF}|=\frac{5\sqrt{2}}{9}$　……(答)

解説

《平面ベクトル》

(1)　OE：EB＝1：2 である。

(2)　メネラウスの定理を用いて，AF：FE を求める。△ODB と線分 AE から DF：FB を求めてもよい。

(3)　$|p\vec{a}+q\vec{b}|^2=p^2|\vec{a}|^2+2pq\vec{a}\cdot\vec{b}+q^2|\vec{b}|^2$（$p$，$q$ は定数）と展開すればよい。

3　解答

(1)　$\frac{\pi}{2}<\theta<\pi$ より $\sin\theta>0$ なので

$$\sin\theta=\sqrt{1-\cos^2\theta}=\sqrt{1-\left(-\frac{3}{7}\right)^2}=\frac{2\sqrt{10}}{7}$$　……(答)

$$\tan\theta=\frac{\sin\theta}{\cos\theta}=\frac{\frac{2\sqrt{10}}{7}}{-\frac{3}{7}}=-\frac{2\sqrt{10}}{3}$$　……(答)

(2)

$$\sin 2\theta=2\sin\theta\cos\theta$$

$$=2\times\frac{2\sqrt{10}}{7}\times\left(-\frac{3}{7}\right)=-\frac{12\sqrt{10}}{49}$$　……(答)

$$\cos 2\theta=2\cos^2\theta-1=2\left(-\frac{3}{7}\right)^2-1$$

$$=\frac{18}{49}-1=-\frac{31}{49}$$　……(答)

(3)

$$\sin^2\frac{\theta}{2}=\frac{1-\cos\theta}{2}=\frac{1+\frac{3}{7}}{2}=\frac{5}{7}$$

$\frac{\pi}{4}<\frac{\theta}{2}<\frac{\pi}{2}$ より　$\frac{\sqrt{2}}{2}<\sin\frac{\theta}{2}<1$

よって

$$\sin\frac{\theta}{2}=\sqrt{\frac{5}{7}}=\frac{\sqrt{35}}{7}$$　……(答)

また

$$\cos^2\frac{\theta}{2}=\frac{1+\cos\theta}{2}=\frac{1-\frac{3}{7}}{2}=\frac{2}{7}$$

$\frac{\pi}{4}<\frac{\theta}{2}<\frac{\pi}{2}$ より $0<\cos\frac{\theta}{2}<\frac{\sqrt{2}}{2}$ なので

$$\cos\frac{\theta}{2}=\sqrt{\frac{2}{7}}=\frac{\sqrt{14}}{7}\quad\cdots\cdots(答)$$

解説

《三角関数の相互関係，２倍角の公式》

(1)　$\sin^2\theta+\cos^2\theta=1$，$\tan\theta=\frac{\sin\theta}{\cos\theta}$ を用いる。$\frac{\pi}{2}<\theta<\pi$ より $\sin\theta>0$ である。

(2)　２倍角の公式

$$\sin 2\theta=2\sin\theta\cos\theta$$

$$\cos 2\theta=\cos^2\theta-\sin^2\theta=2\cos^2\theta-1=1-2\sin^2\theta$$

を用いる。

(3)　$\sin^2\frac{\theta}{2}=\frac{1-\cos\theta}{2}$，$\cos^2\frac{\theta}{2}=\frac{1+\cos\theta}{2}$ を用いる。$\frac{\pi}{2}<\theta<\pi$ より $\frac{\pi}{4}<\frac{\theta}{2}<\frac{\pi}{2}$ なので $\frac{\sqrt{2}}{2}<\sin\frac{\theta}{2}<1$，$0<\cos\frac{\theta}{2}<\frac{\sqrt{2}}{2}$ である。

4 解答

(1)　$C: y=\frac{1}{2}x^2$ より　　$y'=x$

よって，C 上の点 $\mathrm{P}\left(1,\ \frac{1}{2}\right)$ における接線 l_1 の傾きは１であるから，l_1 の方程式は

$$y-\frac{1}{2}=x-1\qquad\therefore\quad y=x-\frac{1}{2}\quad\cdots\cdots(答)$$

(2)　l_1 の傾き１および $l_1\perp l_2$ より，l_2 の傾きは -1。

よって，Qの x 座標は　　$x=-1$

$\mathrm{Q}\left(-1,\ \frac{1}{2}\right)$ で l_2 の方程式は

$$y=-(x+1)+\frac{1}{2} \qquad \therefore \quad y=-x-\frac{1}{2} \quad \cdots\cdots(答)$$

(注)　l_2 は y 軸に関して l_1 と対称である。

(3)　直線 PQ は $y=\frac{1}{2}$ であるから

$$S_1=\int_{-1}^{1}\left(\frac{1}{2}-\frac{1}{2}x^2\right)dx=2\int_0^1\left(\frac{1}{2}-\frac{1}{2}x^2\right)dx$$

$$=\int_0^1(1-x^2)\,dx=\left[x-\frac{1}{3}x^3\right]_0^1=1-\frac{1}{3}$$

$$=\frac{2}{3} \quad \cdots\cdots(答)$$

(4)　右図より $\mathrm{R}\left(0,\ -\frac{1}{2}\right)$ として

$$S_2=\triangle\mathrm{PQR}-S_1=\frac{1}{2}\times2\times1-\frac{2}{3}=\frac{1}{3}$$

$$\cdots\cdots(答)$$

解説

《放物線に接する直交している2直線と面積》

(1)　接点 $(a,\ f(a))$ における曲線 $y=f(x)$ の接線の方程式は

$$y-f(a)=f'(a)(x-a)$$

であることを用いればよい。

(2)　l_2 の傾きは (l_1 の傾き)×(l_2 の傾き)$=-1$ より -1 である。これより，接点 Q の座標を求める。なお，放物線 C が y 軸対称であるから，l_1 の傾き 1，l_2 の傾き -1 のとき，l_1 と l_2 は y 軸対称である。

(3)　直線 PQ が上側にあることに注意して積分すればよい。

このとき

$$\int_\alpha^\beta(x-\alpha)(x-\beta)\,dx=-\frac{1}{6}(\beta-\alpha)^3$$

を用いて

$$S_1=\int_{-1}^{1}\left(\frac{1}{2}-\frac{1}{2}x^2\right)dx=\frac{1}{2}\int_{-1}^{1}(1-x^2)\,dx$$

$$=-\frac{1}{2}\int_{-1}^{1}(x+1)(x-1)\,dx=-\frac{1}{2}\left(-\frac{1}{6}\right)(1+1)^3=\frac{2}{3}$$

と求めてもよい。

(4)　放物線とその2本の接線 l_1, l_2 について，右図のような面積 S_1, S_2 について

$$S_1 : S_2 = 2 : 1$$

が成り立つ。答えのみならこれで求めてもよい。

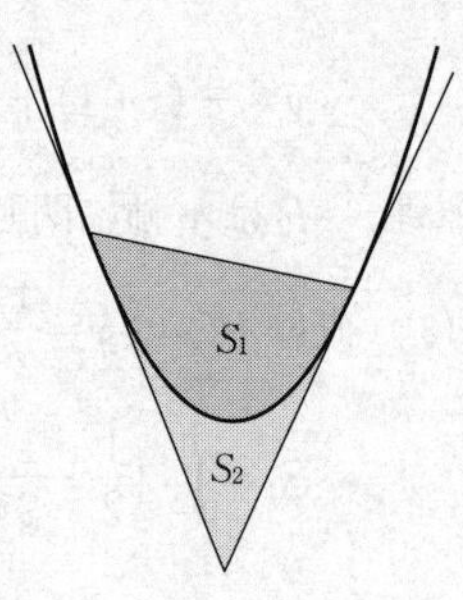

問三 (2)

問四 **(ア)**憧　**(イ)**諭

問五 ④

問六 ②

問七 読み：くしくも　意味：偶然にも。

問八 山形県の山々に降った雨が支流に流れ込み、それらがすべて最上川へと集められ、増水して流れが早く、激しくなっているという情景

問九 最上川の句は、かなりの時間経過と場所の移動がある情景を描写したもので、つまり動画を描写しているようなものであるから。(三十文字以上六十文字以内)

国語

一

出典 信原幸弘『「覚える」と「わかる」――知の仕組みとその可能性』〈第四章　人間特有の知とは何か〉（ちくまプリマー新書）

解答

問一 正義、勇気、節制、慈愛などの倫理的な実践に関わる「倫理的徳」と、開かれた心、好奇心、粘り強さ、忍耐力などの知識の獲得に関わる「知的徳」に「徳」は分類できる。（八十字以内）

問二 自分と異なる意見にも真摯に耳を傾け、独善に陥ることを防ぎ、正しい考えに至ることができるため重要だが、それぞれの場合にどの意見に耳を傾けるのか判断することに注意すべきである。（九十字以内）

問三 自分の立場や面目がなくなる。（十五字以内）

問四 (お)→(う)→(あ)→(い)→(え)

問五 **(イ)**遂行　**(ウ)**模索

問六 **A**、粘り強さ　**B**、忍耐力

問七 (1)―①　(2)―②　(3)―②　(4)―②　(5)―②

二

出典 久真瀬敏也『京都怪異物件の謎――桜咲准教授の災害伝承講義』〈予習　松尾芭蕉の災害伝承〉（宝島社文庫）

解答

問一 その分野に新しく進出したばかりで、勢いが盛んなこと。

問二 ③

2023年度

問題と解答

■一般試験Ａ：２月１日実施分

問題編

▶試験科目・配点

教　科	科　目	配　点
外国語	コミュニケーション英語Ⅰ・Ⅱ	100点
数　学	数学Ⅰ・Ⅱ・Ａ・Ｂ*	100点
理科・国　語	「物理基礎・物理〈省略〉」,「化学基礎・化学〈省略〉」,「生物基礎・生物〈省略〉」,「国語総合（古文・漢文を除く）・現代文Ｂ〈省略〉」から１科目選択	100点

▶備　考

＊「数学Ｂ」は「数列」,「ベクトル」を出題範囲とする。

上記学力試験と調査書等により総合的に選考する。

英語

（60 分）

I．　次の（ア）～（コ）の下線の部分に入れる語句として、最も適切なものを選択肢から選びなさい。

（ア）　Students are expected to work _____ in the library.

1. quiet
2. quieted
3. quietly
4. quietness

（イ）　My train _____ been forced to stop due to heavy rain, so I'll be late for work.

1. has
2. have
3. was
4. were

（ウ）　After you combine _____ the ingredients, preheat the oven to 250°C.

1. all
2. any
3. every
4. some

（エ）　My teacher _____ me about a contest that she thinks I should enter.

1. said
2. spoke
3. talked
4. told

（オ）　The new delivery service will allow customers to receive their packages _____ in Tokyo within six hours.

1. anyhow

2. anywhere
3. something
4. somewhat

（カ） Please _____ our website for more detailed information about our range of furniture products.

1. come
2. go
3. make
4. visit

（キ） Lemonade is made _____ mixing water, lemon juice, and sugar.

1. as
2. by
3. for
4. in

（ク） Our bodies are _____ of trillions of cells.

1. completed
2. composed
3. conducted
4. contrasted

（ケ） _____ to say, we never go back to a restaurant that disappoints us.

1. According
2. Compare
3. Instead
4. Needless

（コ） There has been an amazing amount of technological progress in the car industry, but not as _____ in the clean energy industry.

1. many
2. more
3. much
4. often

Ⅱ. A　次の（ア）～（オ）に入れる文として、最も適切なものを選択肢から選びなさい。選択肢は、一回しか使えません。

A: I'm disappointed that I missed yesterday's special talk about traveling abroad. I wanted to attend, but I was too busy. How was it?

B: I thought it was pretty good.（＿＿ア＿＿）

A: That's what I hoped to hear about! I'm planning on taking a trip there next spring and wanted to get some ideas about where to visit.

B: Oh, really?（＿＿イ＿＿）Tickets are cheaper then compared to the summer.

A: What were the most interesting places she talked about?

B: She said that Thailand had the most beautiful tourist locations and that Vietnam had the best food. Her pictures really made me want to go there.

A: I wish I hadn't missed it.

B: Don't worry.（＿＿ウ＿＿）You can probably access the video online.

A: I'm sure the presentation was interesting.（＿＿エ＿＿）

B: I have the presenter's email address. I can share it with you so you can contact her directly.

A: （＿＿オ＿＿）She won't know who I am.

B: I remember her saying that she always replies to her emails.

A: I'm glad to hear that. I'll send her an email after I watch the video.

［選択肢］

1. Do you think she'll respond?
2. I also wanted to ask her for some advice about traveling abroad.
3. I think the talk was recorded.
4. Just in case, I can repeat the number.
5. Let me know where you want to meet for lunch.
6. She mentioned that spring is a great time to travel.
7. The speaker talked about her experiences traveling through Southeast Asia.
8. What time did it start?

Ⅱ．B　次の（カ）～（コ）に入れる文として、最も適切なものを選択肢から選びなさい。選択肢は、一回しか使えません。

A: Are you enjoying today's trip to the zoo, Son?

B: Yes, I am! There are still so many animals that I want to see. I'd like to stop by the penguin house, and I definitely want to see the insect collection. （　カ　）

A: Well, we might not have time for all three of those. （　キ　）

B: That's over an hour. Isn't that enough time?

A: I don't think so. The elephants and the insect collection are on opposite sides of the zoo, so we'll have to walk a lot to see them both. （　ク　） It's very popular.

B: Yeah, it sounds like there's not enough time for all three. What should we do?

A: （　ケ　） After that, we can go see the penguins. It'll be closer to closing time, so the line might be shorter.

B: That sounds good to me, but what about the elephants?

A: Hmm . . . I just don't think we can make it there in time. We probably have to give up on seeing the elephants today.

B: But I really wanted to see them!

A: （　コ　）

［選択肢］

1. Actually, there's no restaurant at the zoo, so we should eat before we go.
2. How about we go look at the insect collection now?
3. I really want to see the elephants too.
4. It's 4:45 PM now, and the zoo closes at 6:00 PM.
5. Plus, we'll probably have to wait in line to enter the penguin house.
6. Sometimes the tigers get active just before feeding time.
7. The zoo has a total of 45 animal exhibits.
8. Well, that's a good reason to come back again next week.

Ⅲ.　次の英文は「デジタル緑化活動」について述べたものです。（ア）〜（コ）に入れる最も適切なものを選択肢から選びなさい。

Most people would agree that parks with a lot of nature and green areas are important for cities of all sizes. Some of the （ ア ） of having green spaces in urban areas are that they have the ability to absorb carbon dioxide, soak up excess rainfall, and reduce city temperatures. A promising project that many large cities around the world have taken part in is called the Million Tree Initiative. Cities such as London, New York, and Ottawa have made （ イ ） to plant a large number of trees in their cities. This government-based program has increased the amount of nature in those cities, but maintaining it has proven to be a more difficult task than anticipated. Keeping the trees healthy in new green areas is a long-term task that requires the financial support of the local government and the involvement of residents.

One creative approach to （ ウ ） through community involvement was implemented in Melbourne, Australia. The city adopted the unique scheme of encouraging its citizens to befriend local trees to improve the ecology of the city. The idea was that if citizens had a deeper connection with the neighborhood trees, the city would be more proactive in implementing policies and programs to take better care of their trees. When citizens get involved in taking care of the community's trees, it shows their local government that the natural urban ecology is （ エ ） to them.

Melbourne took a digital approach to community involvement with its trees. The city gave each tree in a designated area an identification code. People can help （ オ ） the trees by alerting local officials via email if there are any problems with a specific tree. This project, called the Urban Forest Visual, includes a map which shows each tree's age, species, and health status. If a tree has any work performed on it, like branches being trimmed, this information is also made available. Through email （ カ ） and status updates on the tree map, residents are able to stay informed, and the trees can be kept in a healthy condition.

Officials in （ キ ） of the project were surprised to receive thousands of emails. The email messages were not only about the status of the trees, but also general greetings, love poems, and messages about the joy the trees bring to the people （ ク ） by them each day. Just like you might send a friend an email, the people of Melbourne can send messages to their trees. This is the kind of community involvement that is （ ケ ） for sustained support for green spaces. While Melbourne did not plant as many trees as the other places taking part in the Million Tree Initiative, the bigger cities took notice because of the successful community engagement it achieved.

Have you ever thought about being a tree's friend? By providing an opportunity for residents to interact with the trees, the city of Melbourne has shown that this is （ コ ）. While the trees may not respond directly to messages, they give back by providing environmental benefits like cleaner air and reduced temperatures.

（ア）　1. advance　　2. benefits　　3. frequent
　　　 4. sunshine　　5. thanking

（イ）　1. contain　2. hardly　3. new
4. other　5. pledges

（ウ）　1. behind　2. develops　3. maintenance
4. reply　5. weather

（エ）　1. define　2. inspire　3. opens
4. undesirable　5. valuable

（オ）　1. escape　2. fresh　3. hot
4. monitor　5. sheltered

（カ）　1. communication　2. guessed　3. planting
4. suggest　5. treat

（キ）　1. charge　2. everything　3. farther
4. quite　5. respectful

（ク）　1. around　2. designs　3. fountain
4. passing　5. walks

（ケ）　1. entire　2. length　3. necessary
4. observe　5. rolls

（コ）　1. delay　2. more　3. please
4. possible　5. worth

Ⅳ. 次の（ア）～（オ）のそれぞれの日本文の意味を表す英文になるように、各英文の空欄に語または句を最も適切な順番に並べた場合、3番目にくるものの番号を選びなさい。ただし、文頭にくるものも小文字で書いてあります。また、必要なコンマが省略されている場合もあります。［解答欄のカ～コは使用しません。］

（ア） エレベーターで5階まで上がってください。

Could you please ____ ____ ____ ____ ____ floor?

1. fifth　　2. take　　3. the
4. the elevator　　5. to

（イ） 書類を水曜日までに提出しなければならないことを忘れないでください。

Don't forget that ____ ____ ____ ____ ____ Wednesday.

1. be　　2. by　　3. must
4. submitted　　5. the documents

（ウ） 子供たちは写真館が用意したコスチュームを着なくてはならなかった。

The kids had ____ ____ ____ ____ ____ provided by the photography studio.

1. dress　　2. in　　3. the costumes
4. themselves　　5. to

（エ） オレンジはすべてどこで栽培されたものかに関わらずこの工場で加工されます。

All oranges are processed at this factory ____ ____ ____ ____ ____ grown.

1. of　　2. regardless　　3. they
4. were　　5. where

（オ） エミは災害時にルーカスが助けてくれたことにいつも感謝している。

Emi is always ____ ____ ____ ____ ____ her at the time of the disaster.

1. for　　2. grateful　　3. Lucas
4. rescuing　　5. to

V. 次の（ア）～（オ）の下線部分①～④で、各文脈に合わないものを一つずつ選びなさい。［解答欄のカ～コは使用しません。］

（ア）　Word games have been a great source of <u>① **entertainment**</u> for a long time. Recently, a man named Josh Wardle invented an online word game for him and his partner to play called Wordle. The aim of the game is to guess a five-letter word within six attempts. After each <u>② **attempt**</u>, players are given feedback about whether the letters they chose are contained in the word, if the letters are in the correct position, or if they are not contained in the word at all. Players can <u>③ **easily**</u> share the results of their attempts on social media, although this does not reveal what the correct answer is. The game proved to be very <u>④ **expensive**</u>, and people around the world began to play and share their results each day. Eventually, Wordle became available in multiple languages, and it is now enjoyed by millions of people every day.

（イ）　Robotic delivery vehicles are being developed to perform tasks like picking up groceries and delivering food. A company called Nuro has developed one such autonomous vehicle, which looks like a small van without a driver's <u>① **seat**</u> or a steering wheel. It is designed to run on normal roads, and it is equipped with numerous <u>② **luxury**</u> features to ensure that it can operate around cars, pedestrians, and cyclists. For example, it has a 360-degree camera, a thermal camera, and radar to help it <u>③ **navigate**</u> through traffic. It even has an external airbag that deploys if the vehicle collides with a person or another vehicle. The delivery vehicle is not ready to enter service just yet, but Nuro has already <u>④ **partnered**</u> with several companies who plan to use it once development is completed.

(ウ) In addition to large houses, expensive cars, and private jets, many of the world's richest people also own superyachts. These large boats, usually ranging from 24 meters to 70 meters in length, allow **① passengers** to maintain an elegant lifestyle while traveling around the world for extended periods of time. Aside from a spacious interior that can host 10 or more guests, superyachts frequently have swimming pools, water toys, smaller boats for trips ashore, and even helicopter pads. Superyachts also **② require** a large crew that live on the boat. Their jobs include driving the boat, cooking for guests, and maintaining the boat while it is at sea. Prices for superyachts vary, but none of them are **③ cheap**. However, even if you can't **④ build** your own superyacht, many can be rented for days or weeks at a time. If you want to charter such a boat, you should plan on spending about ¥12 million per week!

(エ) For a long time, cameras used a mirror to help the photographer take a picture. The mirror **① reflects** the image to the camera's viewfinder while the photographer arranges the shot, then it quickly moves out of the way when the picture is actually taken. **② However**, these moving parts limit the speed at which a camera can take pictures. They also make the camera heavier, and the slight shaking caused by the moving parts can affect picture quality. In the early 2000s, mirrorless cameras that solve many of these problems were introduced. Since they don't require **③ photographers** and their accompanying parts, mirrorless cameras are smaller and lighter. Having fewer moving parts means image quality is also improved. Mirrorless cameras are so **④ superior** that most major camera manufactures are no longer producing cameras with mirrors.

(オ) Earth's surface is made up of large plates, known as tectonic plates, that are continuously in **① motion**. There are seven major plates and numerous smaller ones. The place where two plates **② meet** is called a boundary, and the plates interact with each other in different ways along the boundary. A convergent boundary is when two plates move toward each other, perhaps with one plate moving underneath the other. When two plates move away from each other, it is called a divergent boundary. Finally, two plates moving side to side horizontally is known as a transform boundary. In **③ places** where plate boundaries exist, earthquakes, volcanic activity, and mountain creation can occur. The speed at which these **④ planets** move varies from one to ten centimeters per year.

(60分)

解答記入上の注意

(1) 解答は,「入学試験解答用紙［数学 No. 1］－第1面の1，2，［数学 No. 1］－第2面の3，4」の解答マーク欄を使用します。
解答用紙の【記入上の注意】にしたがって使用してください。

(2) 問題文中の ア , イ ウ などには，特に指示のないかぎり，数字（0～9），記号（±，－），または文字（a, b, c, m, n, π）が入ります。ア，イ，ウ，… の一つ一つは，その数字，記号，または文字のいずれか一つが対応します。それらを解答マーク欄のア，イ，ウ，… で示された解答欄にマークして答えなさい。

［例1］ ア イ に －5 と答えたいとき

1	解答マーク欄																	
	±	−	0	1	2	3	4	5	6	7	8	9	a	b	c	m	n	π
ア	±	●	0	1	2	3	4	5	6	7	8	9	a	b	c	m	n	π
イ	±	−	0	1	2	3	4	●	6	7	8	9	a	b	c	m	n	π

［例2］ ウ エ に $6a$ と答えたいとき

ウ	±	−	0	1	2	3	4	5	●	7	8	9	a	b	c	m	n	π
エ	±	−	0	1	2	3	4	5	6	7	8	9	●	b	c	m	n	π

(3) 分数で答えるときは，既約分数（それ以上約分できない分数）で答えなさい。符号は分子につけ，分母につけてはいけません。

［例］ $\dfrac{\boxed{オ\ カ}}{\boxed{キ}}$ に $-\dfrac{6}{7}$ と答えたいとき，$\dfrac{-6}{7}$ として

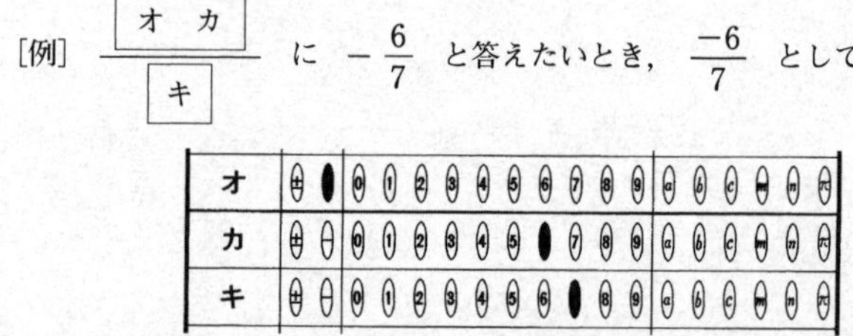

オ	±	●	0	1	2	3	4	5	6	7	8	9	a	b	c	m	n	π
カ	±	−	0	1	2	3	4	5	●	7	8	9	a	b	c	m	n	π
キ	±	−	0	1	2	3	4	5	6	●	8	9	a	b	c	m	n	π

(4) 根号を含む形で答えるときは，根号の中に現れる自然数が最小となる形で答えなさい。

[例] $\boxed{ク}\sqrt{\boxed{ケ}}$ に $4\sqrt{2}$ と答えるところを，$2\sqrt{8}$ としてはいけません。

また，$\dfrac{\sqrt{\boxed{コ}}}{\boxed{サ}}$ に $\dfrac{\sqrt{2}}{2}$ と答えるところを，$\dfrac{\sqrt{8}}{4}$ としてはいけません。

(5) 同一問題の中で，同じカタカナの箇所には同じ数字，記号，または文字が入ります。

問題1

(1)　$x=\dfrac{2}{2+\sqrt{2}}$, $y=\dfrac{2}{2-\sqrt{2}}$ のとき，$xy=$ [ア]，$x+y=$ [イ] であり，

$x^3+y^3=$ [ウエ] である．

(2)　$\triangle$ABC において，3 辺の長さが AB$=2\sqrt{2}$, BC$=2$, CA$=\sqrt{2}+\sqrt{6}$ である

とき，$\angle$CAB$=$ [オカ]° であり，$\triangle$ABC の面積は [キ]$+\sqrt{\text{[ク]}}$ である．

(3)　a を実数とする．2 次関数 $y=2x^2+ax-1$ のグラフを x 軸方向に -1,

y 軸方向に 2 だけ平行移動したグラフは点 (2, 1) を通る．

このとき，$a=$ [ケコ] であり，もとの 2 次関数のグラフの頂点は

点 $\left(\dfrac{\text{[サ]}}{\text{[シ]}}, \dfrac{\text{[スセソ]}}{\text{[タ]}}\right)$ である．

(4)　連立方程式 $\begin{cases} 4^{-x}\cdot 2^y=8 & \cdots ① \\ \log_x y=2 & \cdots ② \end{cases}$ において，式 ① より

$y=$ [ア]$x+$ [イ] であり，連立方程式の解は $x=$ [ウ]，$y=$ [エ] である．

(5)　0, 1, 2, 3, 4, 5 の 6 個の数字のうち異なる 3 個の数字を使ってできる 3 桁の

整数は全部で [オカキ] 個あり，そのうち偶数は [クケ] 個ある．

(6)　a を実数とする．2 つの円 $x^2+y^2-4=0$ と $x^2+y^2-2ax-8y+16=0$

が異なる 2 点で交わっているとき，a のとり得る値の範囲は，

$a <$ [コサ] または $a >$ [シ] である．

問題 2　$(3x^2-y)^7$ を展開したとき，

(1) x^8y^3 の係数は [アイウエオ] である．

(2) 係数が 21 になる項の y の次数は [カ] である．

(3) $y=\dfrac{1}{3x^5}$ ならば，定数項は [キクケ] である．

問題 3　数列 $\{a_n\}$ が $a_1=\dfrac{1}{2}$，$a_{n+1}=\dfrac{a_n}{a_n+2}$　$(n=1, 2, 3, \cdots)$ により定められている．

(1) $b_n=\dfrac{1}{a_n}$　$(n=1, 2, 3, \cdots)$ とおくと，$b_{n+1}=$ [コ] b_n+ [サ] である．

(2) $a_n=\dfrac{1}{[シ]\cdot[ス]^{n-1}-[セ]}$ である．

(3) $a_n<0.001$ を満たす最小の自然数 n は [ソタ] である．

問題4 θ を定数とする．2 つの 2 次関数 $y=(\tan\theta)x^2$, $y=-\dfrac{1}{\tan\theta}x^2+3\tan\theta$ のグラフをそれぞれ C_1, C_2 とする．

(1) $\theta=\dfrac{\pi}{4}$ のとき，C_1, C_2 の共有点の x 座標は $\pm\dfrac{\sqrt{\boxed{ア}}}{\boxed{イ}}$ である．

(2) $0<\theta<\dfrac{\pi}{2}$ のとき，C_1, C_2 の共有点の x 座標は $\pm\sqrt{\boxed{ウ}}\sin\theta$ であり，

C_1, C_2 で囲まれた部分の面積は $\dfrac{\boxed{エ}\sqrt{\boxed{オ}}\sin^{\boxed{カ}}\theta}{\cos\theta}$ である．

解答編

英語

I

解答　(ア)—3　(イ)—1　(ウ)—1　(エ)—4　(オ)—2　(カ)—4
(キ)—2　(ク)—2　(ケ)—4　(コ)—3

解説　(ア)「学生は図書館では静かに勉強することが求められている」

work … in the library を「図書館で静かに勉強する」とすると文意が通るので，下線部には，動詞 work を修飾する副詞が入る。よって，3．quietly「静かに」が正解。quiet は「静かな」という意味の形容詞なので不可。

(イ)「私の乗っていた列車は豪雨のために止まってしまった。だから，仕事に遅れそうだ」

直後に been があるので，現在完了（have *done*）を使うが，主語が My train という三人称単数なので，1．has を選ぶ。

(ウ)「全部の材料を混ぜ合わせたら，オーブンを250℃まで予熱すること」

直後に the があることに注意。選択肢の中で直後に the を伴うことができるのは1．all だけ。他の選択肢はすべて，the とは共存できない。

(エ)「先生は私に，私が参加すべきだと先生が思っているコンテストについて語った」

選択肢にある「言う，話す，語る」という意味の動詞のうち，〈人〉を目的語にとって，〈動詞＋人＋about 〜〉という形が成立するのは4．told だけ。tell *A* about *B* で「*B*（事）について *A*（人）に話す」の意。say, speak, talk は，〈動詞＋to＋人〉の形をとる。

(オ)「新しい配達サービスのおかげで，顧客は東京ならどこでも，6時間以内に荷物を受け取ることができる」

「どんな〜でも」というときは any を使う。ここでは場所を表しているので，where をつけて，2．anywhere が正解。

(カ)「我々の家具製品の品ぞろえについて，さらに詳細な情報を得たいとお思いならば，ウェブサイトをご覧ください」

come や go の場合は come to ～，go to ～ の形にしなければならない。また make は意味をなさない。前置詞を挟まないで目的語をとることができる他動詞の 4．visit「～を訪問する」が正解。

(キ)「レモネードは，水とレモンジュースと砂糖を混ぜ合わせることによって作られる」

通常「～から作られる」は，（材料の場合）This desk is made of wood,（原料の場合）This wine is made from grapes のように，be made of +〈材料〉や be made from +〈原料〉の形をとるが，ここでは下線部直後が材料や原料ではなく *doing* であることに注意する。〈手段〉を表す by *doing*「～することによって」を使う。2．by が正解。

(ク)「我々の体は何兆もの細胞でできている」

compose「～を構成する」 be composed of ～で「～で構成されている」という意味なので，2．composed が正解。

(ケ)「言うまでもなく，我々をがっかりさせるようなレストランへは二度と行かない」

needless to say「言うまでもなく」 4．Needless が正解。

(コ)「自動車製造業界では驚くほどの技術的進歩が成し遂げられている。しかし，クリーンエネルギー業界ではそれほどの進歩はない」

自動車製造業界の技術的進歩とクリーンエネルギー業界の技術的進歩を比較する内容の文。比較している technological progress が不可算名詞なので，as に後続するのは 3．much が正解。many は可算名詞の場合しか使えない。more は比較級なので，as の後にはこられない。often は「しばしば」という意味なので，ここでは意味をなさない。

II 解答

A．(ア)― 7　(イ)― 6　(ウ)― 3　(エ)― 2　(オ)― 1
B．(カ)― 3　(キ)― 4　(ク)― 5　(ケ)― 2　(コ)― 8

解説　A．≪海外旅行の特別講演≫

A：昨日の，海外旅行についての特別講演に行けなかったのが残念だよ。出席したかったんだけど，忙しかったんだ。講演はどうだった？

B：かなりよかったと思うわ。(ア)講師が，東南アジアを旅行して回った経験を話してくれたの。

A：まさしくそういうことが聞きたかったんだよ！　僕は来年の春，東南アジアへ行くつもりで，どんな所へ行ったらよいか，ヒントが欲しかったんだ。

B：ほんと？　(イ)春は旅行するのにとてもよい時期だって言ってたわ。春の方が夏よりチケットも安いんだって。

A：どんな所が一番よかったって言ってたの？

B：景色が一番いいのはタイで，食べ物はベトナムが一番だと言ってた。彼女の写真を見てたら，私も行きたくなっちゃった。

A：それ聞き逃さなきゃよかったのにな。

B：大丈夫よ。(ウ)講演会，録画されてたと思う。たぶんオンラインで動画を見られるよ。

A：話も上手だったんだろうね。(エ)僕も，海外旅行について，その女性講師からアドバイスをもらいたかったな。

B：講師のメールアドレスを知ってるわよ。あなたが彼女に直接コンタクトできるように教えてあげる。

A：(オ)返事をくれると思う？　彼女は僕のことわからないだろうし。

B：メールをもらったら必ず返事するって言ってたのを覚えてるよ。

A：そりゃあうれしい。動画を見たら，メールを出してみるよ。

B．≪動物園の親子≫

A：今日の動物園は楽しいかい？

B：うん。とっても！　僕の見たい動物がたくさんいるんだもの。ペンギンハウスに立ち寄って，それから，絶対に昆虫の展示を見たい。(カ)象もすごく見たいな。

A：でもね，３つ全部見る時間はないかもしれないよ。(キ)今は午後４時45分。動物園が閉まるのは午後６時ちょうどだ。

B：１時間以上あるじゃない。十分でしょう？

A：そうでもない。象と昆虫の展示は動物園のあっちとこっちの端っこにあるんだ。だから両方見るには相当歩かなきゃならない。(ク)それに，ペンギンハウスに入るには，並ばなきゃならないだろう。とても人気があるからね。

B：そうか。それじゃあ，３つ全部見る時間はないね。どうしたらいいだろう？

A：(ケ)まず，今すぐに昆虫の展示を見に行くのはどうだろう？　その後で，ペンギンを見ることができる。そしたら，閉館時間が迫っているから，列も短くなっているかもしれない。

B：そりゃあ名案だね。でも，象はどうするの？

A：うーん…。時間的に無理だと思う。今日は象を見るのはあきらめなきゃならないだろう。

B：でも，象，すっごく見たいんだよ！

A：(コ)来週また来るために，いい理由ができたじゃないか。

III　解答

(ア)―2　(イ)―5　(ウ)―3　(エ)―5　(オ)―4　(カ)―1
(キ)―1　(ク)―4　(ケ)―3　(コ)―4

解説　≪デジタル緑化活動≫

(ア) Some から areas までが主部。文の意味は「都市部に緑地をもつことの（　ア　）のうちのいくつかは，それら（＝緑地）が二酸化炭素を吸収し，過剰な雨水を吸い上げ，都市の気温を下げてくれることである」なので，2．benefits「利点，恩恵」が正解。

(イ)「ロンドンやニューヨークやオタワのような都市は，市中にたくさんの樹木を植える（　イ　）」というつながり。5．pledge(s) が「誓約」なので，これを入れると「たくさんの樹木を植えるという誓約をしている」となる。make pledges to *do* ≒ make a pledge to *do*「～するという誓約をする」という熟語。pledge の意味を知っていれば察しがつくだろう。

(ウ)「住民参加を通しての（　ウ　）へのアプローチは，オーストラリアのメルボルンで実行された」

直前の2文（This government-based program … involvement of residents.）に，「木々を健康に保つ」（≒「自然を維持する（maintain）」）には，自治体の財政援助と住民参加が必要だと述べられているので，maintain の名詞形である3．maintenance「維持」が正解。この「維持」は，この文脈では「保護」と意訳することもできる。

(エ)「共同体の木々の世話をすることに市民が関わるようになれば，そのことは，自治体に対して，都会の自然なエコロジー（生態系）が市民にとって（　エ　）であるということを示す〔証明する〕ことになる」

is の直後なので動詞は後続できないため，define，inspire，opens は不可。残りの選択肢は形容詞で，undesirable「好ましくない」と valuable「価値がある」。市民が自然保護に熱心になれば，自治体に自然保護が大事であることを理解させることになると考えられるので，「大事な」に似た，肯定的な意味の単語が入る。5．valuable が正解。

(オ)「人々は，自治体職員にメールを送り，特定の樹木に何か問題があるかどうかを警告することによって，樹木を（　オ　）することを手伝うことができる」

help は，help him (to) study「彼が勉強するのを手伝う」のように help *A* (to) *do* の形で使うことができるが，ほかにも，help study「勉強するのを手伝う」のように help (to) *do* の形にすることもできる。4．monitor「～を監視する」を入れると，help monitor the trees「樹木をモニター（監視）するのを手伝う」の形になって，文意も通る。

(カ)「メールの（　カ　）と樹木マップ上での近況報告を通して，住民は情報を受け取り続け，樹木は健康な状態であり続けることができる」

status update(s) は「近況報告」。1．communication「コミュニケーション」を入れると，email communication「メールによるコミュニケーション」となって意味がつながる。

(キ)「プロジェクトの（　キ　）の職員たちは，何千通ものメールを受け取って驚いた」

in charge of ～は「～を担当する」という意味なので，1．charge を入れれば「プロジェクトを担当している職員たちは」となって意味がつながる。

(ク) general greetings 以下は「一般的な挨拶，愛の詩，毎日樹木（them）（　ク　）人々に樹木がもたらし（bring）てくれる喜びについてのメッセージなどである」。pass by ～ で「～を通り過ぎる」という意味なので，4．passing を入れれば，「毎日樹木の横を通り過ぎる人々に」とつながる。なお，the trees の前には which〔that〕が省略されており，文末までが関係代名詞節となっている。bring の目的語は先行詞 the joy。

(ケ)「これが，緑地を継続的にサポートするために（　ケ　）タイプ（kind）の，共同体の関わりである」

3．necessary「必要な」を入れると，「サポートするために必要な」となって文意が通る。

(コ)直前の最終段第1文（Have you ever …）で，「樹木の友達になることについて，あなたは考えてみたことがあるだろうか」と言っている。それを受けて，「メルボルン市は，住民が樹木と関わり合いをもてる機会を提供することによって，これが（　コ　）であることを証明したのである」とつながる。4．possible「可能な」を入れると，「これが可能であることを証明した」となって文意が通る。

Ⅳ　解答　(ア)―5　(イ)―1　(ウ)―4　(エ)―5　(オ)―3

解説　(ア)(Could you please) take the elevator to the fifth (floor?)

公共の乗り物を「利用する」は take。take the elevator to ～「～までエレベーターに乗る」

(イ)(Don't forget that) the documents must be submitted by (Wednesday.)

submit は「～を提出する」という意味なので，「提出されなければならない」という〈助動詞＋受動態〉の文は，must be submitted となる。また，「～まで」は till，「～までに」は by である。

(ウ)(The kids had) to dress themselves in the costumes (provided by the photography studio.)

dress *oneself* in ～＝be dressed in ～「～を着る」 provided 以下は後置形容詞句となって the costumes を修飾している。「写真館から提供されたコスチューム」の意。

(エ)(All oranges are processed at this factory) regardless of where they were (grown.)

process「～を処理する，加工する」 regardless of ～「～に関わりなく」 ここでは後ろに where を伴って，「どこで～しようと関わりなく」。regardless of where＝wherever＝no matter where

(オ)(Emi is always) grateful to Lucas for rescuing (her at the time of the disaster.)

be grateful to ～「～(人など) に感謝する」 be grateful for ～「～のことで感謝する」 合わせて be grateful to *A* for *B*「*A*（人）に対して *B*（物・事）のことで感謝する」。

V　解答　(ア)―④　(イ)―②　(ウ)―③　(エ)―③　(オ)―④

解説　(ア) Wordle というゲームについての文章。④の直後に，「そして，世界中の人が，毎日ゲームをし，結果を知らせ合って楽しむようになったのである」とあるから，「ゲームは価格が非常に高いと判明した」では意味が通じない。expensive を cheap などに替えればよい。

(イ)自動運転の配達車両についての文章。②を含む文は，「それ（＝Nuro が開発した自動運転の配達車両）は，一般道を走行するよう設計されており，車や歩行者，自転車に乗っている人の近くで確実に運行できるようにする多数の ② 機能を備えている」という意味。すぐ後の文に，そうした機能の例として，a 360-degree camera「全方向カメラ」，a thermal camera「熱探知カメラ」，radar「レーダー」，an external airbag「外づけエアバッグ」が挙げられている。いずれも安全走行を可能にするための装置であって，「豪華」「ぜいたく」とは無関係なので，②の luxury「豪華な，ぜいたく品」は文脈に合わない。

(ウ)スーパーヨットについての文章。③を含む文は，「スーパーヨットの価格はさまざまであるが，どれも安くはない」という意味だが，price や cost の「高い・安い」は，expensive や cheap ではなく high や low で表すことに注意。ここでは cheap を low に替える。

(エ)ミラーレスカメラについての文章。③を含む文の前半は，「そのカメラ（they）は写真家〔撮影者〕も付属品も必要ないので」だが，本文全体がミラーを使わないカメラのことを言っており，ここの they も前文の mirrorless cameras を受けているので，不必要なのは「撮影者」ではなく「ミラー」。③の photographers を mirrors に替える。

(オ)地殻構造プレートの移動についての文章。最後の文（④を含む文）は，「これらの惑星が動く速度は，一年ごとに 1 センチないし 10 センチと変化する」であるが，惑星（planet）ではなくプレート（plate）が動くのが正しい。④の planets を plates に替える。

数学

1 解答

(1)ア．2　イ．4　ウエ．40

(2)オカ．30　キ．1　ク．3

(3)ケコ．−6　サ．3　シ．2　スセソ．−11　タ．2

(4)ア．2　イ．3　ウ．3　エ．9

(5)オカキ．100　クケ．52

(6)コサ．−3　シ．3

解説　≪小問6問≫

(1)　$x=\dfrac{2}{2+\sqrt{2}},\ y=\dfrac{2}{2-\sqrt{2}}$ より

$$xy=\frac{4}{(2+\sqrt{2})(2-\sqrt{2})}=\frac{4}{4-2}=2 \quad \to ア$$

$$\begin{aligned} x+y&=\frac{2(2-\sqrt{2})+2(2+\sqrt{2})}{(2+\sqrt{2})(2-\sqrt{2})}\\ &=\frac{4-2\sqrt{2}+4+2\sqrt{2}}{4-2}=4 \quad \to イ \end{aligned}$$

また

$$\begin{aligned} x^3+y^3&=(x+y)^3-3xy(x+y)\\ &=4^3-3\cdot 2\cdot 4\\ &=64-24=40 \quad \to ウエ \end{aligned}$$

(2)　余弦定理から

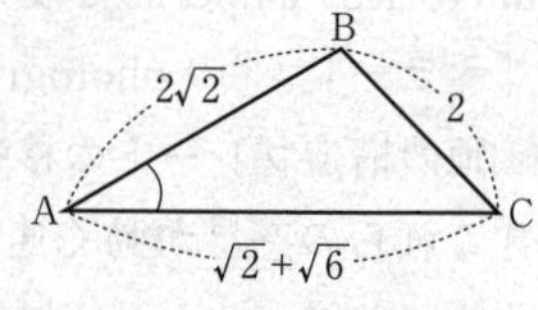

$$\begin{aligned} \cos\angle \mathrm{CAB}&=\frac{\mathrm{CA}^2+\mathrm{AB}^2-\mathrm{BC}^2}{2\cdot \mathrm{CA}\cdot \mathrm{AB}}\\ &=\frac{(\sqrt{2}+\sqrt{6})^2+(2\sqrt{2})^2-2^2}{2\cdot(\sqrt{2}+\sqrt{6})\cdot 2\sqrt{2}}\\ &=\frac{(8+4\sqrt{3})+8-4}{8(1+\sqrt{3})}\\ &=\frac{4\sqrt{3}(\sqrt{3}+1)}{8(1+\sqrt{3})}=\frac{\sqrt{3}}{2} \end{aligned}$$

$0° < \angle CAB < 180°$ より

$\angle CAB = 30°$ →オカ

また

$$\triangle ABC の面積 = \frac{1}{2} \cdot AB \cdot AC \cdot \sin\angle CAB$$
$$= \frac{1}{2} \cdot 2\sqrt{2} \cdot (\sqrt{2}+\sqrt{6}) \cdot \sin 30°$$
$$= (2+2\sqrt{3}) \times \frac{1}{2} = 1+\sqrt{3}$$ →キ，ク

(3) 点 (2, 1) を x 軸方向に 1，y 軸方向に -2 だけ平行移動した点 (3, -1) をもとの放物線 $y=2x^2+ax-1$ が通るので

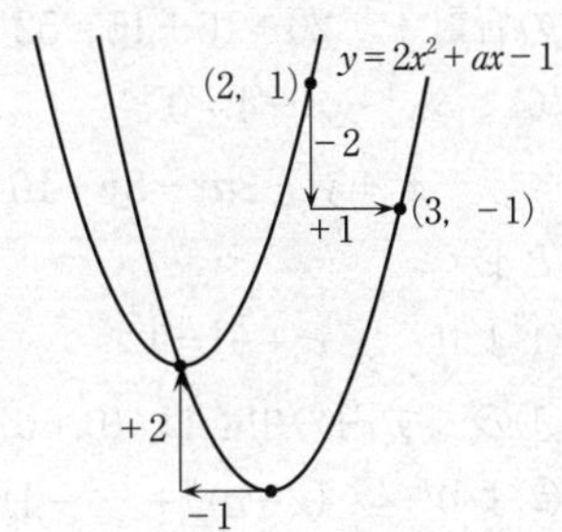

$$-1 = 18+3a-1$$

$\therefore\ a = -6$ →ケコ

このとき

$$y = 2x^2+ax-1$$
$$= 2x^2-6x-1$$
$$= 2\left(x-\frac{3}{2}\right)^2 - \frac{11}{2}$$

よって，求める頂点の座標は　$\left(\frac{3}{2}, \frac{-11}{2}\right)$ →サ～タ

(4) $\begin{cases} 4^{-x} \cdot 2^y = 8 & \cdots\cdots ① \\ \log_x y = 2 & \cdots\cdots ② \end{cases}$

であるから，①より

$$2^{-2x} \cdot 2^y = 8$$
$$2^{-2x+y} = 2^3$$

よって

$$-2x+y=3$$

であり　$y=2x+3$ →ア，イ

②より，$0<x<1$，$1<x$ ……③（対数の底の条件）で

$$y = x^2$$

これと $y=2x+3$ より y を消去して

$$x^2 = 2x+3$$
$$x^2-2x-3=0$$

$(x+1)(x-3)=0$

条件③より　　$x=3$　→ウ

$y=x^2=9$　→エ

(5)　0，1，2，3，4，5のうち，百の位には0をおけないことに注意して，各位の数字が異なる3桁の整数は全部で

$5\times5\times4=100$ 個　→オ〜キ

そのうち，偶数は

一の位が0：$5\times4=20$ 個

一の位が2：$4\times4=16$ 個

一の位が4：$4\times4=16$ 個

の合計　　$20+16+16=52$ 個　→クケ

(6)　　$x^2+y^2-4=0$　　　……①

$x^2+y^2-2ax-8y+16=0$　……②

とおく。

①より　　$x^2+y^2=4$

①の表す円の中心は（0，0）で，半径は2である。

②より　　$(x-a)^2+(y-4)^2=a^2$

よって，$a\neq0$ であり，②の表す円の中心は（a，4）で，半径は $|a|$ である。この2円が異なる2点で交わるのは

|（2円の半径の差）|＜（2円の中心間の距離）＜2円の半径の和

のときである（交点P，中心C(a，4)として△OPCができる条件）から

$|2-|a||<\sqrt{a^2+16}<2+|a|$

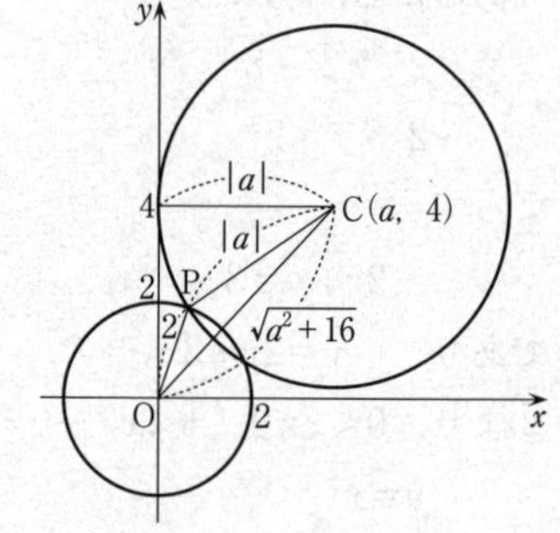

これを2乗して

$4-4|a|+a^2<a^2+16<4+4|a|+a^2$

（$|a|^2=a^2$ より）

$-3<|a|$　かつ　$|a|>3$

よって　　$|a|>3$

ゆえに　　$a<-3$ または $a>3$

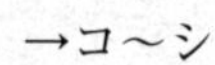

→コ〜シ

別解　①−②より

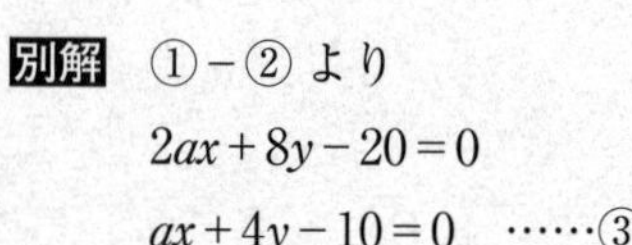

$2ax+8y-20=0$

$ax+4y-10=0$　……③

連立方程式について

$$\begin{cases} ①=0 \\ ②=0 \end{cases} \Longleftrightarrow \begin{cases} ①=0 \\ ①-②=0 \end{cases} \Longleftrightarrow \begin{cases} ①=0 \\ ③=0 \end{cases}$$

であることより，2円①，②が異なる2点で交わる条件は，円①と直線③が異なる2点で交わるときであるから

(円①の中心 (0, 0) と直線③の距離)＜(円①の半径2)

より

$$\frac{|0+0-10|}{\sqrt{a^2+16}}<2$$

$$5<\sqrt{a^2+16} \qquad 25<a^2+16$$

$$\therefore \quad a^2>9$$

よって，$a<-3$ または $a>3$ である。

(注) 点 $(x_0,\ y_0)$ と直線 $ax+by+c=0$ の距離（点 $(x_0,\ y_0)$ から直線 $ax+by+c=0$ に下ろした垂線の長さ）d は

$$d=\frac{|ax_0+by_0+c|}{\sqrt{a^2+b^2}}$$

である。

2 解答

(1)アイウエオ．-2835

(2)カ．6 (3)キクケ．567

解 説 ≪二項定理≫

$(3x^2-y)^7$ を展開したときの一般項は二項定理により

$${}_7\mathrm{C}_r(3x^2)^{7-r}(-y)^r={}_7\mathrm{C}_r 3^{7-r}(-1)^r x^{14-2r}y^r \quad (r=0,\ 1,\ 2,\ \cdots,\ 7)$$

(1) x^8y^3 の項は $r=3$ のときであるから，その係数は

$${}_7\mathrm{C}_3 3^{7-3}(-1)^3=\frac{7\cdot6\cdot5}{3\cdot2\cdot1}\times81\times(-1)=-2835 \quad \to ア\sim オ$$

(2) ${}_7\mathrm{C}_r 3^{7-r}(-1)^r=21$ とすると

$${}_7\mathrm{C}_r 3^{6-r}(-1)^r=7$$

右辺が素因数3をもたないから

$$r=6$$

このとき，y の次数は　　6 →カ

(3) $y=\dfrac{1}{3x^5}$ のとき

$${}_7C_r 3^{7-r}(-1)^r x^{14-2r}\left(\frac{1}{3x^5}\right)^r = {}_7C_r 3^{7-2r}(-1)^r x^{14-7r}$$

定数項となるのは

$$14-7r=0$$

$$\therefore\quad r=2$$

のときである。よって，定数項は

$${}_7C_2 3^{7-4}(-1)^2 = \frac{7\cdot 6}{2\cdot 1}\times 27 = 567 \quad \text{→キクケ}$$

3 解答

(1)コ．2　サ．1

(2)シ．3　ス．2　セ．1　(3)ソタ．10

解説　《漸化式と置き換え》

$a_1=\dfrac{1}{2}$ ……①，$a_{n+1}=\dfrac{a_n}{a_n+2}$ ……② とおく。

(1)　$b_n=\dfrac{1}{a_n}$ より　　$a_n=\dfrac{1}{b_n}$

よって　　$a_{n+1}=\dfrac{1}{b_{n+1}}$

これらを②に代入して

$$\frac{1}{b_{n+1}}=\frac{\frac{1}{b_n}}{\frac{1}{b_n}+2}=\frac{1}{1+2b_n}$$

$\therefore\quad b_{n+1}=2b_n+1$　→コ，サ

別解　②の両辺の逆数をとって

$$\frac{1}{a_{n+1}}=\frac{a_n+2}{a_n}=1+\frac{2}{a_n}$$

より　　$b_{n+1}=2b_n+1$

(注)　$a_1=\dfrac{1}{2}>0$，$a_n>0$ とすると

$$a_{n+1}=\frac{a_n}{a_n+2}>0$$

よって　　$a_n>0$　$(n=1,\ 2,\ \cdots)$

(2)　$b_{n+1}=2b_n+1$ から　　$b_{n+1}+1=2(b_n+1)$

よって，数列 $\{b_n+1\}$ は公比 2 の等比数列で，①より，初項 $b_1=\dfrac{1}{a_1}=2$ であるから

$$b_n+1=(b_1+1)2^{n-1}=(2+1)2^{n-1}=3\cdot 2^{n-1}$$

$$\therefore\quad b_n=3\cdot 2^{n-1}-1$$

よって

$$a_n=\frac{1}{b_n}=\frac{1}{3\cdot 2^{n-1}-1}\quad \text{→シ〜セ}$$

(3)　$a_n<0.001$ より

$$\frac{1}{3\cdot 2^{n-1}-1}<0.001$$

$$\frac{1}{0.001}<3\cdot 2^{n-1}-1$$

$$1001<3\cdot 2^{n-1}$$

$2^9=512$，$2^8=256$ より，求める最小の自然数 n は，$n-1=9$ から

$$n=10\quad \text{→ソタ}$$

4　解答

(1)ア．6　イ．2

(2)ウ．3　エ．4　オ．3　カ．2

解説　≪係数に $\tan\theta$ を含む 2 つの 2 次関数のグラフの共有点と囲む部分の面積≫

$$C_1：y=(\tan\theta)x^2 \quad \cdots\cdots①$$

$$C_2：y=-\frac{1}{\tan\theta}x^2+3\tan\theta \quad \cdots\cdots②$$

とおく。

(1)　$\theta=\dfrac{\pi}{4}$ のとき $\tan\theta=1$ であるから

①より　　$y=x^2$

②より　　$y=-x^2+3$

y を消去して

$$x^2=-x^2+3 \qquad x^2=\frac{3}{2}$$

よって，C_1，C_2 の共有点の x 座標は

$$x=\pm\sqrt{\frac{3}{2}}=\pm\frac{\sqrt{6}}{2}\quad\rightarrow ア，イ$$

(2)　①，②より y を消去して

$$(\tan\theta)x^2=-\frac{1}{\tan\theta}x^2+3\tan\theta$$

$$\left(\tan\theta+\frac{1}{\tan\theta}\right)x^2=3\tan\theta$$

$0<\theta<\dfrac{\pi}{2}$ より $\tan\theta>0$ なので，$\tan\theta+\dfrac{1}{\tan\theta}>0$ であるから

$$x^2=\frac{3\tan\theta}{\tan\theta+\dfrac{1}{\tan\theta}}=\frac{3\tan^2\theta}{\tan^2\theta+1}$$

$\tan^2\theta=\dfrac{\sin^2\theta}{\cos^2\theta}$ より，$1+\tan^2\theta=\dfrac{1}{\cos^2\theta}$ であるから

$$x^2=\frac{3\cdot\dfrac{\sin^2\theta}{\cos^2\theta}}{\dfrac{1}{\cos^2\theta}}=3\sin^2\theta$$

$\therefore\quad x=\pm\sqrt{3}\sin\theta\quad\rightarrow ウ$

よって，C_1，C_2 は右図のようになるから，求める面積を S として

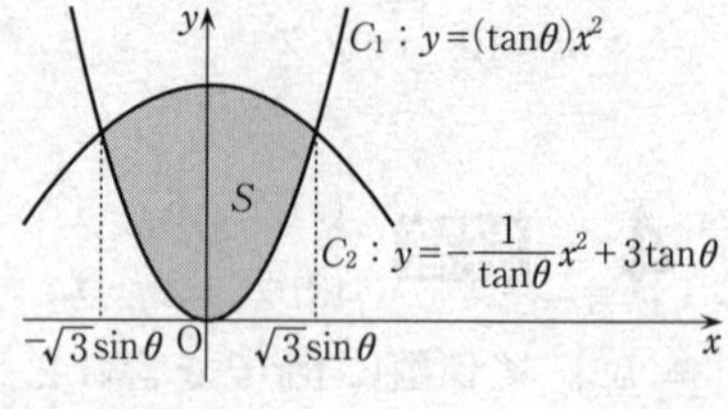

$$S=\int_{-\sqrt{3}\sin\theta}^{\sqrt{3}\sin\theta}\left\{\left(-\frac{1}{\tan\theta}x^2+3\tan\theta\right)-(\tan\theta)x^2\right\}dx$$

$$=-\left(\frac{1}{\tan\theta}+\tan\theta\right)\int_{-\sqrt{3}\sin\theta}^{\sqrt{3}\sin\theta}(x+\sqrt{3}\sin\theta)(x-\sqrt{3}\sin\theta)\,dx$$

$$=-\frac{1+\tan^2\theta}{\tan\theta}\left(-\frac{1}{6}\right)(\sqrt{3}\sin\theta+\sqrt{3}\sin\theta)^3$$

$$=\frac{1}{\cos\theta\sin\theta}\cdot\frac{1}{6}\cdot 8\cdot 3\sqrt{3}\sin^3\theta$$

$$=\frac{4\sqrt{3}\sin^2\theta}{\cos\theta}\quad\rightarrow エ\sim カ$$

(注)　面積の公式 $\displaystyle\int_{\alpha}^{\beta}(x-\alpha)(x-\beta)\,dx=-\frac{1}{6}(\beta-\alpha)^3$ を用いた。

■一般試験Ａ：２月２日実施分

問題編

▶試験科目・配点

教　科	科　　目	配　点
外国語	コミュニケーション英語Ⅰ・Ⅱ	100 点
数　学	数学Ⅰ・Ⅱ・Ａ・Ｂ*	100 点
理科・国　語	「物理基礎・物理〈省略〉」,「化学基礎・化学〈省略〉」,「生物基礎・生物〈省略〉」,「国語総合（古文・漢文を除く）・現代文Ｂ〈省略〉」から１科目選択	100 点

▶備　考

＊「数学Ｂ」は「数列」,「ベクトル」を出題範囲とする。

上記学力試験と調査書等により総合的に選考する。

英語

(60分)

I. 次の（ア）～（コ）の下線の部分に入れる語句として、最も適切なものを選択肢から選びなさい。

（ア） Stephanie took a jacket _____ of her closet and put it on.

1. next
2. one
3. out
4. under

（イ） I checked the map carefully before _____ for my trip.

1. leave
2. leaves
3. leaving
4. left

（ウ） Why have you _____ taking piano lessons?

1. stop
2. stopped
3. stopping
4. stops

（エ） Being tired can make you _____ likely to have an accident.

1. best
2. less
3. more
4. worst

（オ） Even when the weather is cool, you should drink some water _____ two hours.

1. around
2. between

3. every
4. once

（カ） The parking space was so small that I _____ barely fit my car in it.

1. could
2. shouldn’t
3. were
4. wouldn’t

（キ） This bag _____ from recycled materials and only costs $2.

1. is made
2. is making
3. made
4. makes

（ク） _____ team wins the competition, both will receive a prize.

1. Although
2. Either if
3. No matter
4. Whichever

（ケ） As the population of the city has increased recently, so too _____ the amount of traffic.

1. has
2. is
3. that
4. was

（コ） Rachel didn’t apply for the job because she didn’t have all the information _____ needed.

1. her
2. only
3. she
4. which

Ⅱ. A 次の（ア）～（オ）に入れる文として、最も適切なものを選択肢から選びなさい。選択肢は、一回しか使えません。

A: I'm thinking about going snowboarding on Friday.

B: Oh, cool! Who are you going with?

A: I'll ask some of my friends from work. (____ア____) Hopefully the ski area won't be too busy because it's a normal working day for everyone else.

B: That's true. (____イ____)

A: Yeah, I have. Apparently it's going to snow heavily on Thursday night. I think there will be a lot of powder snow, which is perfect for a beginner like me!

B: (____ウ____) I hope you won't get hurt this time. So, are you planning to drive there?

A: I think so. I'm the only one in my group of friends who has a car, and there are no buses, so it's really the only option.

B: (____エ____)

A: Don't worry, I have lots of experience of driving in the snow. I used to live in Hokkaido.

B: I know, but if you're too confident, that's when you'll have an accident.

A: (____オ____) We'll leave early so we have plenty of time to get there.

［選択肢］

1. Are lift tickets expensive?
2. Have you seen the weather forecast?
3. Okay, I'll be extra careful.
4. Remember, the quicker you drive, the sooner you get there!
5. The roads can be very slippery in snowy weather, so be careful.
6. There's no place to rent snowboarding equipment.
7. We all have the day off that day.
8. Yes, I know you fall down quite often.

Ⅱ. B　次の（カ）～（コ）に入れる文として、最も適切なものを選択肢から選びなさい。選択肢は、一回しか使えません。

A: It's such a clear night tonight. We're lucky to live out here in the countryside. I can see so many beautiful stars.

B: Yeah, I love living here. I can play in the river and walk through the forest. It gets so dark at night, though. (　　カ　　)

A: There's nothing to be scared of, Son. I'm here to keep you safe.

B: (　　キ　　)

A: Hmm . . . That's a very good question. They twinkle because we are looking at them through Earth's atmosphere.

B: Umm . . . I don't think I understand.

A: Well, light from the stars has to pass through all the layers of air before we see it. (　　ク　　)

B: Oh, so if we were in space, then the stars wouldn't twinkle?

A: (　　ケ　　) There's no air in space, so the stars don't twinkle.

B: (　　コ　　) I hope one day I can travel to space and see the stars not twinkling.

［選択肢］

1. Because the air is moving, it makes it look like the stars are twinkling.
2. Did you spend the whole night there?
3. Hey, Dad, why do stars twinkle?
4. I get a little scared sometimes.
5. Most of the time, we can't see them here in the city.
6. No, they wouldn't.
7. What is the brightest one you can see?
8. Wow, that must look so amazing.

Ⅲ. 次の英文は「無人航空機による森林消火活動」について述べたものです。（ア）～（コ）に入れる最も適切なものを選択肢から選びなさい。

In recent years, the use of unmanned aerial vehicles (UAVs) has increased for hobby, business, and even life-saving purposes. The （ ア ） low cost, ease of use, and ability to take bird's-eye view pictures and videos have made these flying drones popular. One important （ イ ） of UAVs has been in the realm of fighting forest fires in remote areas.

A combination of warmer temperatures, changes in land management, and other environmental factors has led to more wildfires in some regions around the world. In the United States, the annual average area of land burned by wildfires over the last 20 years has more than doubled compared to the 20 years before that. This has resulted in a great （ ウ ） of property loss, health problems, and even deaths.

It can be difficult to understand the entire scope of a forest fire because it can （ エ ） such a large area. If firefighters can identify the location and boundaries of a fire, they can strategically use their resources to control it. Therefore, helicopters are often used for surveillance. The helicopter crew observes the smoke and then （ オ ） that information to firefighters on the ground. However, if there is too much smoke or the weather conditions are too dangerous, then this is not possible. This is where UAVs have proven to be helpful. Flying UAVs above a fire in dangerous conditions does not put any human lives at risk, as might be the case with a helicopter. The goal of flying a helicopter is to get a visual （ カ ） of a fire, and UAVs can accomplish this same purpose using their on-board cameras.

The advantages of UAVs were realized in the case of a forest fire in 2017. Lightning in the Umpqua National Forest in Oregon in the United States started about 40 fires, and firefighters were having a difficult time making an accurate assessment of the （ キ ）. They had many tools ready to fight the fire, including airplanes that could drop water and helicopters that could survey the characteristics of the fire. However, the heavy smoke caused limited visibility, making these two options unsafe for the pilots. Firefighters were on the ground doing the best that they could, but without valuable information regarding the size and location of the fires, they could not use their ground resources （ ク ）. This is when the decision to use a flying drone made sense. They were able to fly UAVs close to the fires and provide aerial footage. With the on-board infrared camera, they （ ケ ） a dangerous fire approaching an area where there were houses and a power plant. Firefighters responded and were able to put the fire out before it could do any damage.

This is one example of how UAVs can be used to save lives and reduce property （ コ ）. Not only are drones cheaper to operate and safer than flying helicopters with pilots, but they can actually be more effective in certain situations. As was the case with the forest fire in Oregon, they can be sent to dangerous areas to gather information. We will likely see UAVs playing new and important roles in firefighting in the future.

（ア） 1. decrease 2. faster 3. outer
4. price 5. relatively

(イ) 1. application 2. goes 3. healing
4. other 5. viral

(ウ) 1. amount 2. contract 3. ecology
4. severe 5. withering

(エ) 1. cover 2. height 3. normal
4. treats 5. under

(オ) 1. delay 2. forest 3. generous
4. organization 5. relays

(カ) 1. gather 2. inspire 3. method
4. splits 5. understanding

(キ) 1. behind 2. entering 3. jumped
4. situation 5. varying

(ク) 1. contains 2. effectively 3. free
4. invitation 5. lengthen

(ケ) 1. another 2. creates 3. located
4. nowhere 5. places

(コ) 1. damage 2. necessary 3. ordinary
4. solving 5. waters

Ⅳ. 次の（ア）～（オ）のそれぞれの日本文の意味を表す英文になるように、各英文の空欄に語または句を最も適切な順番に並べた場合、3番目にくるものの番号を選びなさい。ただし、文頭にくるものも小文字で書いてあります。また、必要なコンマが省略されている場合もあります。［解答欄のカ～コは使用しません。］

（ア）　より多くの若い人たちに選挙に参加してもらうことが大切だ。

It is ____ ____ ____ ____ ____ people participate in elections.

1. have　　2. important　　3. more
4. to　　5. young

（イ）　雪が降り始めた時、すでに暗くなっていた。

It was already dark ____ ____ ____ ____ ____.

1. began　　2. fall　　3. the snow
4. to　　5. when

（ウ）　お探しの本は、3階の2列目にございます。

The book you are ____ ____ ____ ____ ____ second row on the third floor.

1. for　　2. in　　3. is
4. looking　　5. the

（エ）　一番下の弟は両親に甘やかされた。

My ____ ____ ____ ____ ____ our parents.

1. brother　　2. by　　3. spoiled
4. was　　5. youngest

（オ）　演技が終わるやいなや観客から拍手が起こった。

The audience applauded ____ ____ ____ ____ ____.

1. as　　2. as soon　　3. ended
4. performance　　5. the

V.　次の（ア）～（オ）の下線部分①～④で、各文脈に合わないものを一つずつ選びなさい。［解答欄のカ～コは使用しません。］

（ア）　Animals have a better ability to smell than humans do, which helps them to decide if water is safe enough to <u>① drink</u>. Water itself does not have any smell or taste, but it produces particular smells when mixed with mud, plants, or various minerals. When it comes to <u>② creating</u> water, it seems that animals do not need to solely rely on their good sense of smell. Some mammals are intelligent enough to memorize the <u>③ locations</u> of water sources they have visited before, such as ponds and streams. They also follow secondary signs of water like the presence of plants or animals. We humans should <u>④ appreciate</u> how lucky we are to have easy access to clean water every day.

（イ）　We can think about how old we are in two ways: our chronological age and our biological age. Chronological age is what we celebrate on our birthday every year and use to measure how long we have been <u>① asleep</u>. Biological age refers to what happens to our bodies over time. Unfortunately, our bodies <u>② decline</u> as we get older and our cells lose their ability to effectively divide and generate new cells. Although scientists have <u>③ developed</u> an algorithm that could be used to predict biological age, there is currently no medicine or other way to reverse aging. What is clear, however, is that the best way to extend our lifespan is by leading a healthy life. Getting enough sleep, exercising, eating a nutritious diet, and not drinking too much alcohol or smoking are all <u>④ important</u> habits for living a long life.

（ウ）　The International Chess Federation (FIDE) is the governing body for the World Chess Championship. Among its roles, FIDE defines the <u>① rules</u> for championship tournaments, including the chess sets which can be used. All chess sets contain 32 pieces. A plastic set can be <u>② **purchased**</u> online for as little as $10, while a wooden chess set certified by FIDE costs around $500. The wooden pieces used in World Chess Championship tournaments are handmade by craftspeople in India. Interestingly, most of the cost for the set comes down to one piece, the knight. This piece, shaped like a horse's head, requires the most skill to carve, and only about 10 people are qualified to <u>③ **play**</u> them. For this reason, only about 250 FIDE-approved chess sets are made each year. In recent years, as interest in chess has grown, the <u>④ **demand**</u> for high-quality chess sets has also increased.

(エ) Bermuda is a small island located in the Atlantic Ocean, approximately 1,000 km east of North America. While the island is rich in natural beauty, one resource it is short on is fresh <u>① **fruit**</u>. This lack, combined with the island's exposure to annual hurricanes, led to a unique design solution for local houses. The roofs of most houses step up like stairs to form a stepped pyramid shape. When building a house on the island, blocks of limestone are dug from the ground to make <u>② **space**</u> for its foundation. The stone blocks are saved and then later used to create roofing material. The stepped roofs help catch rainwater, which <u>③ **flows**</u> from the roof into large, on-site collection containers. The rainwater is then used as a water supply. The stone roofs are also quite heavy, which helps <u>④ **protect**</u> houses from strong winds during the hurricane season.

(オ) Rainbows appear in the sky when sunlight <u>① **shines**</u> through water droplets in the air. Sometimes, the phenomenon known as a double rainbow can occur. In this case, a second rainbow arc appears above the first one. The second rainbow is usually fainter than the first, but it <u>② **contains**</u> all of the same colors. However, the order of colors is reversed because the light that reaches the viewer's eyes is reflected twice within the same water droplet, resulting in a mirror effect. Between the two ③ **raindrops**, there is a dark area known as Alexander's band. It is named after the person who first described it almost 2,000 years ago. If you are lucky enough to see a double rainbow, try to ④ **identify** the reversed order of colors and the dark area in between the two arcs.

(60 分)

解答記入上の注意

(1) 解答は,「入学試験解答用紙［数学 No. 1］－第1面の1, 2,［数学 No. 1］－第2面の3, 4」の解答マーク欄を使用します。
解答用紙の【記入上の注意】にしたがって使用してください。

(2) 問題文中の ア , イ ウ などには，特に指示のないかぎり，数字（0～9），記号（±，－），または文字（ a, b, c, m, n, π ）が入ります。ア，イ，ウ，… の一つ一つは，その数字，記号，または文字のいずれか一つが対応します。それらを解答マーク欄のア，イ，ウ，… で示された解答欄にマークして答えなさい。

［例1］ ア イ に －5 と答えたいとき

1	解	答	マ	ー	ク	欄												
	±	−	0	1	2	3	4	5	6	7	8	9	a	b	c	m	n	π
ア	±	●	0	1	2	3	4	5	6	7	8	9	a	b	c	m	n	π
イ	±	−	0	1	2	3	4	●	6	7	8	9	a	b	c	m	n	π

［例2］ ウ エ に $6a$ と答えたいとき

ウ	±	−	0	1	2	3	4	5	●	7	8	9	a	b	c	m	n	π
エ	±	−	0	1	2	3	4	5	6	7	8	9	●	b	c	m	n	π

(3) 分数で答えるときは，既約分数（それ以上約分できない分数）で答えなさい。符号は分子につけ，分母につけてはいけません。

［例］ $\frac{\boxed{オ\ カ}}{\boxed{キ}}$ に $-\frac{6}{7}$ と答えたいとき，$\frac{-6}{7}$ として

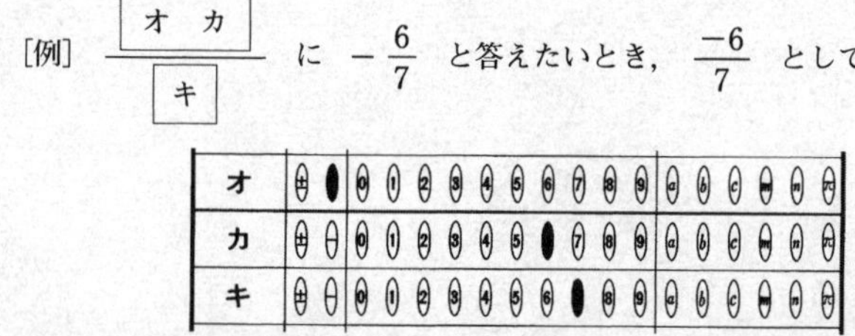

オ	±	●	0	1	2	3	4	5	6	7	8	9	a	b	c	m	n	π
カ	±	−	0	1	2	3	4	5	●	7	8	9	a	b	c	m	n	π
キ	±	−	0	1	2	3	4	5	6	●	8	9	a	b	c	m	n	π

(4) 根号を含む形で答えるときは，根号の中に現れる自然数が最小となる形で答えなさい。

[例] $\boxed{ク}\sqrt{\boxed{ケ}}$ に $4\sqrt{2}$ と答えるところを，$2\sqrt{8}$ としてはいけません。

また，$\dfrac{\sqrt{\boxed{コ}}}{\boxed{サ}}$ に $\dfrac{\sqrt{2}}{2}$ と答えるところを，$\dfrac{\sqrt{8}}{4}$ としてはいけません。

(5) 同一問題の中で，同じカタカナの箇所には同じ数字，記号，または文字が入ります。

問題1

（1） $(2\sqrt{5}+\sqrt{2}+\sqrt{10})(2\sqrt{5}-\sqrt{2}-\sqrt{10})=\boxed{ア}-\boxed{イ}\sqrt{\boxed{ウ}}$ である．

（2） 方程式 $\{(x^2-1)^2+1\}^2=100$ の実数解は $x=\boxed{エオ}$，$\boxed{カ}$ である．

（3） $\sin\theta\cos\theta=\dfrac{1}{\sqrt{7}}$ のとき，$\sin^6\theta+\cos^6\theta=\dfrac{\boxed{キ}}{\boxed{ク}}$，

$\tan^2\theta+\dfrac{1}{\tan^2\theta}=\boxed{ケ}$ である．

（4） 大中小 3 個のさいころを同時に投げるとき，出る目の和が 6 となる確率は

$\dfrac{\boxed{ア}}{\boxed{イウエ}}$ である．

（5） 不等式 $\log_2(3^x-25)\leqq 1$ の解は $\boxed{オ}\log_3\boxed{カ}<x\leqq\boxed{キ}$ である．

（6） k を実数とする．座標空間内に 4 点 A$(1, 2, -1)$，B$(3, 0, 0)$，C$(0, 1, 3)$，

D$(-2, k, 2)$ がある．このとき，$\overrightarrow{\mathrm{AB}}=(\boxed{ク}, \boxed{ケコ}, \boxed{サ})$，

$\overrightarrow{\mathrm{AC}}=(\boxed{シス}, \boxed{セソ}, \boxed{タ})$ であり，4 点が同一平面上にあるならば

$k=\boxed{チ}$ である．

問題2　座標平面において，次の連立不等式の表す領域を D とする．

$$x+2y-8 \leqq 0,\quad 3x+y-9 \leqq 0,\quad x \geqq 0,\quad y \geqq 0$$

点 $\mathrm{P}(x, y)$ が D を動くとき，

(1) $x+y$ は $(x, y)=($ ア ， イ $)$ のとき，最大値 ウ をとる．

(2) $-x+y$ は $(x, y)=($ エ ， オ $)$ のとき，最大値 カ をとる．

(3) $x^2+y^2+2x-6y$ は $(x, y)=($ キ ， ク $)$ のとき，最小値 ケコ をとる．

問題3　a, b を実数とする．関数 $f(x)=3x^3-3ax^2+3bx-2$ について，

(1) $f(x)$ が $x=1$ で極値をとるとき，$b=$ サ $a-$ シ である．

(2) $f(x)$ が $x=1$ で極大値 7 をとるとき，$a=$ ス ，$b=$ セ である．

(3) $f(x)$ が $x=1$ で極小値をとるとき，a のとり得る値の範囲は $a<$ ソ である．

問題4　数列 $\{a_n\}$ の一般項が $a_n=3n-2\ (n=1, 2, 3, \cdots)$ であるとき，

a_1, a_2, a_3 を第1群，$a_4, a_5, a_6, a_7, a_8, a_9$ を第2群，$\cdots$

のように，第 m 群が $3m$ 個の項を含むように数列 $\{a_n\}$ を群に分ける．

$$a_1, a_2, a_3 \mid a_4, a_5, a_6, a_7, a_8, a_9 \mid a_{10}, a_{11}, a_{12}, a_{13}, a_{14}, a_{15}, a_{16}, a_{17}, a_{18} \mid a_{19}, \cdots$$

(1) 第6群の最初の数は アイウ である．

(2) 第6群の総和は エオカキ である．

(3) 2023 は第 クケ 群の コサ 番目の数である．

解答編

英語

I **解答** (ア)―3　(イ)―3　(ウ)―2　(エ)―3　(オ)―3　(カ)―1
(キ)―1　(ク)―4　(ケ)―1　(コ)―3

解説 (ア) take *A* out of *B*「*A* を *B* から取り出す」　3．out が正解。

(イ) when，before，after などに導かれる副詞節があるとき，主節と副詞節の主語が同じ場合は，副詞節の SV を *doing* で置き換えることができる。ここでは，I left とすべきところを 3．leaving としている。

(ウ)平叙文の語順にして，you have ＿＿ taking とするとわかりやすい。下線部に過去分詞の 2．stopped を入れると，現在完了（have *done*）の文が成立するので，2 が正解。

(エ) make O C「O を C の状態にする」の構文で，文の主語は Being tired。C にあたる ＿＿ likely to have an accident には，likely to *do*「～しそうで」が用いられている。直訳すると，「疲れることは，あなたを＿＿事故を起こしそうな状態にする」となる。下線部に比較級である 3．more を置けば，「(事故を) より起こしやすくさせる」という意味になって文意が通る。

(オ) every two hours「2時間置きに，2時間ごとに」　3．every が正解。

(カ) barely は，肯定文につけて「かろうじて，やっとのことで」という意味を表す。本問は「駐車スペースがあまりに狭かったので，やっとのことで車を入れることができた」の意。1．could が正解。

(キ)「葡萄（*B*）からワイン（*A*）をつくる」のように，原料から何かをつくる場合は make *A* from *B* で表す。本問の This bag と recycled materials は，「リサイクル材料」が原料（*B*），「このバッグ」が製品（*A*）の関係にあり，This bag を主語にすると，*A* is made from *B* という受け身の文になる。1．is made が正解。

(ク)「どちらのチームが競争に勝っても，両方とも受賞することになる」

4．Whichever が「どちらの～が…でも」という副詞節を作る。No matter which team wins the competition と書き換え可能。ただし，3．No matter は which が欠けているので不適。

(ケ) As S V, so (too) + 助動詞 + S′.「S は～だが，S′ もそうだ」の構文。本問は，「最近この市の人口が増えているが，交通量も増えている」の意味。前半が現在完了なので，後半もそれに合わせて 1．has を選ぶ。so too has the amount of traffic increased の increased を省略したもの。

(コ)「レイチェルは必要な情報をすべてもっていたわけではなかったので，その求人募集に応募しなかった」

all the information that she needed の that が省略されたものと考えるとよい。3．she が正解。

II 解答

A．(ア)―7　(イ)―2　(ウ)―8　(エ)―5　(オ)―3
B．(カ)―4　(キ)―3　(ク)―1　(ケ)―6　(コ)―8

解説　A．≪スノーボードをしに行く≫

A：金曜日にスノーボードをしに行こうと思っているんだ。

B：そりゃあクールだね！　誰といっしょに行くの？

A：会社の友達を何人か誘ってみる。(ア)その日はみんな休みなんだ。世間的には通常の仕事日だから，スキー場はあんまり混んでないと思うんだ。

B：そうだろうね。(イ)天気予報は調べたのかい？

A：うん。調べたよ。どうやら木曜の夜は大雪になりそうなんだ。粉雪がたくさん積もるだろうから，僕のような初心者にはピッタリだ！

B：(ウ)うん。君がよく転ぶことは知ってるよ。今度は怪我をしないといいね。ところで，車で行くのかい？

A：たぶんそうなる。仲間のうちで車を持ってるのは僕だけだ。バスは通ってないし，他に選択肢はない。

B：(エ)雪の日には道路がすごく滑りやすくなってることもあるから，気を付けるんだよ。

A：心配いらないよ。雪の日に運転するのは十分経験がある。北海道に住んでいたんだからね。

B：知ってるよ。でも，自信過剰になると，事故を起こすんだよ。

A：(オ)大丈夫。特別に注意するよ。早目に出るから向こうに着くまで十分に時間がある。

B．《星のまたたき》

A：今夜はきれいな夜空だなあ。ここみたいな田園に住めて幸せだ。星もたくさん見える。

B：うん。僕もここに住むのが好きだ。川で遊べるし，森を歩くこともできる。ただ，夜が真っ暗だね。(カ)ちょっと怖くなるときがある。

A：ぼうず，怖いことは何もない。お父さんが守ってやるからね。

B：(キ)うん。パパ。ところで，星はなぜまたたくの。

A：ううーん。それはとてもよい質問だ。星がまたたくのは，我々が地球の大気を通して星を見ているからなんだよ。

B：ふむ。僕の理解を超えているね。

A：そうかね。星から来た光は，我々の目に届く前に，空気の層を全部通り抜けて来なきゃならないんだ。(ク)空気が動いているせいで，星はまたたくように見えるんだよ。

B：なるほど。じゃあ，宇宙空間にいたら，星はまたたかないんだね？

A：(ケ)うん。またたかないよ。宇宙空間には空気がないから，星はまたたかないんだ。

B：(コ)わあ，驚異的な話なんだね。いつか宇宙空間へ行って，星がまたたかないのを見てみたいな。

Ⅲ　解答

(ア)－5　(イ)－1　(ウ)－1　(エ)－1　(オ)－5　(カ)－5
(キ)－4　(ク)－2　(ケ)－3　(コ)－1

解説　《無人航空機による森林消火活動》

(ア)「(　ア　) 低いコスト，使いやすさ，鳥目線の写真や録画が可能なことなどのおかげで，こういうドローンがよく使われるようになってきた」

「低いコスト」の low という形容詞を修飾することができるのは，副詞である5．relatively「比較的」だけである。

(イ)「UAV（ドローン）の一つの重要な（　イ　）は，遠隔地での森林火災の消火活動領域にある」

ドローンの仕事の一つが消火活動にあるというのだから，1．application「利用法」が正解。

(ウ)「これが原因で，（　ウ　）の財産の損失，健康問題，さらには死すらも引き起こされた」

a great amount of ～「大量の～」にすると文意が通るので，1．amount が正解。

(エ)「それ（＝森林火災）はそんなに広範な領域を（　エ　）することがあるので，どこまで広がっているかを理解することは困難である場合もある」

1．cover「～（ある面積・広さ）に及ぶ，広がる」が正解。

(オ)「ヘリコプターの乗組員は煙に気付くと，地上の消防士たちにその情報を（　オ　）」なので，5．relays「～を伝達する」が正解。文法的にも，この位置にくることができる単語は動詞だけであり，かつ主語が三人称単数で現在時制なので，語尾に s のついている動詞 relays しか空欄に入らない。

(カ)当該部分の前半だけを訳すと「ヘリコプターを飛ばす目的は，火事の視覚的な（　カ　）を手に入れることである」。5．understanding を入れると「視覚的な理解を手に入れる」，つまり「視覚的に理解することができる」の意味になる。

(キ) and firefighters から後の直訳は「消防士たちは，（　キ　）の正確な評価をするのに苦労していた」。文意が通る 4．situation「状況」が正解。文法的にも，of the の後に 1 語を入れるのだから，選択肢の中のただ一つの名詞である 4．situation が正解だと決まる。

(ク) they could not … resources は完全文で，「彼らは地上の手段を使うことができなかった」という意味。これに 1 語追加できるのは，副詞である 2．effectively「効果的に」のみ。

(ケ)「搭載した赤外線カメラを使って，彼らは，民家や発電所のある地域に近づいていく危険な火事を（　ケ　）する」

3．located「～の位置を突き止めた」が正解。

(コ) can be used 以下が「生命を救い，財産の（　コ　）を減らすために使うことができる」という意味なので，1．damage「被害」が正解。

Ⅳ　解答　(ア)—1　(イ)—1　(ウ)—3　(エ)—4　(オ)—5

解説　(ア)(It is) important to have more young (people participate in elections.)

it is important to *do*「〜することが大切だ」 have *A* *do*「*A*（人間など）に〜させる」 participate in 〜「〜に参加する」

(イ)(It was already dark) when the snow began to fall(.)

begin to *do*「〜し始める」

(ウ)(The book you are) looking for is in the (second row on the third floor.)

look for 〜「〜をさがす」 book の後に which〔that〕が省略されており，for までが関係代名詞節。in the second row「２列目に」

(エ)(My) youngest brother was spoiled by (our parents.)

spoil「〜（子供など）を甘やかして駄目にする」

(オ)(The audience applauded) as soon as the performance ended(.)

as soon as SV「SがVするとすぐに」

Ⅴ　解答　(ア)—②　(イ)—①　(ウ)—③　(エ)—①　(オ)—③

解説　(ア)②を含む文を訳すと「水を作る話になると，動物たちは，優れた嗅覚だけに頼らなければならないというわけではないらしい」。その後では，水源の位置を記憶したり水源の形跡をたどったりする話が出てくるので，「水を作る」ではなく，「水をさがす，水を見つける」が正しいと判断する。when it comes to *doing*「〜する話になると，〜することについては」なので，② creating を finding などに替える。

(イ)①を含む文全体は「暦年齢とは，我々が毎年誕生日に祝う年齢であり，今までどのくらい長く眠っているかを測るために使う年齢である」という意味。「眠っている」ではなく「生きている」が正しい。① asleep を alive に替える。

(ウ)国際チェス連盟についての文章で，③を含む文全体は「馬の頭のような形をしたこのコマは，彫刻の最高の技術を必要とし，これをプレーする資格のある人は10人くらいしかいない」という意味。「プレーする」ではなく「作る」が正しい。③ play を make などに替える。

㈣後ろの方で，屋根を，雨水を集められるような形状にするという話が出てくるから，①「(不足している資源の一つは，新鮮な）フルーツ」ではなく「水」が正しい。① fruit を water に替える。

㈤二重の虹についての文章。③を含む文は「２つの雨粒の間に，アレキサンダーの暗帯として知られる暗い領域がある」という意味。２つの「雨粒」ではなく２つの「虹」の間に暗い領域が存在すると判断できる。③ raindrops を rainbows に替える。

数学

1

解答　(1)ア．8　イ．4　ウ．5

(2)エオ．−2　カ．2

(3)キ．4　ク．7　ケ．5

(4)ア．5　イウエ．108

(5)オ．2　カ．5　キ．3

(6)ク．2　ケコ．−2　サ．1　シス．−1　セソ．−1　タ．4　チ．3

解説　≪小問6問≫

(1)
$$\begin{aligned}&(2\sqrt{5}+\sqrt{2}+\sqrt{10})(2\sqrt{5}-\sqrt{2}-\sqrt{10})\\&=\{2\sqrt{5}+(\sqrt{2}+\sqrt{10})\}\{2\sqrt{5}-(\sqrt{2}+\sqrt{10})\}\\&=(2\sqrt{5})^2-(\sqrt{2}+\sqrt{10})^2\\&=20-(2+4\sqrt{5}+10)\\&=8-4\sqrt{5}\quad\toア〜ウ\end{aligned}$$

(2)　$(x^2-1)^2+1>0$ より

$$(x^2-1)^2+1=\sqrt{100}=10$$
$$(x^2-1)^2=9$$

$x^2-1\geqq -1$ より

$$x^2-1=3\qquad x^2=4$$

よって　　$x=-2,\ 2$　→エ〜カ

(3)
$$\begin{aligned}\sin^6\theta+\cos^6\theta&=(\sin^2\theta+\cos^2\theta)^3-3\sin^2\theta\cos^2\theta(\sin^2\theta+\cos^2\theta)\\&=1^3-3\cdot\frac{1}{7}\cdot 1\\&=\frac{4}{7}\quad\toキ,\ ク\end{aligned}$$

また

$$\begin{aligned}\tan^2\theta+\frac{1}{\tan^2\theta}=\frac{\sin^2\theta}{\cos^2\theta}+\frac{\cos^2\theta}{\sin^2\theta}&=\frac{\sin^4\theta+\cos^4\theta}{\sin^2\theta\cos^2\theta}\\&=\frac{(\sin^2\theta+\cos^2\theta)^2-2\sin^2\theta\cos^2\theta}{\sin^2\theta\cos^2\theta}\end{aligned}$$

$$=\frac{1^2-2\cdot\frac{1}{7}}{\frac{1}{7}}$$

$$=5 \quad \to ケ$$

(4)　○6つを並べ，5つある間のうちの2カ所に仕切り棒2本を1本ずつ入れると，題意の（大，中，小）の組が得られる。例えば

$$\underbrace{○}_{大}|\underbrace{○○}_{中}|\underbrace{○○○}_{小} \Longleftrightarrow (大,\ 中,\ 小)=(1,\ 2,\ 3)$$

である。よって，出る目の和が6となる場合の数は，5つある間から2カ所を選ぶ場合の数と同じであり，全部で

$${}_5C_2=\frac{5\cdot4}{2\cdot1}=10 \text{ 通り}$$

あるから，求める確率は

$$10\times\left(\frac{1}{6}\right)^3=\frac{10}{216}=\frac{5}{108} \quad \to ア～エ$$

別解　和が6になる目の組合せは，{1，1，4}，{1，2，3}，{2，2，2} で，大，中，小の区別を考慮して

$$\frac{3!}{2!}+3!+1=3+6+1=10 \text{ 通り}$$

よって，求める確率は　$\frac{10}{6^3}=\frac{5}{108}$

(5)　$\log_2(3^x-25)\leqq1$　……①

において，真数は正であるから

$$3^x>25$$

$$\therefore\ x>\log_3 25=2\log_3 5$$

また，底 $2>1$ なので，①より

$$3^x-25\leqq2^1$$

$$3^x\leqq27=3^3$$

$$\therefore\ x\leqq3$$

であるから，求める解は

$$2\log_3 5<x\leqq3 \quad \to オ～キ$$

(6)　A(1，2，−1)，B(3，0，0)，C(0，1，3) より

$\overrightarrow{AB}=(2,\ -2,\ 1)$　→ク～サ

$\overrightarrow{AC}=(-1,\ -1,\ 4)$　→シ～タ

D$(-2,\ k,\ 2)$ より $\overrightarrow{AD}=(-3,\ k-2,\ 3)$ であり，4点A，B，C，Dが同一平面上にある条件は

$$\overrightarrow{AD}=\alpha\overrightarrow{AB}+\beta\overrightarrow{AC}$$

すなわち

$$(-3,\ k-2,\ 3)=\alpha(2,\ -2,\ 1)+\beta(-1,\ -1,\ 4)$$

を満たす実数 α, β が存在することである。よって

$$\begin{cases}2\alpha-\beta=-3 & \cdots\cdots①\\ -2\alpha-\beta=k-2 & \cdots\cdots②\\ \alpha+4\beta=3 & \cdots\cdots③\end{cases}$$

①－③×2より

$$-9\beta=-9 \qquad \therefore\ \beta=1$$

③から　$\alpha=3-4=-1$

よって，②から

$$k=-2\alpha-\beta+2$$
$$=2-1+2=3 \quad →チ$$

2 解答

(1)ア．2　イ．3　ウ．5

(2)エ．0　オ．4　カ．4

(3)キ．0　ク．3　ケコ．-9

解説　≪領域と最大・最小≫

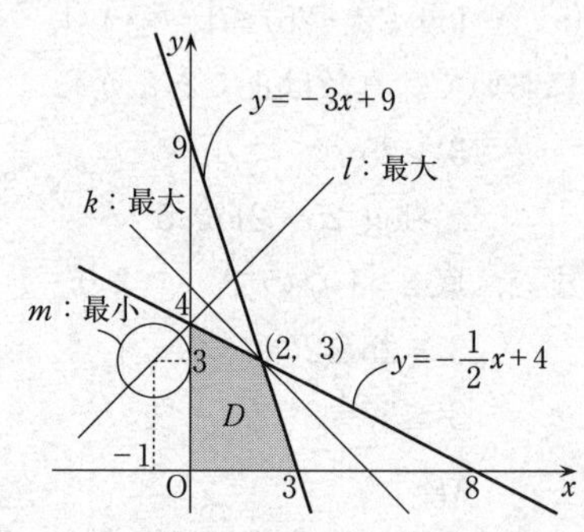

$$\begin{cases}x+2y-8\leqq 0\\ 3x+y-9\leqq 0\\ x\geqq 0,\ y\geqq 0\end{cases}$$

$$\iff \begin{cases}y\leqq -\dfrac{1}{2}x+4\\ y\leqq -3x+9\\ x\geqq 0,\ y\geqq 0\end{cases}$$

の表す領域 D は右図の網かけ部分（境界を含む）である。

(1)　$x+y=k$ とおくと

$$y=-x+k \quad \cdots\cdots①$$

直線①がDと共有点をもつときのkの最大値は，①の傾き-1より，①が点$(2,\ 3)$を通るときで，このとき

$$k=2+3=5$$

である。すなわち，$x+y$は

$(x,\ y)=(2,\ 3)$ のとき，最大値　5　→ア～ウ

(2)　$-x+y=l$とおくと

$$y=x+l \quad \cdots\cdots②$$

直線②がDと共有点をもつときのlの最大値は，②の傾き1より，②が点$(0,\ 4)$を通るときで，このとき

$$l=-0+4=4$$

である。すなわち，$-x+y$は

$(x,\ y)=(0,\ 4)$ のとき，最大値　4　→エ～カ

(3)　$x^2+y^2+2x-6y=m$とおくと

$$(x+1)^2+(y-3)^2=10+m \quad \cdots\cdots③$$

③の表す図形がDと共有点をもつときのmの最小値を求めればよい。③は中心$(-1,\ 3)$，半径$\sqrt{10+m}$の円である。よって，円③がy軸に接するとき，mは最小となる。このとき，$(x,\ y)=(0,\ 3)$であり，$m=-9$であるから，求める最小値は

$(x,\ y)=(0,\ 3)$ のとき，最小値　-9　→キ～コ

3 解答

(1)サ．2　シ．3

(2)ス．5　セ．7　(3)ソ．3

解説　≪3次関数と極値≫

(1)　$f(x)=3x^3-3ax^2+3bx-2$より

$$f'(x)=9x^2-6ax+3b$$

$x=1$で極値をとるから

$$f'(1)=9-6a+3b=0$$

$\therefore\ b=2a-3$　→サ，シ

(2)　$x=1$で極大値7をとるから

$$f(1)=3-3a+3b-2=7$$

$\therefore\ b=a+2$

(1)より，$b=2a-3$ であるから

$$2a-3=a+2$$

$$\therefore\quad a=5\quad \to ス$$

また　$b=7\quad \to セ$

(3)　$f(x)$ が $x=1$ で極小値をとるとき，(1)より $b=2a-3$ で

$$f'(x)=9x^2-6ax+3(2a-3)$$
$$=3(x-1)\{3x-(2a-3)\}$$

$f'(x)=0$ を解くと

$$x=1,\ \frac{2a-3}{3}$$

$x=1$ で $f(x)$ が極小となるのは，$f(x)$ の増減表が右のようになるとき，つまり

$$\frac{2a-3}{3}<1$$

のときである。よって

$$a<3\quad \to ソ$$

x	$\cdots$	$\frac{2a-3}{3}$	$\cdots$	1	$\cdots$
$f'(x)$	+	0	−	0	+
$f(x)$	↗		↘	極小	↗

4 解答

(1)アイウ．136
(2)エオカキ．2907
(3)クケ．21　コサ．45

解説　≪漸化式と群数列≫

(1)　第 1 群 $a_1,\ a_2,\ a_3$ | 第 2 群 $a_4,\ a_5,\ a_6,\ a_7,\ a_8,\ a_9$ | 第 3 群 $a_{10},\ a_{11},\ \cdots,\ a_{18}$ | $a_{19},\ \cdots$

であるから，第 5 群の末項は

$$3(1+2+3+4+5)=45$$

より　a_{45}

よって，第 6 群の最初の項は a_{46} で，$a_n=3n-2$ より

$$a_{46}=3\times 46-2=136\quad \to ア\sim ウ$$

(2)　第 6 群の末項は

$$3(1+2+3+4+5+6)=63$$

より

$$a_{63}=3\times 63-2=187$$

$a_n=3n-2$ より，第 6 群は初項 136，末項 187，項数 18 の等差数列であるから，求める総和は

$$\frac{18(136+187)}{2}=2907 \quad \text{→エ〜キ}$$

(3) 2023 が第 m 群に入っているとする。

$$2023=3\times675-2=a_{675}$$

であるから

$$3\{1+2+\cdots+(m-1)\}<675\leqq3(1+2+\cdots+m)$$

$$\frac{3(m-1)m}{2}<675\leqq\frac{3m(m+1)}{2}$$

$$(m-1)m<450\leqq m(m+1)$$

$20\times21=420$，$21\times22=462$ より

$$m=21$$

このとき，第 20 群の末項は

$$3(1+2+\cdots+20)=\frac{3\cdot20\cdot21}{2}=630\text{ 番目}$$

より

$$675-630=45$$

よって，2023 は第 21 群の 45 番目の数である。 →ク〜サ

■一般試験Ｂ：２月 18 日実施分

問題編

▶試験科目・配点

教　科	科　　　目	配　点
外国語	コミュニケーション英語Ⅰ・Ⅱ	100 点
数　学	数学Ⅰ・Ⅱ・Ａ・Ｂ*	150 点
理科・国　語	「物理基礎・物理〈省略〉」,「化学基礎・化学〈省略〉」,「国語総合（古文・漢文を除く）・現代文Ｂ」から１科目選択	100 点

▶備　考

＊「数学Ｂ」は「数列」,「ベクトル」を出題範囲とする。

上記学力試験と調査書等により総合的に選考する。

英語

（70分）

I． 次の（ア）～（オ）各文の（　　）に入る最も適切な英単語を、選択肢から1つ選んで書きなさい。ただし、文頭にくるものも小文字で書いてあります。選択肢は1度しか使えません。

［選択肢］

anger	appear	asked	bending
category	despite	eating	fly
great	injured	jealous	laziness
like	no	ruins	supplying

（ア）Sue (　　　) her leg yesterday, so she can't play in the tournament.

（イ）I'm so (　　　) of Ed. He can relax every weekend, but I always have to work.

（ウ）Adding too much cream (　　　) the taste of the strawberries.

（エ）(　　　) playing the piano for nearly 30 years, Lesley has never performed in front of an audience.

（オ）She doesn't (　　　) it when the hairdresser cuts her hair too short.

II. 次の（ア）～（オ）各文の下線部分１～３のうち日本語訳に合わないものを選んで 誤 1 2 3 欄の番号に丸をつけなさい。次に、日本語訳に合うように、それを正して 正 に書きなさい。正しい形は２語以上になる場合もあります。

> **例**
>
> ２匹の犬は往来の激しい道をゆっくり渡った。
>
> Two dog walked slowly across the busy street.
> 　　1 　　2 　　3
>
> **［解答例］**
>
> 誤 ① 2 3　　正 dogs

（ア）この製品を製造するには三段階ある。第二段階が一番時間がかかる。

Three steps are required to manufacture this product. The two step takes the most time.
1 2 3

（イ）私たちは当初計画していたより２日長く、７日間メキシコに滞在した。

We stayed in Mexico for seven days, two days long than we originally planned.
1 2 3

（ウ）ショーンと私以外はもうそのプリント課題を終わらせた。

Everybody, except for Shaun and me, have finished the worksheet already.
1 2 3

（エ）街中のホテルに電話をかけたものの、空いている部屋はなかった。

Whether I called all the hotels in town, no rooms were available.
1 2 3

（オ）私が住んでいる村は海に近いので、海産物がおいしい。

The village that I live is located near the ocean, so the seafood is delicious.
1 2 3

Ⅲ. 次の（ア）～（オ）のそれぞれの日本語訳の意味を表す英文になるように、各英文の空欄に語または句を最も適切な順番に並べた場合、3番目にくるものの番号を書きなさい。ただし、文頭にくるものも小文字で書いてあります。また、必要なコンマが省略されている場合もあります。

（ア）　なぜこのシステムが動かないかを一人の従業員が指摘した。

____ ____ ____ ____ ____ this system doesn't work.

1. employee　　2. one　　3. out
4. pointed　　5. why

（イ）　何事にもはじめがある。

There ____ ____ ____ ____ ____ everything.

1. a　　2. first　　3. for
4. is　　5. time

（ウ）　電話を取るやいなや切られたよ。

As ____ ____ ____ ____ ____ the phone, the caller hung up on me!

1. as　　2. I　　3. picked
4. soon　　5. up

（エ）　彼は留学に備えて英語の集中講義を受講した。

He took an intensive English ____ ____ ____ ____ ____ abroad.

1. course　　2. for　　3. prepare
4. studying　　5. to

（オ）　一度言ってしまったら、それを取り消すことはできない。

____ ____ ____ ____ ____ words once you've said them.

1. back　　2. cannot　　3. take
4. you　　5. your

Ⅳ.

会話が完成するように、（ア）～（ウ）に文脈に適した文または表現を考えて3語以上で書きなさい。

A: Hi, Mike. Can I sit here?

B: （　ア　）

A: The cafeteria isn't usually this crowded. The lines for food are really long, so I want to save a seat before I order.

B: I think it's busier than usual because the school is having an open campus event today.

A: Oh, I see. （　イ　） It looks delicious.

B: This is the udon lunch set. It tastes good, it's cheap, and it comes with a salad and a drink.

A: That sounds great. How much does it cost?

B: It's only ¥350.

A: （　ウ　） Thanks for helping me decide what I want for lunch!

B: You're welcome! It looks like the lines are getting shorter now. I can watch your bag for you while you go order.

V. 次の英文は「トースタープロジェクト」について述べたものです。本文を読んで設問に答えなさい。

Thomas Thwaites was working on a master's degree in design at the Royal College of Art in London when he had an excellent idea for a project: making a toaster. It seems like a simple item, but Thwaites's plan was more complex. Rather than buying the metal, plastic, and other materials for his toaster, he wanted to make them himself. Thwaites planned to find the raw materials, form them into the parts of a toaster, assemble those parts, and, in the end, make toast.

To start, Thwaites determined that a toaster is ultimately made up of five materials: iron, mica, plastic, copper, and nickel. He researched how to make these things and set to work.

For iron, Thwaites obtained several large rocks from an iron mine in Coleford, England. These rocks were iron ore, meaning they contained small bits of iron, and Thwaites's next task was to separate the metal from the stone. Back home in London, Thwaites began the process of "smelting," or heating an ore so that it releases the metal contained inside. Thwaites heated the ore in his home microwave until he had separated out the usable iron.

Next, Thwaites needed mica. Mica is a naturally occurring mineral used in many electrical devices because of its resistance to heat and electricity. He learned about a region in Scotland known as Knoydart which was famous for mica. Hiking through the wilderness of Knoydart, Thwaites was able to pull pieces of mica from the rocky landscape.

The next material, however, would prove to be the most difficult: plastic. Although very common and cheap in the modern world, making plastic involves many complex industrial processes. It requires precise control over temperature, pressure, and various chemicals, and the process can be toxic. In the end, Thwaites decided to melt down old, discarded plastic, recycling it into the outer shell of his toaster.

Only two materials were left to complete his project: copper and nickel. Copper is used to make wires which carry electrical current, and nickel is used for the heating element—the metal part inside the toaster that heats up to toast the bread. Thwaites managed to find enough copper in a pond outside of a copper mine. Raw nickel was impossible to find in mines within the United Kingdom, so Thwaites melted down some nickel coins instead.

With all five materials in hand, Thomas Thwaites finally built his toaster. It was a simple model—no timer, no buttons, and no spring to make the toast pop up. The toaster looked rough too, with each component being handmade. When he finally turned his toaster on, the nickel heating element melted within seconds. The toaster had failed.

Still, Thwaites's project was a success. He published a book about his experience called *The Toaster Project* and also spoke about it at a TED conference. Thwaites's message is that modern life is the result of people working together. No individual can make a toaster—modern convenience comes from huge networks of people with highly specialized skills. The toaster project reminds us that the story of human progress is also the story of human cooperation.

A. （ア）～（オ）の設問について、本文の内容に基づいて英語で答えなさい。
ただし、１０語以内とします。

（ア）What city does Thomas Thwaites live in?

（イ）What material did Thwaites find in Scotland?

（ウ）What is one common toaster feature that was not included in Thwaites's toaster?

（エ）Why did Thwaites's toaster fail?

（オ）What is one important lesson from the toaster project?

B.　次の本文の要約の空欄（カ）～（コ）に入る言葉を、本文からそのまま抜き出して書きなさい。２語以上になる場合もあります。

A student named Thomas Thwaites decided to make a toaster for his master's project. Not only did he make a toaster, but he also created each of the toaster's （　カ　）. First, he made iron by smelting ore in his（　キ　）. He then found some mica in nature, and his plastic came from recycling plastic trash. Thwaites found copper in a （　ク　） near a copper mine, and he melted down coins for the nickel they contained. His toaster was （　ケ　）, not like the ones in stores, and it did not work. Still, Thwaites's project was a （　コ　）because of the valuable lesson he now shares with the world.

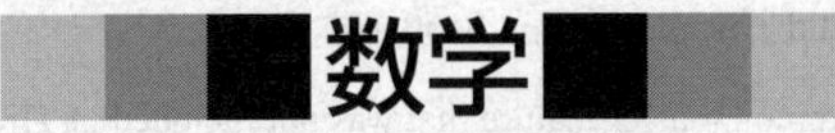

(90分)

注意：採点は解答用紙のみで行います．問題用紙に書いた計算等は評価しません．
問題1（1）～（5）の解答は，答えのみを【数学】第一面 の該当箇所に記入してください．

問題1　次の問いに答えよ．

（1）　$x=\dfrac{1}{\sqrt{7}+\sqrt{3}}, y=\dfrac{1}{\sqrt{7}-\sqrt{3}}$ のとき，$x+y$ の値，および x^2y+xy^2 の値を求めよ．

（2）　$\triangle\mathrm{ABC}$ において，$\mathrm{AB}=2, \mathrm{BC}=1, \mathrm{CA}=2$ のとき，$\cos\angle\mathrm{CAB}$ の値，および $\sin\angle\mathrm{CAB}$ の値を求めよ．また，$\triangle\mathrm{ABC}$ の外接円の半径 R を求めよ．

（3）　座標平面において，放物線 $y=\dfrac{1}{2}x^2+x-1$ の頂点の座標を求めよ．また，この放物線を x 軸方向に -2，y 軸方向に 3 だけ平行移動した放物線の方程式を求めよ．

（4）　$\left(\dfrac{x}{4}-\dfrac{2}{x^2}\right)^6$ の展開式における定数項 p，および x^3 の係数 q を求めよ．

（5）　不等式 $\log_2(x^2-x-2)\leqq 2$ を解け．

注意：**採点は解答用紙のみで行います．問題用紙に書いた計算等は評価しません．問題1（6）～（10）の解答は，答えのみを【数学】第一面 の該当箇所に記入してください．**

（6）　$x>0$ とする．$\left(x+\dfrac{4}{x^3}\right)\left(x^3+\dfrac{4}{x}\right)$ のとり得る値の最小値と，そのときの x の値を求めよ．

（7）　等比数列 $\{a_n\}$ が $a_1+a_2+a_3=26$ および $a_4+a_5+a_6=702$ を満たすとき，一般項 a_n を求めよ．

（8）　座標平面において，3 直線 $x=0,\ y=0,\ y=-2x+2$ で囲まれてできる三角形に内接する円の半径を求めよ．

（9）　$0\leqq x<2\pi$ のとき，不等式 $\sin 2x>\cos x$ を満たす x の値の範囲を求めよ．

(10)　$a,\ b,\ c$ を定数とする．3 次関数 $f(x)=2x^3+ax^2+bx+c$ は $x=-1$ で極大値，$x=2$ で極小値をとり，$f(0)=3$ を満たす．このとき，$a,\ b,\ c$ の値を求めよ．

注意：**採点は解答用紙のみで行います．問題用紙に書いた計算等は評価しません．**
問題2，3の解答は，途中の推論・計算も含め【数学】第一面，【数学】第二面 の該当箇所に記入してください．

問題2　平行四辺形 OABC において，$\mathrm{OA}=2$，$\mathrm{OC}=1$，$\angle\mathrm{COA}=60^\circ$ とし，辺 AB の中点を M，辺 BC を $1:2$ に内分する点を N とする．$\overrightarrow{\mathrm{OA}}=\vec{a}$，$\overrightarrow{\mathrm{OC}}=\vec{c}$ とおくとき，

(1) 内積 $\vec{a}\cdot\vec{c}$ を求めよ．

(2) $\overrightarrow{\mathrm{OM}}, \overrightarrow{\mathrm{ON}}$ をそれぞれ $\vec{a}$ と $\vec{c}$ を用いて表せ．

(3) $\overrightarrow{\mathrm{MN}}$ を $\vec{a}$ と $\vec{c}$ を用いて表せ．

(4) $\overrightarrow{\mathrm{MN}}$ の大きさ $|\overrightarrow{\mathrm{MN}}|$ を求めよ．

問題3　1 個のさいころを投げ，1, 2 の目が出たら「成功」，3, 4, 5, 6 の目が出たら「失敗」とする．この試行を繰り返し行い，合計で 3 回失敗するか，合計で 3 回成功したら終了とする．

(1) 1 回も成功せずに終了する確率を求めよ．

(2) 2 回だけ成功して終了する確率を求めよ．

(3) 3 回成功して終了する確率を求めよ．

注意：**採点は解答用紙のみで行います．問題用紙に書いた計算等は評価しません．問題４の解答は，途中の推論・計算も含め 【数学】第二面 の該当箇所に記入してください．**

問題４　関数 $y=x^3$ のグラフを C とし，点 $(1, 1)$ における C の接線を ℓ，点 $(1, 1)$ を通り ℓ に垂直な直線を m とする．

(1) ℓ の方程式と m の方程式を求めよ．

(2) C と ℓ と y 軸で囲まれた図形のうち，$x \geqq 0$ の部分の面積を求めよ．

(3) C と m と y 軸で囲まれた図形の面積を求めよ．

問七　文中の傍線部（ウ）「サイゲツ」を漢字に直して記述せよ。（ただし、判読できる丁寧な楷書で記すこと）

問八　文中の[A]～[E]に入る語意として、最も適切なものを次の①～⑤から、それぞれ一つ選びその番号を記入せよ。

①官職を辞する　②ぴったり同じになること　③風流なおもむき　④まねき寄せる　⑤命にかかわる重傷

問四　文中の傍線部（d）「決して容易なことではありません」とあるが、なぜ容易ではないと言うのか。その理由を四十文字以上五十文字以内で記述せよ。

下書き

問五　文中の傍線部（e）「人為的に常用と非常用との語として分別」することについて、筆者の考えを八十文字程度で記述せよ。

下書き

問六　文中の傍線部（ア）「字面」、（イ）「元凶」の読みを、すべてひらがなで記述せよ。（ただし、判読できる丁寧な字で記すこと）

問一　文中の傍線部（a）「交ぜ書き語」とあるが、この書き方の欠点をまとめ、五十文字以上七十文字以内で記述せよ。

下書き

問二　文中の傍線部（b）「極度に制約を受ける」とあるが、ここでの制約とは何か、本文から四十文字で抜き出して記述せよ。（なお、記号・句読点は一文字と数える。）

問三　文中の傍線部（c）「国策の大転換」とあるが、どういう転換であったか、本文から二十五文字以上三十文字以内で抜き出して記述せよ。（なお、記号・句読点は一文字と数える。）

たちによって捨て難いものとして支持されているのです。

漢字は、このように、その字画の多少によってその難易が生ずるのでもなければ、用例の多寡によって常用語か否かが分けられるものでもありません。

多義性を持つ漢字こそ難しい

試みに、本章の冒頭に例示した「拉致」の場合を考えてみましょう。「拉」は、日本では他に「拉麺（ラーメン）（引っ張って作る麺）」以外には、あまりお目にかかれない表外漢字です。ところが現代中国では、たとえば街を走るバスのドアなどに、日本で使う「引」の意味で、この「拉」が常用されているのです（「押」の代わりは「推」ですが）。「拉」はそれくらいやさしい日常語なのです。

それに比べて「拉致」の「致」とは、日本ではやさしい漢字とされる「常用漢字」ですが、なんとその用法は多彩で、時に難解ですらあります。「一致・合致［A］」「招致・誘致［B］」「雅致・風致［C］」「致命傷［D］」「致仕［E］」などといった用例があります。それは、漢字は表意文字であると同時に、その一字一字が多くの意味を持つ多義性ということを、その特質としているからです。「拉致」の「拉」は「引く」以外にはあまり使われませんが、「致」は右のように多彩な意味を持ち、従って多様な熟語を生み出す、いわば「拉」よりも難しい漢字ということになります。

試みに『大漢和辞典』全十五巻の開巻第一ページの「一」の字について調べてみてください。「一」の字義と、その熟語とについて実にあの大冊の七十ページにわたって書かれています。それに対して、上述した「鬱」の一字に関しては、すべて四ページを費やしているに過ぎません。約五万字の採録漢字の中で、最も多くの解説のページを要したのは、「鬱」のような字画の多い難しそうな漢字ではなくて、最も画数の少なくて、単純明快な意味を持つかに見える、「一」のような文字だったことに、ここでは注目しておきましょう。

そして、ここには「毅然」の類の状態語・形容語について、常用漢字三十字と、表外漢字三十字とを、それぞれ用いた合計六十語を意図的に集めてみましたが、「―然」の形をとる語は、このほかにもまだまだ多く、あらためて漢字の造語力の逞（たくま）しさが思われました。それだけに、これほど豊かに、これほど多彩に造成してきた漢字漢語を、(e)人為的に常用と非常用との語として分別してしまってよいものでしょうか。その上に、このように多彩に組み合わされた漢字の熟語を「交ぜ書き」にして、結局、その意味を不明にしてしまうこの表記は、われわれの到底容認できるものではありません。

（田部井文雄『「完璧」はなぜ「完ぺき」と書くのか』による。なお文章を改変したところがある。本書出版後、二〇一〇年に「改訂常用漢字表」が公示された。）

外文字を用いた「俄然」「茫然」の方がやさしいのではないでしょうか。

少なくともこの両者の間に甚だしい難易の差は認め難いように思われます。使用の頻度・重要度においても、大きな隔たりがあるとは認められません。このことをめぐって考察すべく、ここには「毅然」「粛然」「茫然」などと同類の状態語・形容語を、もう少し集めてみます。

暗然・依然・果然・決然・公然・索然・自然・釈然・純然・整然・卒然・泰然・陶然・突然・判然・憤然・平然・漫然・冷然・歴然

以上二十語、「然」に冠した漢字二十字は、全て常用漢字です。これならばどなたにとっても、意味も読みも用法も、ほとんど解説の必要はないものばかりでしょう。それならば、次に、常用漢字ならざる二十字を冠した二十語を挙げてみます。

唖然（あぜん）・怡然（いぜん）・婉然（えんぜん）・艶然（えんぜん）・鬱然（うつぜん）・喟然（きぜん）・翕然（きゅうぜん）・昂然（こうぜん）・忽然（こつぜん）・凄然（せいぜん）・蒼然（そうぜん）・恬然（てんぜん）・沛然（はいぜん）・飄然（ひょうぜん）・憫然（びんぜん）・憮然（ぶぜん）・蔑然（べつぜん）・呆然（ぼうぜん）・勃然（ぼつぜん）・窅然（ようぜん）

さすがに先に掲げた二十語に比べては、その読みもさだかにはしがたい漢字の羅列ではないでしょうか。中でも「怡然」「喟然」「翕然」「窅然」などは、現代語としてはほとんど使用されていない漢語です。そして、「怡然」は『列子』『文選』、「喟然」は『論語』『荘子』、「翕然」は『列子』『文選』などといった、れっきとした中国古典の中にしばしば用いられている要語なのです。「窅然」はまた、「はるかに遠いさま」を表し、彼の詩人李白が「桃花流水窅然として去る」（山中問答の詩）と詠じた詩語として、専門家の間では有名な言葉です。

しかし、だからといって、これらを、そのまま現代文に用いたとしたら、徒らに専門的用語をひけらかす衒学（げんがく）趣味として排撃されかねません。それでもなお「恬然として恥じる風もない」「沛然たる豪雨」「忽然として消滅」といった用法で今もなお生き残っているものも多いのです。これらの由緒正しく格調の高い言葉を、後世に伝えることなく、ここで、見捨ててしまってよいものでしょうか。

確かに右に挙げた「鬱然」の「鬱」のように、いかにも「憂鬱」な表情をした、字画の多い漢字もあります。それが、しかも、「鬱病」「鬱積」「鬱屈」「鬱血」「鬱結」「鬱憤」「沈鬱」「鬱蒼」「陰鬱」などと頻用されている現実に直面すれば、それこそ「鬱々」たる気分に陥って、「うつ病」「憂うつ」と「交ぜ書き」したくなる心情も首肯できます。でも反対に、この「鬱陶」しい字面こそが、その意味や感触を得させるものとして歓迎する向きもあるのにちがいありません。

そのような煩雑さに抗して、今もなお「鬱然たる大家」「渾然一体となる」「憮然たる面持ち」「凛然たる風姿」といった成句は、現代の日本人

表外漢字の識別

さて、そこで「常用漢字」とされる文字と、されない文字（表外漢字）とを、どの程度識別できるか、自らをテストしてみることにしませんか。

ここには、とりあえず、まず、すでに「交ぜ書き語」とされてしまう熟語の一例として挙げた、「毅然」の語と同類の二十語を、思いつくままに並べてみました。「然」の一字を伴って、物事の性質や状態を表す形容語が、「交ぜ書き語」として、しきりに目に触れたからです。

隠然・俄然・愕然・敢然・凝然・欣然・偶然・厳然・傲然・渾然・燦然・粛然・悄然・騒然・端然・漠然・茫然・悠然・慄然・凜然

さて、以上の二十語のうち、どの語に読みや意味・用法について、不明なものがあるでしょうか。しかしここでは、まず何よりもこの中から「常用漢字表」にない漢字を摘出してみてください。その答えは、

俄・愕・欣・傲・渾・燦・悄・茫・慄・凜

の十字です。従って、それ以外の

隠・敢・凝・偶・厳・粛・騒・端・漠・悠

の十字が交ぜ書き無用の常用漢字ということになります。ちょうど半分ずつになるように選んでみましたが、果たして、どの程度の正答が得られたでしょうか。

漢字・漢語は難しすぎるか

次に、右に挙げた表外漢字と常用漢字のそれぞれ十字ずつを比較してみて、どちらがより難しい漢字だったか考えてみてください。そして、それらが「然」を伴う状態語を形成したとき、「隠然・敢然・凝然・粛然」と比較して、「俄然・愕然・茫然・慄然」と、どちらが難解な語となっているのでしょうか。

確かに「愕」の一字は普通見慣れない漢字かも知れません。しかし「ガクゼンとした」という日本語を理解できないという日本人は少ないでしょう。「愕然」は、それほど身近なことばです。そして「がく然」ではなく「愕然」と書かれていれば、非常に驚くさまをいう語としての認識を持てる人の方が、現在の日本人には多いのではないでしょうか。同様に考えると、常用漢字でありながら、「凝然」「粛然」の方が難しく、表

「き然」の「毅」は、「強く、たけだけしい」。
「進ちょく」の「捗」は、「はかどる」。

といった意味を表しています。

「交ぜ書き語」は、その漢字の熟語の一部を、音だけを表す仮名に書き換えてしまったのです。意味が不明瞭になるのは当然です。そういえば、ここで使った「不明瞭」の「瞭」もまた、「りょう」と交ぜ書きせねばならない表外字でした。「瞭」は、漢和辞典によれば、「明」に似て「あきらか」の意とされています。その字形に「目」を含むところから、視覚に関連する文字であることは、すぐわかるでしょう。この「瞭」を、「りょう」と書いたのでは、その意味はかえってわかりにくいものになってしまいます。〈中略〉

三　「常用漢字」と「表外漢字」

どれが表外漢字なのか

「交ぜ書き」という表記法を、正確に励行するためには、かつては「当用漢字表」の一八五〇字、現在は「常用漢字表」の一九四五字を、約五万字に及ぶとされる漢字の中から識別できなくてはなりません。

しかし、約五万字の漢字の中から、二千字弱の「常用漢字」を、いつでもどこでも厳密に選別することは、その道の専門家をもってしても(d)決して容易なことではありません。いささか私事にわたりますが、筆者も永年にわたって、高校生用の教科書や漢和辞典などの編集会議の一員でした。その際の必備品として、常に「常用漢字表」の携行が求められたことを思い出します。特に教科書では、表外漢字を使用する際にはルビを付することが義務づけられています。その表なしには、漢字漢語の記述に当たって、ルビが必要か否か、「交ぜ書き」すべきか否かは、いつになっても自信を持って対処することができなかったのです。

申すまでもなく、国語の専門家のはしくれならば、二千字の漢字くらい諳（そら）んじるべきであったでしょう。ちょっと努力すればそれも不可能なことではなかったはずなのですが、実情はその専門家集団にしてこのていたらくだったのです。世の一般の人々にして、このことに自信ありとされる方々が、今、何パーセントあるでしょうか。国語は母国語ともいわれますが、世の親たちは、わが子の漢字教育については、単なる漢字書き取りテストの指導だけでも現に自信喪失の状態にあると聞いています。

に、漢字の煩雑さを標的とした、当時の知識人やいわゆる先覚者と称された人々の漢字へのバッシングは、ほとんど絶えることなく続けられてきました。

慶応二（一八六六）年、近代郵便事業の創始者前島密（まえじまひそか）は、「漢字御廃止之儀」を徳川十五代将軍に奉って、西洋文明流入に刺激された漢字全廃・かな表記論を展開しました。また、明治六（一八七三）年、後に文相をも務めた森有礼（もりありのり）は、漢字を全廃するだけではなく、日本の国語を英語にしてしまえと主張しました。さらに物理学者田中館愛橘（たなかだてあいきつ）の如きは、「ローマ字国字論」を多年にわたって国会に建議し続けています。

これらの主張は、さすがにそのままには当時の良識とはなり得ませんでしたが、その後、福沢諭吉・森鷗外などが中心になって提唱した「漢字節減論」は、漢字の使用を二千字から三千字程度にとどむべしという穏健なものでした。戦後の「当用」「常用」の両漢字表は、それらの議論の延長線上にまとめられたものです。

従って、戦後の六十年間にこの両漢字表が果たした役割については、それなりの評価が与えられてしかるべきでありましょう。しかし、文明開化期以来、百年以上にわたって論議され醸成されてきた漢字文化軽視の風潮は、今に引き継がれているということができます。その風潮の及ぶところ、敗戦直後に誕生し、今でも日本語の表記を呪縛し続けているのが「交ぜ書き語」という醜怪な表記なのです。その姿を「羽織袴（はおりはかま）にハイヒール」「チャイナドレスに丁髷（ちょんまげ）」という異様な風体にたとえたとしたら、言い過ぎになりましょうか。

二　「交ぜ書き」の問題点

漢字は表意文字である

漢字は、その一字一字が意味を持つ、いわゆる表意文字です。現在、世界で用いられている多くの言語では、単に音のみを表す表音文字が用いられているのに対して、際立った特質です。

先に挙げた「交ぜ書き語」を例としましょう。

「がん具」の「玩」は、「もてあそぶ」。

「処方せん」の「箋」は、「ふだ」。

「虚心たん懐」の「坦」は、「たいらか」。

「破たん」の「綻」は、「ほころびる」。

「ら致」の「拉」は、「引っぱる」。

「制限」から「目安（めやす）」へ

その締め付けが緩められるまでには、実に三十数年の（ウ）サイゲツを要しました。「当用漢字表」（一九四六年）が改訂されて「常用漢字表」として公示されたのは、昭和五十六（一九八一）年のことでした。その字数は、一八五〇字から一九四五字というわずか九十五字の追加に過ぎませんでしたが、その根本精神が、漢字使用の「制限」から「使用の目安」を示すにとどまるという大転換だったのです。国家が漢字の使用に一定の枠を設けて、それ以外は使用を禁止するというのではなく、漢字の使用枠を例示して、この程度までとし、その目安を示すにとどまるということでした。

それは、まちがいなく（c）国策の大転換でありました。皮肉な言い方をすれば、「交ぜ書き語」という奇形の語まで生んで、表現の自由の回復を迫った庶民の、輝ける成果だったということもできるでしょう。

自主規制の自縛（じばく）

このようにして、漢字の使用制限は緩和されて、その使用は各人各機関の自由裁量に任されたはずでした。ところが、今もなお、新聞や雑誌に、そして官公庁の公文書などに「がん具」「処方せん」などの「交ぜ書き語」を見るのは、何故なのでしょうか。折角、「当用」から「常用」へ、「制限」から「目安」への国策の転換があったというのに、表現の現場では、それへの対応ができずに、「交ぜ書き」の呪縛（じゅばく）から、いまだに脱し得ていないのです。

確かに近年、新聞協会などが中心になって、「常用漢字表」にない漢字でも、必要とするものを選定しようとしたり、読み仮名付きでも用いたい熟語を提案しようとしたりする動きがありました。前者の例としては「牙（が）・玩（がん）・瓦（が）・拳（けん）・詣（けい）・虹（こう）・斑（はん）・妖（よう）」などが挙げられており、後者としては、「旺盛（おうせい）・迂回（うかい）・凱旋（がいせん）・葛藤（かっとう）・杞憂（きゆう）・真摯（しんし）」などが挙がっていると聞きます。いずれの漢字・漢語を見ても、こんなものまでが今まで制限され、「交ぜ書き」の憂き目を見ていたのかとの思いが致します。

この方向に沿って良識ある新聞・雑誌などでは、漢字使用の自由化は近年とみに進んでいるかに見えます。しかし、現状ではまだまだ自己規制・自縄自縛の意識からは脱し得ていないのです。

「交ぜ書き語」以前

「交ぜ書き語」誕生の原因は、「当用漢字表」にありと、すでに突きとめ得たはずですが、そのことにのみ、その責めを帰してしまうのは早計に過ぎるでしょう。幕末以後、明治・大正・昭和の百数十年間は、実に漢字・漢語は受難の歴史を刻んだ時期でした。圧倒的な欧米文化の流入期

・神社に参けいする
・水泳中にでき死する
・めい福を祈る
・途中で落ごした

などといった極めて日常的な用語の一部が、どうして右のように仮名書きされねばならなかったのでしょうか。稽古・参詣・溺死・冥福・落伍などの熟語の中の一字を仮名書きにするだけで、どれだけ日本語の表記が平易化されたというのでしょうか。

言い換えのできない漢語

確かに徒らに難解・煩雑な漢字・漢語の乱用には問題があり、時に一定の規制や自粛が必要なこともありましょう。しかしこの「当用漢字表」の犯した最大の罪過は、日常一般に使用する漢字の字種・字数を、一八五〇字以内に限定したことにあります。以来、「当用漢字表」以外の漢字は、すべて「表外漢字」「制限漢字」と称せられて、使用禁止となりました。小・中・高校の諸学校の教科書を始め、官公庁の公文書、民間の新聞・雑誌などの刊行物に至るまで、その制約に従わざるを得ませんでした。

そのために、本来各人の自由なるべき日本語の表現・表記は、その中枢を担うべき漢字の使用において、(b)極度に制約を受けることとなったのです。確かに「当用漢字表」にない漢字・漢語については、それと同じか、できるだけ近い意味の語に言い換え・書き換えるよう指示されてもいます。しかし、古い来歴を持ち、それぞれ独自のニュアンスをたたえる漢語において、同義・類義の語が容易に見つけ出せるものではありません。

・交渉の秘けつ
・賄ろを贈る
・黙とうを捧げる

などを、仮に「秘訣」を「奥の手」、「賄賂」を「まいない」と言い換えたとしても、果たしてその意味は正確に伝えられるでしょうか。「黙禱」に至っては、言い換えるべき適切な言葉はついに浮かんではきませんでした。

「交ぜ書き語」は、「当用漢字表」による「書き換え要求」への抵抗の一手段として発生し、まことにグロテスクな形ながら、漢字・漢語の生命力を保つ役割を担ってきたとも言えるでしょう。

二　次の文章を読んで、後の問いに答えよ。

一「(a)交ぜ書き語」の由来

「交ぜ書き語」とは

漢字二字以上が連接してできた、普通「熟語」と称される漢語のその一部を、仮名書きにしたものを、「交ぜ書き語」と称します。元来、「玩具」「処方箋」「虚心坦懐」などと、すべて漢字で書かれていたものを、「がん具」「処方せん」「虚心たん懐」などと書き改めた表記法です。

近年、しばしば新聞紙上に躍った例を挙げれば、

・銀行の破たん

・ら致事件には、き然たる態度で

・工事の進ちょく状況

といった類です。いうまでもなく、それらは、「破綻」「拉致」「毅然」「進捗」と書かれていた熟語の一字を、平仮名に書き換えたものです。

しかし、その表記が示す(ア)字面の感触は、いかにも異様なグロテスクなものです。多くの現代の日本人は、その字面において、感覚的にも言い知れぬ違和感や嫌悪感を持たずにはいられないのではないでしょうか。

「交ぜ書き」の生みの親は

この「交ぜ書き」という珍現象を発生せしめた(イ)元凶は、昭和二十一(一九四六)年、敗戦直後、内閣訓令・告示として公布された「当用漢字表」です。日本語の平易化のためと称し、当時の内閣が新たに定めた一八五〇字の当用漢字なるもの以外は使用すべきではない、と告示したために、日本の教育界・出版界を始め一般の人々まで、これに従わざるを得ませんでした。

例に挙げた「玩」「箋」「坦」「綻」「拉」「毅」「捗」などの漢字は、すべて「当用漢字表」に収められない漢字です。しかも、これらは難しい漢字はやさしい「別のことばにかえる」という文部省の指示に従うことのできない文字として、あえて仮名書きにしてまでも日本人が使用したい漢語だったと言えましょう。換言すれば「交ぜ書き語」とは、現代の日本人にとって、どうしても使い続けたい言葉だったということができます。

・けい古不足

下書き

問八　文中の傍線部（b）「木を見て森を見ず」とあるが、著者はどのようにすれば良いと考えているか。「木」と「森」の語を使い二十五文字以上三十五文字以内で記述せよ。

下書き

問九　文中の傍線部（c）「七〇点で手を打つ」とあるが、それはなぜか。四十文字以上六十文字以内で記述せよ。

下書き

問三　文中の空欄［B］に入る語として、最も適切なものを次の①～⑤から一つ選び、その番号を記入せよ。

①頭の固い　②真面目な　③優秀な　④鋭い　⑤いい加減な

問四　文中の空欄［C］に入る適切な語を漢字二字で記述せよ。

問五　文中の空欄［E］に入る語として、最も適切なものを次の①～⑤から一つ選び、その番号を記入せよ。

①批判的　②効果的　③積極的　④消極的　⑤効率的

問六　文中の空欄［F］に入る適切な説明文を記述せよ。

問七　文中の傍線部（a）「ものごとをシンプルに考える」とあるが、それはどのようにすればよいか。四十文字以上五十文字以内で記述せよ。

へ（イ）イドウとなって赴任すると、大蔵省や日本銀行との渉外を担当する企画部にいた同期に頼まれ、接待に同席して、企業の状況や資金需要、それから問題が起きているところは個別に具体的に説明した。本来、これは審査部の人間がやる仕事ではない。しかし、企画部は銀行の融資状況などをデータで把握しているだけで、ヴィヴィッドな面はわからないから、ミクロな情報を行内の他部署に求め、それに私が応じたわけである。そのうちに、大蔵省や日銀の人から直接、電話がかかってくるようになった。私が「大蔵省の意見を聞きたい」「日銀の意見を聞きたい」と頼めば、企画部は仲介に汗をかいてくれただろうし、大蔵省や日銀の関係者も無下にはしにくいはずだ。

他部署から頼まれて力を貸すことを積み重ねていけば、「彼に頼めばきちんとやってくれる」という評判を得るだろう。現時点で自分のほうから頼むことがなくても、「いつかお願いするときがくる……」と思えば、そういう人から頼まれたとき、人間は積極的に対応するものである。「情けは人のためならず」を「情けをかけて甘やかしたら、その人のためにならない」と誤解する人もいるらしいが、「［F］」というのが本意である。それがビジネス社会の法則であると私は信じている。

（西川善文『仕事と人生』講談社による。なお、文章を改変したところがある。）

※与信可 ―― 取引相手の財務状況などを調査し信用を供与しても良いとすること。

問一　文中の傍線部（ア）、（イ）のカタカナをそれぞれ漢字にして記述せよ。（ただし、判読できる丁寧な楷書で記すこと）

問二　文中の空欄［A］、［D］に入る語として、最も適切なものを次の①～⑥からそれぞれ一つ選び、その番号を記入せよ。ただし、同じ番号を使用してはならない。

①さらに　②ちなみに　③しかし　④ところで　⑤そして　⑥また

話の勉強に精を出しても成果はたかが知れている。どんなに頑張ったところで間に合うはずがない。ならば、通訳を雇えばいいのである。

こう言われると、「当たり前ではないか」と思われるかもしれない。しかし、「英語ができないのに通訳を雇わず、英語で交渉する」に近いことを普段の仕事でやっている場合がある。要するに、できないことをやろうとするのである。

たとえば、支店の営業担当者が取引先から資金運用について質問されたとしよう。知識がないから付け焼き刃で勉強して答えたら、「その程度のことはわかっている」と言われた……。これは極端な例で、現実にこんな職員が銀行にいるとは思わない。おそらく上司に相談し、資金運用部門の人から情報を仕入れるはずだ。それが適切な対応である。

だが、ともすると、人は他人の力を借りずに仕事をしようとするものだ。特に真面目な人ほどそういう傾向が強い。しかし、何でもかんでも自分だけで対応するのは無理と心得たほうがいい。現実問題として自分にできないことはできない。そこで、できないことは誰かにやってもらう。正確にいえば、「他人の力を借りる」のである。

仕事によっては自分一人でこなさなければならないものもあるが、ほとんどの仕事は多くの人の中で進められている。したがって、「他人を使う力」は仕事をする上で重要な能力の一つである。「どこの誰に頼めばいいか」を把握しておくことは、取引を増やす、あるいはピンチの会社を救うという重大事だけでなく、さまざまな局面で求められる。会社の中の人的ネットワークを自由自在に（ア）クシできれば、その人は有能と言っていい。

企業調査の分野を長く担当したおかげで、私は自分の担当する仕事をすることでネットワークをつくることができた。どこの誰に聞けばいいかはおおよそ見当がついたし、どこで調べればいいか、何を調べればいいかもだいたいわかった。だが、普段は「こういうことは誰に頼めばいいか」「誰の力を借りればいいか」を常に考え、社内にどんな人がいて、誰がどんな得意分野を持っているかという情報を意識して収集する必要がある。同時に、上司から仕事を命じられたとき、「この部分は自分だけで十分だが、ここは力が足りないので、有楽町支店のAさんの助力を仰ぐ」というふうに整理しながら話を聞くように心がけるといいだろう。

頼まれたら力を貸す

人の力を借りるということは、自分が人に力を貸す存在であることが基本である。いつも助けを求めているばかりだと、いずれは相手にされなくなる。ビジネス社会の人間関係はギブ・アンド・テイクで成り立つからだ。

私自身のことを振り返れば、それなりに他の人からの依頼に応じてきたように思う。一九七二（昭和四七）年、東京に設けられた審査第一部

とでもある。

プロセスを減らせば、権限を現場に与える必要が出てくるので、大幅な権限委譲を実行した。その際、判断を委ねた現場の責任者に対して、「決断を下すにあたって、八〇パーセントの検討で踏み出す勇気を持ってほしい」と求めた。私の経験から言って、八〇パーセントの自信があれば、たいがいは正しかったからである。

奇しくも自衛隊で幕僚長を務めた人が「八〇パーセントの情報で判断せよ」と語ったのだそうだ。戦争で一〇〇パーセントの情報を入手したときは、時すでに遅しということなのだろう。

「七〇点でいい」と言いながら、一方で「八〇パーセントで決断しろ」と言うのは矛盾していると受け取る人もいるだろう。七〇点は目標値であるのに対して、八〇パーセントは判断するときの目安である。そう理解していただきたい。

「間違ったらまずい」と思うな

ところが、真面目な人ほど、そういう割り切りが苦手であり、枝葉末節にこだわってしまう。真面目すぎると、かえってマイナスに働くわけだが、そういう部下には「少し頭を切り替えたらどうか」と上司がアドバイスしてあげるといい。上司が一言いうだけでもずいぶん違うはずだ。

［D］、「七〇点でいい」と「無難にやる」とは違う。

調査部時代に、調査カードの所見欄に私が書いた意見を［E］に直す上司がいた。たとえば、「Aという長所があり、Bという問題がある。Bの問題は解決が進んでいるから※与信可」と書いたとしよう。それを逆にして、「Aという長所があるけれど、Bという問題があるから慎重に取り運ぶこと」と修正してしまうのだ。

それから、「間違ったらまずい」という気持ちが強い優等生タイプの調査員には、結論を明快にしない人がいた。間違ったからといってペナルティがあるわけではないのだけれども、とにかくリスクを負わないように書く。こういう人たちはあまり出世しなかった。

3 何もかも自分で引き受けない

他人の力を借りる

英語のできない人が英語で交渉しなければならない、となったら荷が重い仕事と感じるに違いない。交渉が一ヵ月後だとして、それまで英会

決断にしても、シンプルに考えればいいのである。大きな問題が複雑に絡み合っていることはめったにない。だから、情報を整理し、枝葉末節を捨ててポイントを絞れば、自ずと何をやればいいかが見えてくるはずだ。

法律の［ C ］化を意味する「法三章」という言葉がある。これは古代中国の故事に由来する。始皇帝が始めた秦王朝はたくさんの法を作っていたが、秦のあとに漢王朝を樹立した高祖・劉邦は、殺人と傷害と窃盗の三つを罰する法以外すべてを廃止し、人民から歓迎されたという。現代は法治主義の時代だから、三つの犯罪を罰する法律だけでは困るけれども、煩雑な法律がビジネスの障害となることは少なくない。何事も複雑にしてしまうと、動きを鈍らせるものだ。

物事はできるだけシンプルにとらえることが大事である。枝葉末節にこだわって、あることないことをとりまぜて考えたら、まとまる考えもまとまらない。ポイントをせいぜい三つに絞る思考法をぜひ、身につけてほしい。

2 （c）七〇点で手を打つ

完璧な答えまでは追求しない

本質をつかむのは簡単にできることでない。しかし、あまり「難しい、難しい」と言って深刻に考える必要はない。一〇〇点満点でなく七〇点ぐらいで手を打つと割り切ればいいのである。

社会で私たちが直面するのは学校のテストとは異質の問題であり、現実を相手にする以上、なかなか一〇〇点満点は取れない。完璧な答えを追求するのではなく、「ここまでわかればいい」と割り切る。六〇点が当落の境目だとすれば、そこに一〇点上乗せした七〇点で御の字だと私は思う。

住友銀行の頭取就任時のスピーチ草稿に「経営は、失敗を全体として一定範囲内（経営として許容できる範囲内）に収める技術ともいえる。完ぺき主義、満点主義からは何も生み出せない」と加筆した。失点ばかりを気にしていたら得点できなくなる。だから、失敗は三〇点以内に抑え、七〇点を目指せばいいのである。

頭取就任時のスピーチでは、業務運営のスピードも強調した。スピードは競争力の優位要因となるだけでなく、「いかにしてスピードを速くするか」を念頭に置いて業務を点検すると、固定観念にとらわれないレベルでのプロセス改革が必要になるからだ。つまり、「本当に必要なこと」だけをピックアップしてつなぐことで、プロセスは大きく削減できる。「スピードを速くする」ということは「大事なことを選び出す」というこ

三、銀行取引は合併後も第一勧銀をメーンにすること。

示されたのはこの三つだけである。瀬島さんの部下がまとめたものだろうが、「一切の負担を持ちこまない」というのは当然と言えば当然のことであって、筋の通った話だ。しかし、「一切の負担を持ちこまない」のであれば、安宅にある繊維などの事業は不要になり、採算がとれない事業もいらない。それから、余剰人員もいらないということになる。ポイントを絞り、それでいて細大漏らさず、必要なことが盛り込まれた立派なものだった。

また、伊藤忠の担当者たちもしっかりしていて、話し合って決めたことを翌日にはペーパーにまとめてきた。それでよければこちらも了承するし、おかしいと指摘すれば伊藤忠側が訂正してくる。これも瀬島式なのだろう。

面白いのは伊藤忠のペーパーが漢字とカタカナだけで書かれ、ひらがなを使っていなかったことだ。まるで電報である。日本軍の文書はひらがなを使わないが、部下たちはそれほど瀬島さんの影響を受けていたのだろう。瀬島さんの思考と手法が徹底して部下に浸透していた証でもある。

森を見ないで木ばかり見る人

明快にして十分——これがシンプルに考えたときの結果である。その反対に「あれもこれも」と考える人は考えがまとまらず、「忙しい」「忙しい」と言っているだけでまったく前に進めない。捨てるものを捨てなければ、いくら一生懸命に考えてもやるべきことができないままで終わってしまうのだ。どんな問題にしても、それほどたくさんの急所があるわけではないことを意識すべきである。

また、「あれもこれも」と考える人はどうしても「(b) 木を見て森を見ず」になりがちである。というよりも、森を見ないから木ばかり目に入る。つまり、全体を見ることができれば、部分にとらわれることはなくなるはずなのだ。

先ほど、絞り込むときの基点になるのは「本質」だと述べたが、「本質」を「森」と置き換えて考えてもいい。戦前、住友本社の総理事を務めた小倉正恒が「仕事はまず大局を見て何たるかをとらえる」と言ったそうだが、全体がどうであるかを把握し、その中でどの木が重要かを判断する。これもシンプルに考えるための一つの手法である。

シンプルに考えてポイントを絞り込むメリットとして、みんなが理解しやすくなることが挙げられるだろう。会社の方針にしてもシンプルなものであれば、社員全体での共有が容易になるし、たくさんの目標を並べるより絞り込まれた目標を示されるほうが力を集中できる。

れている人は何事もシンプルにしか語らない。

徹底的にポイントを絞ってシンプルに考えることは、ビジネスパーソンには絶対に欠かせない手法である。というのは、「あれもこれも」と考えていると、なかなか前に進まないからだ。見方を変えれば、「あれもこれも」は優柔不断の温床と言っていいかもしれない。当然のことだが、すべてを対象にしていたら収拾がつかなくなる。その結果、結論を出せず、行動できない。

ただ、［B］人ほど「あれもこれも」と考えがちではある。当人がいい加減ではなく真剣にやっているだけにかわいそうだが、これは自分で意識して改めなければどうしようもない。

では、シンプルに考えるにはどうしたらいいか。まず、頭の中を整理整頓する。次に「本質」をつかみ、それを基点にして絞り込む。そうするとポイントは一つか、二つ、多くても三つまでだろう。四つ、五つになると、焦点がぼやけているから考え直すべきである。そもそも物事というのは、本来、それほど複雑なものではない。よくよく考えれば、ポイントは二つか、三つぐらいしかないのが普通だ。四つはともかく、五つも六つも考えるなど、愚の骨頂だと私は思う。

ポイントを絞って細大漏らさず

その点で、伊藤忠商事の会長になられた瀬島龍三さんは舌を巻くほど見事だった。直接話したことはないが、一九七六（昭和五一）年から翌年にかけて行われた安宅産業と伊藤忠の合併交渉で、当時、副社長だった瀬島さんが伊藤忠側の責任者を務めた。瀬島さんは陸軍士官学校を出た軍人出身で、戦争中は参謀本部の参謀として活躍し、ソ連のシベリア抑留から復員すると、伊藤忠の越後正一（えちごまさかず）さんにスカウトされて入社したという異色の経営者である。

陸軍のエリート参謀だっただけあって、瀬島さんはものごとを複雑にとらえるのではなく、非常にシンプルにポイントを絞ってとらえる。しかも三つに絞り込むという特徴があったように思う。陸軍や海軍の文章を見ても三項目が多く、五つも六つも書かない。それが安宅と伊藤忠の合併交渉でも如実にあらわれていた。

合併交渉を開始するときに伊藤忠が提示した条件がある。

一、新日鉄の商権は間違いなく伊藤忠が継承できること。

二、一切の負担を持ちこまないこと。

国語

（七〇分）

一　次の文章を読んで、後の問いに答えよ。なお文中の※印は、本文末を参照せよ。

1　（a）ものごとをシンプルに考える

頭の中が整理整頓されているか

仕事ができる人の資質とは何か。一つ挙げるとすれば「頭の中をきちんと整理整頓できる」ことが大事だと私は思う。

仕事にはいろいろな要素がある。そのすべてをクリアしようなどと欲張らず、整理整頓してみる。そして「本質は何か」を考える。言い換えると、その仕事のツボがどこにあるかをつかむのである。

また、やるべきことを一つひとつしらみつぶしに片づけていたら時間がいくらあっても足りない。［A］、重要度と緊急度を天秤にかけて、やるべきことを絞り込むことが必要になる。ビジネスパーソンなら、大なり小なり、仕事の優先順位をつけていると思うが、見落としがちなのは「自分ができること」と「自分ではできないこと」「自分でやるには難しいこと」を区別する視点である。「できないこと」はできないし、「難しいこと」をやれば手間暇がかかる。仕事にはスピードが求められる。時間に制限があって間に合わないと判断し、他の人の力を借りることが可能であれば「できないこと」と「難しいこと」は助力を求めたほうがいい。

こうして頭の中が整理されていれば、仕事をどうやって進めればいいかを見極めることができる。当然、仕事が速いし、成果が挙がるわけである。

これまでにいろいろな人にお目にかかったけれども、頭の中が整理されている人かどうかは話しているうちにわかってくる。頭の中が整理さ

解答編

英語

I **解答** (ア) injured　(イ) jealous　(ウ) ruins　(エ) Despite　(オ) like

解説 (ア)「スーは昨日，足を負傷した。だからトーナメントに参加できない」

injure「～を傷つける」の過去形 injured が正解。

(イ)「僕はエドがすごく妬ましい。彼は毎週末リラックスできるのに，僕はいつも働かなければならない」

be jealous of ～「～を妬む」

(ウ)「クリームをかけすぎるとイチゴの味を損なう」

ruin「～を駄目にする，損なう，破壊する」に三人称単数の s をつけた ruins が正解。

(エ)「レスリーは 30 年近くもピアノを弾いているにもかかわらず，聴衆の前で一度も弾いたことがない」

despite は「～にもかかわらず」という意味の前置詞。

(オ)「美容師が髪を短く切り過ぎたとき，彼女はそれが好きではなかった〔不愉快だった〕」

like「～を好む」が正解。

II **解答** （誤／正の順に）　(ア) 2 ／ second　(イ) 2 ／ longer　(ウ) 2 ／ has　(エ) 1 ／ Though または Although

(オ) 1 ／ where または in which

解説 (ア)「第二段階（二番目の段階）」なので，基数の 2．two を序数の second に書き換える。

(イ)直後に than があって「～よりも長い」とするので，2．long を比較級の longer に書き換える。

(ウ)主語は Everybody で，every，each などは三人称単数の扱いなので，２．have を has に書き換える。

(エ)１．Whether の代わりに「～ではあるけれども」という意味の接続詞の Though または Although を使う。なお，この単語は文頭にあるので，大文字で書き出さないと正解と認められない可能性がある。

(オ)関係詞節の I live が完全文なので，１．that の位置には関係代名詞ではなく関係副詞を置かなければならない。先行詞が場所を表す名詞なので，場所の関係副詞である where にする。また，I live in the village の the village が先行詞として前に出た文だと考えれば，この where は，in which（前置詞＋関係代名詞）に置き換えることもできる。

III 解答 (ア)―４　(イ)―２　(ウ)―２　(エ)―３　(オ)―３

解説 (ア) One employee <u>pointed</u> out why (this system doesn't work.)

point out ～「～を指摘する」

(イ)(There) is a <u>first</u> time for (everything.)

the first ではなく a first になっているのは，一般論的に「最初のときというもの」を指しているから。

(ウ)(As) soon as <u>I</u> picked up (the phone, the caller hung up on me!)

as soon as SV「S が V するとすぐに」なお，「受話器を取る」pick up (the phone) と「電話を切る」hang up (the phone) は覚えておく必要がある。

(エ) (He took an intensive English) course to <u>prepare</u> for studying (abroad.)

prepare for ～「～のために準備する」 study abroad「留学する」

(オ) You cannot <u>take</u> back your (words once you've said them.)

take back ～「～（約束など）を取り消す」 once SV「いったん S が V したら」

Ⅳ 解答例

(ア) Yes, of course. / Of course you can.

(イ) What are you eating? / What is the name of your dish?

(ウ) I'll have the same as you. / I want to eat some, too.

解説 ≪カフェテリアでの会話≫

いろいろな言い方が考えられるが，それぞれ2つずつ解答例を示した。

A：やあ，マイク。ここに座っていいかい？

B：(ア)もちろんいいよ。

A：カフェテリアは，いつもはこんなに混雑してないのにね。食べ物のための行列が本当に長いから，注文する前に席を確保しておきたいんだ。

B：いつもより混んでいるのは，今日は学校がオープンキャンパスを開催しているからだろうね。

A：ああ，なるほど。(イ)何を食べているんだい？／その料理はなんて名前？ おいしそうだね。

B：うどんランチセットだよ。おいしいし，安いよ。サラダとドリンクも付いているんだ。

A：それはすごいね。値段はいくら？

B：たった350円だよ。

A：(ウ)僕も君と同じのにするよ。／僕も食べたいな。ランチに食べたいものを決めるのを手伝ってくれてありがとう！

B：どういたしまして！ もう行列が短くなってきたみたいだ。君が注文している間，バッグを見ててあげるよ。

Ⅴ 解答

A.（各10語以内） (ア) He lives in London.

(イ) He found mica there.

(ウ) A timer. / A button. / A spring to make the toast pop up.

(エ) Because the nickel heating element melted within seconds.

(オ) Modern life is the result of people working together.

B. (カ) materials (キ) home microwave (ク) pond

(ケ) a simple model / rough (コ) success

解説 ≪トースタープロジェクト≫

A. (ア)「トーマス=スウェイツはどの都市に住んでいますか」

第１段第１文（Thomas Thwaites was …）にロンドンの「ロイヤル・カレッジ・オブ・アート（Royal College of Art，通称：RCA）」に通っているとある。また，第３段第３文（Back home in London, …）に「ロンドンに帰ってきて」とあるので，ロンドンに住んでいることが察せられる。「彼はロンドンに住んでいる」とすればよい。

(イ)「スウェイツはスコットランドでどんな材料を見つけましたか」

第４段第２～最終文（Mica is a … rocky landscape.）に，雲母（mica）が電気器具の材料として適していること，それを求めてスコットランドへ行ったことが述べられている。「彼はそこで雲母を見つけた」とすればよい。

(ウ)「スウェイツのトースターに含まれていなかった，トースターの共通な特徴は何ですか」

第７段第２文（It was a simple …）に「タイマーもボタンもトーストを飛び出させるスプリングもない」とあるので，そのいずれかを書けばよい。

(エ)「スウェイツのトースターはなぜ失敗したのですか」

Why ～? と質問された場合は，Because ～.「なぜならば～だからです」，または To ～.「～するためです」と答えるのが常道。第７段最終２文（When he finally … had failed.）から「ニッケル製の加熱装置がすぐに溶けてしまって失敗した」ことがわかる。

(オ)「トースタープロジェクトから引き出される一つの重要な教訓は何ですか」

最終段第３文（Thwaites's message is …）に「スウェイツの伝えたかったことは『現代生活は人々が協力して働くことの結果である』」とあるので，『　』の部分（英文では that 以下）を示せばよい。

B．(カ)要約文の中のこの部分は，「彼はトースターを作ったばかりでなく，またトースターのおのおのの（　カ　）をも作った」という意味。

本文第１段第３文（Rather than buying …）に「トースターのための，金属やプラスチックなどの材料を買うよりはむしろ，彼はそれらを自分で作りたいと思った」とあり，第２段第２文（He researched how …）に「これらのもの（＝５つの材料）を作る方法を調べて，仕事に取りかかった」とある。また，要約文の構成を見ると，空欄(カ)の後は，５つの材料

（鉄，雲母，プラスチック，銅，ニッケル）をどのようにして作ったかの説明になっている。以上のことから正解は materials（材料）。

(キ)「第一に彼は，自分の（　キ　）の中で，鉱石を溶かすことによって鉄を作った」

第3段最終文（Thwaites heated the …）に「家庭用電子レンジで鉱石を熱した」とある。正解は home microwave（家庭用電子レンジ）。

(ク)「スウェイツは銅鉱山の近くの（　ク　）の中で銅を発見した」

第6段第3文（Thwaites managed to …）に「スウェイツは銅鉱山の外部の池の中で十分な量の銅を発見した」とある。正解は pond（池）。

(ケ)「彼のトースターは（　ケ　）であり，店にあるものとは違っており，かつ作動しなかった」

第7段第2・3文（It was a … being handmade.）に「単純なデザインだった」「粗末に見えた」とある。正解は a simple model（単純なデザイン）あるいは rough（粗末な）。

(コ)「それでも，スウェイツのプロジェクトは，彼が世界に知らしめた貴重な教訓のゆえに（　コ　）だった」

最終段第1文（Still, Thwaites's project …）に「プロジェクトは成功だった」とある。実際に，のちに本を出版し，TED で講演し，このプロジェクトから得られた教訓を述べていることからみても，プロジェクトは success（成功）だったと言える。

数学

1

解答　(1) $x+y=\dfrac{\sqrt{7}}{2}$,　$x^2y+xy^2=\dfrac{\sqrt{7}}{8}$

(2) $\cos\angle\mathrm{CAB}=\dfrac{7}{8}$,　$\sin\angle\mathrm{CAB}=\dfrac{\sqrt{15}}{8}$,　$R=\dfrac{4\sqrt{15}}{15}$

(3)頂点：$\left(-1,\ -\dfrac{3}{2}\right)$,　方程式：$y=\dfrac{1}{2}x^2+3x+6$

(4) $p=\dfrac{15}{64}$,　$q=-\dfrac{3}{256}$

(5) $-2\leqq x<-1$,　$2<x\leqq 3$

(6)最小値 16,　$x=\sqrt{2}$

(7) $a_n=2\cdot 3^{n-1}$

(8) $\dfrac{3-\sqrt{5}}{2}$

(9) $\dfrac{\pi}{6}<x<\dfrac{\pi}{2}$,　$\dfrac{5}{6}\pi<x<\dfrac{3}{2}\pi$

(10) $a=-3$,　$b=-12$,　$c=3$

解説　≪小問 10 問≫

(1)

$$x+y=\frac{1}{\sqrt{7}+\sqrt{3}}+\frac{1}{\sqrt{7}-\sqrt{3}}$$
$$=\frac{(\sqrt{7}-\sqrt{3})+(\sqrt{7}+\sqrt{3})}{(\sqrt{7}+\sqrt{3})(\sqrt{7}-\sqrt{3})}$$
$$=\frac{2\sqrt{7}}{7-3}=\frac{\sqrt{7}}{2}$$

また

$$xy=\frac{1}{\sqrt{7}+\sqrt{3}}\times\frac{1}{\sqrt{7}-\sqrt{3}}$$
$$=\frac{1}{7-3}=\frac{1}{4}$$

よって

$$x^2y+xy^2=xy(x+y)$$

$$=\frac{1}{4}\times\frac{\sqrt{7}}{2}=\frac{\sqrt{7}}{8}$$

(2)　余弦定理より

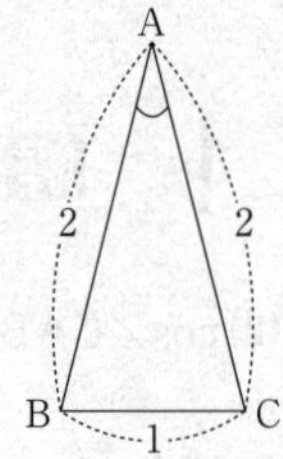

$$\cos\angle \mathrm{CAB}=\frac{\mathrm{AB}^2+\mathrm{AC}^2-\mathrm{BC}^2}{2\mathrm{AB}\cdot\mathrm{AC}}$$

$$=\frac{2^2+2^2-1^2}{2\cdot2\cdot2}=\frac{7}{8}$$

また，$\sin\angle \mathrm{CAB}>0$ であるから

$$\sin\angle \mathrm{CAB}=\sqrt{1-\cos^2\angle \mathrm{CAB}}=\sqrt{1-\frac{49}{64}}=\frac{\sqrt{15}}{8}$$

次に，正弦定理より，$2R=\dfrac{\mathrm{BC}}{\sin\angle \mathrm{CAB}}$ であるから

$$R=\frac{\mathrm{BC}}{2\sin\angle \mathrm{CAB}}=\frac{1}{2\cdot\frac{\sqrt{15}}{8}}=\frac{4}{\sqrt{15}}=\frac{4\sqrt{15}}{15}$$

(3)
$$y=\frac{1}{2}x^2+x-1$$

$$=\frac{1}{2}(x^2+2x)-1$$

$$=\frac{1}{2}\{(x+1)^2-1\}-1$$

$$=\frac{1}{2}(x+1)^2-\frac{3}{2}$$

より，頂点の座標は $\left(-1,\ -\dfrac{3}{2}\right)$ である。この放物線を x 軸方向に -2，y 軸方向に 3 だけ平行移動した放物線の頂点は $\left(-1-2,\ -\dfrac{3}{2}+3\right)$，つまり $\left(-3,\ \dfrac{3}{2}\right)$ である。また，平行移動によって，放物線を表す式の x^2 の係数は変わらないことから，求める方程式は

$$y-\frac{3}{2}=\frac{1}{2}(x+3)^2$$

$$\therefore\quad y=\frac{1}{2}x^2+3x+6$$

別解 $y=\frac{1}{2}(x+1)^2-\frac{3}{2}$ において，x を $x-(-2)=x+2$，y を $y-3$ でおきかえて求めてもよい。

$$y-3=\frac{1}{2}(x+2+1)^2-\frac{3}{2}$$

$$y=\frac{1}{2}(x+3)^2+\frac{3}{2}$$

$$=\frac{1}{2}x^2+3x+6$$

(4) $\left(\frac{x}{4}-\frac{2}{x^2}\right)^6$ を展開したときの一般項は

$${}_6C_r\left(\frac{x}{4}\right)^{6-r}\left(-\frac{2}{x^2}\right)^r={}_6C_r\frac{x^{6-r}}{2^{2(6-r)}}\cdot\frac{(-2)^r}{x^{2r}}$$

$$={}_6C_r(-1)^r2^{3r-12}x^{6-3r}\quad(r=0,\ 1,\ 2,\ \cdots,\ 6)$$

定数項は

$$6-3r=0$$

から　$r=2$

のとき。よって

$$p={}_6C_2(-1)^22^{-6}=\frac{6\cdot5}{2\cdot1}\cdot\frac{1}{2^6}=\frac{15}{64}$$

また，x^3 の項は

$$6-3r=3$$

から　$r=1$

よって，その係数は

$$q={}_6C_1(-1)^12^{-9}=-6\times\frac{1}{2^9}=-\frac{3}{256}$$

(5)　$\log_2(x^2-x-2)\leqq2$　……①

とおく。(対数の真数)>0 より

$$x^2-x-2>0$$

$$(x+1)(x-2)>0$$

$$\therefore\ x<-1,\ 2<x\quad\cdots\cdots②$$

このとき，①から

$$x^2-x-2\leqq2^2$$

$$x^2-x-6\leqq 0$$

$$(x+2)(x-3)\leqq 0$$

$$\therefore\quad -2\leqq x\leqq 3\quad \cdots\cdots③$$

②，③の共通範囲をとって

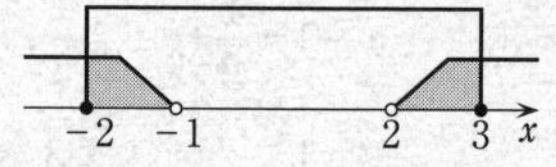

$$-2\leqq x<-1,\ 2<x\leqq 3$$

(6)

$$\left(x+\frac{4}{x^3}\right)\left(x^3+\frac{4}{x}\right)=x^4+4+4+\frac{16}{x^4}$$

$$=x^4+\frac{16}{x^4}+8$$

$x>0$ より，$x^4>0$，$\dfrac{16}{x^4}>0$ であるから，相加・相乗平均の関係から

$$x^4+\frac{16}{x^4}\geqq 2\sqrt{x^4\cdot\frac{16}{x^4}}=8$$

等号は

$$x^4\left(=\frac{16}{x^4}\right)=4\qquad x^2=2$$

$$\therefore\quad x=\sqrt{2}\quad (x>0\ より)$$

のときに成立するから，求める最小値は 16 で，そのときの x の値は $\sqrt{2}$ である。

(7)　初項を a，公比を r として，$a_1+a_2+a_3=26$，$a_4+a_5+a_6=702$ より

$$a+ar+ar^2=26\qquad \cdots\cdots①$$

$$ar^3+ar^4+ar^5=702\quad \cdots\cdots②$$

②より

$$r^3(a+ar+ar^2)=702$$

①を代入して

$$26r^3=702\qquad r^3=27$$

r は実数としてよく

$$r=3$$

①に代入して

$$a(1+3+9)=26$$

$$\therefore\quad a=2$$

よって

$$a_n = 2\cdot 3^{n-1}$$

(8)　内接円の半径を r とする。A(1, 0), B(0, 2) とおくと

$$\mathrm{AB} = \sqrt{1^2+2^2} = \sqrt{5}$$

よって，右図から

$$\mathrm{AB} = (2-r)+(1-r)$$

でもあるから

$$(2-r)+(1-r) = \sqrt{5}$$

$$\therefore\quad r = \frac{3-\sqrt{5}}{2}$$

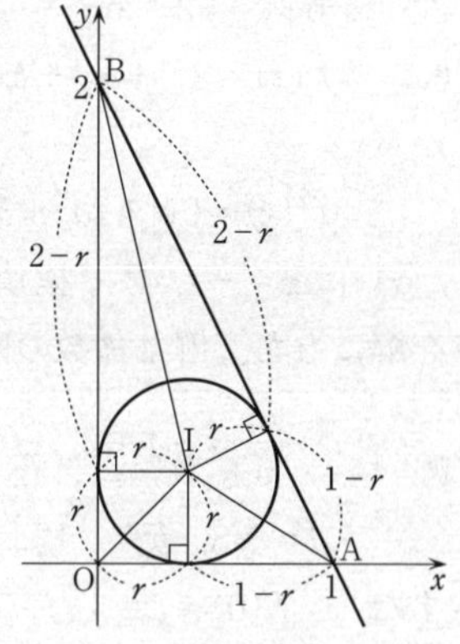

別解　内心を I として

$$\triangle\mathrm{OAB} = \triangle\mathrm{IOA}+\triangle\mathrm{IOB}+\triangle\mathrm{IAB}$$

から

$$\frac{1}{2}\times 1\times 2 = \frac{1}{2}\times 1\times r+\frac{1}{2}\times 2\times r+\frac{1}{2}\times\sqrt{5}\times r$$

$$= \frac{1}{2}(3+\sqrt{5})\,r$$

よって

$$r = \frac{2}{3+\sqrt{5}} = \frac{2(3-\sqrt{5})}{(3+\sqrt{5})(3-\sqrt{5})}$$

$$= \frac{2(3-\sqrt{5})}{9-5} = \frac{3-\sqrt{5}}{2}$$

(9)　$\sin 2x > \cos x$ から

$$2\sin x\cos x > \cos x$$

$$\cos x(2\sin x-1) > 0$$

よって

$$\begin{cases}\cos x>0\\ \sin x>\dfrac{1}{2}\end{cases} \quad\text{または}\quad \begin{cases}\cos x<0\\ \sin x<\dfrac{1}{2}\end{cases}$$

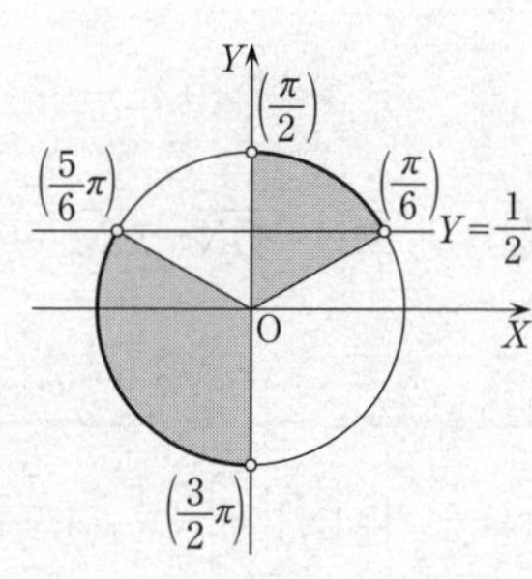

$\cos x = X$, $\sin x = Y$ とおくと，$X^2+Y^2=1$ であるから，XY 平面上の「$X>0$, $Y>\frac{1}{2}$」または「$X<0$, $Y<\frac{1}{2}$」の部分にある円 $X^2+Y^2=1$ の弧を表す角の範囲から

$$\frac{\pi}{6}<x<\frac{\pi}{2},\ \frac{5}{6}\pi<x<\frac{3}{2}\pi$$

(10) $f(x)=2x^3+ax^2+bx+c$

から

$$f'(x)=6x^2+2ax+b$$

$f(x)$ は $x=-1,\ 2$ で極値をとるから，2次方程式 $f'(x)=0$ は $x=-1,\ 2$ を解にもち，解と係数の関係から

$$-\frac{2a}{6}=-1+2,\ \frac{b}{6}=-1\times2$$

$\therefore\ a=-3,\ b=-12$

また　$f(0)=c=3$

このとき，$f(x)=2x^3-3x^2-12x+3$ より

$$f(-1)=10,\ f(2)=-17$$

$\therefore\ f(-1)>f(2)$

より，確かに $x=-1$ で極大，$x=2$ で極小となる。

2 解答

(1) $\vec{a}\cdot\vec{c}=2\times1\times\cos60°=1$ ……(答)

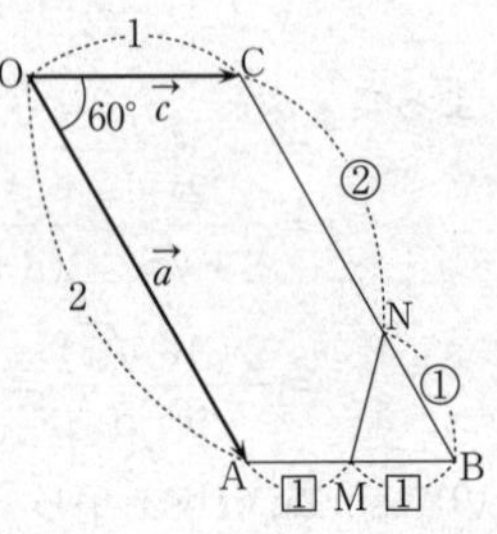

(2) $\overrightarrow{OM}=\overrightarrow{OA}+\overrightarrow{AM}=\vec{a}+\frac{1}{2}\vec{c}$ ……(答)

$$\overrightarrow{ON}=\overrightarrow{OC}+\overrightarrow{CN}=\vec{c}+\frac{2}{3}\vec{a}$$

$$=\frac{2}{3}\vec{a}+\vec{c}$$ ……(答)

(3) $\overrightarrow{MN}=\overrightarrow{ON}-\overrightarrow{OM}=\left(\frac{2}{3}\vec{a}+\vec{c}\right)-\left(\vec{a}+\frac{1}{2}\vec{c}\right)$

$$=-\frac{1}{3}\vec{a}+\frac{1}{2}\vec{c}$$ ……(答)

(4) $|\overrightarrow{MN}|^2=\left|-\frac{1}{3}\vec{a}+\frac{1}{2}\vec{c}\right|^2$

$$=\frac{1}{9}|\vec{a}|^2-\frac{1}{3}\vec{a}\cdot\vec{c}+\frac{1}{4}|\vec{c}|^2$$

$$=\frac{4}{9}-\frac{1}{3}+\frac{1}{4}=\frac{13}{36}$$

$\therefore\quad |\overrightarrow{\mathrm{MN}}|=\dfrac{\sqrt{13}}{6}$ ……(答)

別解 △BMN で，$\angle \mathrm{MBN}=60°$，$\mathrm{BM}=\dfrac{1}{2}$，$\mathrm{BN}=\dfrac{2}{3}$

よって，余弦定理から

$$\begin{aligned}\mathrm{MN}^2&=\left(\frac{1}{2}\right)^2+\left(\frac{2}{3}\right)^2-2\cdot\frac{1}{2}\cdot\frac{2}{3}\cdot\cos 60°\\&=\frac{1}{4}+\frac{4}{9}-\frac{1}{3}=\frac{13}{36}\end{aligned}$$

$\therefore\quad \mathrm{MN}=\dfrac{\sqrt{13}}{6}$

解 説　≪平面ベクトル≫

(1)　内積の定義にしたがえばよい。

(2)　$\overrightarrow{\mathrm{OM}}=\overrightarrow{\mathrm{OA}}+\overrightarrow{\mathrm{AM}}$，$\overrightarrow{\mathrm{ON}}=\overrightarrow{\mathrm{OC}}+\overrightarrow{\mathrm{CN}}$ と変形し，$\overrightarrow{\mathrm{OA}}$，$\overrightarrow{\mathrm{OC}}$ に平行なベクトルのみで表せばよい。

(3)　$\overrightarrow{\mathrm{MN}}=\overrightarrow{\mathrm{ON}}-\overrightarrow{\mathrm{OM}}$ である。

(4)　$|\overrightarrow{\mathrm{MN}}|^2$ を計算する。あるいは，△BMN に注目して，余弦定理を用いてもよい。

3

解答　1 個のさいころを 1 回投げたとき

成功する確率は $\dfrac{2}{6}=\dfrac{1}{3}$，失敗する確率は $\dfrac{4}{6}=\dfrac{2}{3}$ である。

(1)　1 回も成功せずに終了するのは，3 回連続で失敗するときなので，求める確率は

$$\left(\frac{2}{3}\right)^3=\frac{8}{27}\quad\text{……(答)}$$

(2)　4 回目までに 2 回成功，2 回失敗して，5 回目に失敗するときであるから，求める確率は

$${}_4\mathrm{C}_2\left(\frac{1}{3}\right)^2\left(\frac{2}{3}\right)^2\times\frac{2}{3}=\frac{4\cdot 3}{2\cdot 1}\times\frac{4\times 2}{9\times 9\times 3}=\frac{16}{81}\quad\text{……(答)}$$

(3)　○を成功，×を失敗として，次図のような場合である。

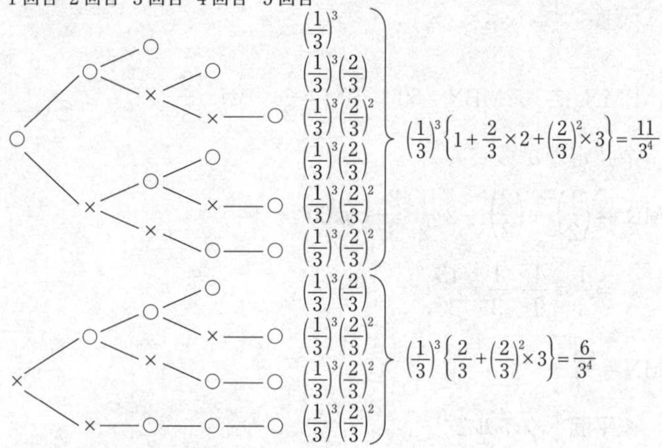

これより，求める確率は

$$\frac{11}{3^4}+\frac{6}{3^4}=\frac{17}{81}\quad\cdots\cdots(\text{答})$$

別解　(成功の回数，失敗の回数)＝(3，0)，(3，1)，(3，2)のときで，最後は成功で終了することから

$$\left(\frac{1}{3}\right)^3+{}_3C_2\left(\frac{1}{3}\right)^2\left(\frac{2}{3}\right)\times\frac{1}{3}+{}_4C_2\left(\frac{1}{3}\right)^2\left(\frac{2}{3}\right)^2\times\frac{1}{3}=\frac{1}{3^3}+\frac{2}{3^3}+\frac{4\cdot 3}{2\cdot 1}\times\frac{4}{3^5}$$

$$=\frac{1}{3^2}+\frac{8}{3^4}=\frac{17}{3^4}=\frac{17}{81}$$

解説　**≪さいころと確率，反復試行の確率≫**

(1)　3回連続で失敗するときである。

(2)　5回のうち，2回だけ成功して，3回失敗して終了するときである。5回目に失敗することに注意する。

(3)　樹形図を描くか，または失敗の回数が0，1，2のときで場合分けする。反復試行の確率が使える。

4

解答　(1)　$C: y=x^3$ より　　$y'=3x^2$

よって，点 (1，1) における C の接線 l の傾きは3であるから，l の方程式は

$$y-1=3(x-1)$$

$$\therefore\quad y=3x-2\quad\cdots\cdots(\text{答})$$

また，l に垂直な直線 m の傾きは $-\frac{1}{3}$ で，点 (1, 1) を通るから，m の方程式は

$$y-1=-\frac{1}{3}(x-1)$$

$$\therefore \quad y=-\frac{1}{3}x+\frac{4}{3} \quad \cdots\cdots(\text{答})$$

(2) 求める面積を S_1 とすると，右図から

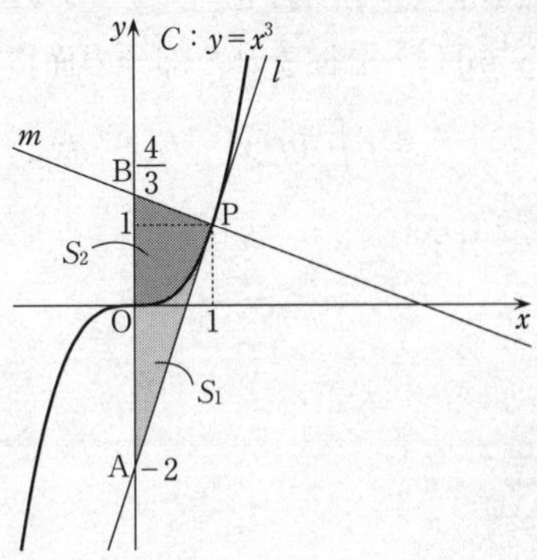

$$S_1=\int_0^1\{x^3-(3x-2)\}dx$$

$$=\int_0^1(x^3-3x+2)\,dx$$

$$=\left[\frac{1}{4}x^4-\frac{3}{2}x^2+2x\right]_0^1$$

$$=\frac{1}{4}-\frac{3}{2}+2=\frac{3}{4} \quad \cdots\cdots(\text{答})$$

(3) 求める面積を S_2 とすると

$$S_2=\int_0^1\left\{\left(-\frac{1}{3}x+\frac{4}{3}\right)-x^3\right\}dx$$

$$=\left[-\frac{1}{6}x^2+\frac{4}{3}x-\frac{1}{4}x^4\right]_0^1$$

$$=-\frac{1}{6}+\frac{4}{3}-\frac{1}{4}$$

$$=\frac{-2+16-3}{12}=\frac{11}{12} \quad \cdots\cdots(\text{答})$$

(注) P(1, 1), A(0, −2), B$\left(0,\ \frac{4}{3}\right)$ とする。点Pと y 軸の距離が1であることから

$$\triangle\text{PAB}=\frac{1}{2}\left\{\frac{4}{3}-(-2)\right\}\times 1=\frac{5}{3}$$

$S_1+S_2=\triangle\text{PAB}$ より

$$S_2=\triangle\text{PAB}-S_1=\frac{5}{3}-\frac{3}{4}=\frac{11}{12}$$

と求めることもできる。

解説　≪3次関数のグラフ，接線および接線に垂直な直線，y 軸の囲む2つの部分の面積≫

(1)　l は傾き $f'(1)$ で，点 $(1,\ 1)$ を通る直線である。m の傾きは，$f'(1)\neq 0$ より $-\dfrac{1}{f'(1)}$ であり，m は点 $(1,\ 1)$ を通る。

(2)　$\alpha\leqq x\leqq\beta$ のとき，$f(x)\leqq g(x)$ ならば2直線 $x=\alpha$，$x=\beta$，および2つの曲線 $y=f(x)$ と $y=g(x)$ で囲まれた部分の面積 S は

$$S=\int_{\alpha}^{\beta}\{g(x)-f(x)\}dx$$

である。

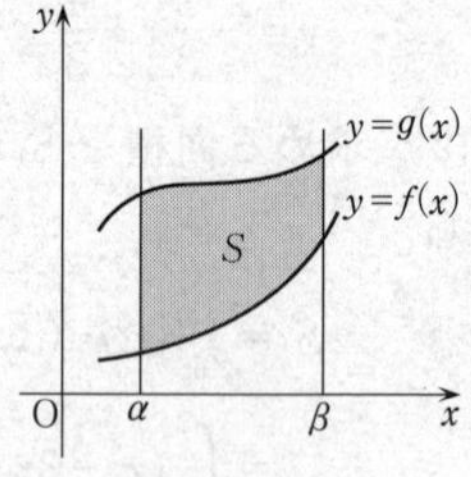

二

出典　田部井文雄『「完璧」はなぜ「完ぺき」と書くのか――これでいいのか？　交ぜ書き語』〈Ⅰ　交ぜ書き語とは何か〉（大修館書店）

解答

問一　表意文字である漢字の熟語の一部を音だけで表す仮名にしたことによって、字面の感触がグロテスクになったことと、熟語の意味が不明瞭になったこと。（五十文字以上七十文字以内）

問二　「当用漢字表」以外の漢字は、すべて「表外漢字」「制限漢字」と称せられて、使用禁止

問三　漢字使用の「制限」から「使用の目安」を示すにとどまる

問四　常用漢字と表外漢字の間に甚だしい難易の差が認め難く、使用の頻度・重要度にも大きな隔たりがないから。（四十文字以上五十文字以内）

問五　豊かで多彩に造成してきた漢字漢語を人為的に常用と非常用との語として分別する理由は認められないし、その上で、意味を不明にしてしまう「交ぜ書き」表記は到底容認できない。（八十文字程度）

問六　(ア)じづら　(イ)げんきょう

問七　歳月

問八　A―②　B―④　C―③　D―⑤　E―①

国語

一

出典 西川善文『仕事と人生』〈第一章 評価される人〉（講談社現代新書）

解答

問一 (ア)駆使 (イ)異動

問二 A―※ D―②

問三 ②

問四 簡素

問五 ④

問六 人のためにやったことは自分のためになる

問七 頭の中を整理整頓した上で、本質をつかみとり、それを基点にしてポイントを三つまでに絞り込めばよい。（四十文字以上五十文字以内）

問八 森の全体という本質を把握した上で木、つまり部分について判断すればよい。（二十五文字以上三十五文字以内）

問九 競争力で優位に立つにはスピードが重要で、完璧な答えより、本当に必要なことに絞り込んでプロセスを削減することが必要だから。（四十文字以上六十文字以内）

※問二のAについては、選択した受験生全員を正解として取り扱ったと大学から公表されている。

2022年度

問題と解答

■一般試験Ａ：２月１日実施分

問題編

▶試験科目・配点

教　科	科　　目	配　点
外国語	コミュニケーション英語Ⅰ・Ⅱ	100点
数　学	数学Ⅰ・Ⅱ・Ａ・Ｂ*	100点
理科・国　語	「物理基礎・物理〈省略〉」,「化学基礎・化学〈省略〉」,「生物基礎・生物〈省略〉」,「国語総合（古文・漢文を除く）・現代文Ｂ〈省略〉」から１科目選択	100点

▶備　考

＊「数学Ｂ」は「数列」,「ベクトル」を出題範囲とする。

上記学力試験と調査書等により総合的に選考する。

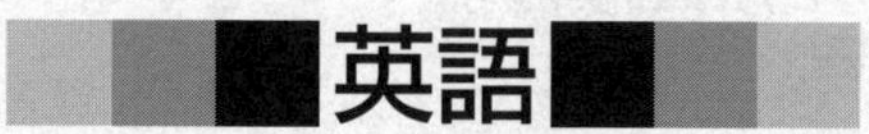

英語

（60 分）

I．　次の（ア）～（コ）の下線の部分に入れる語句として、最も適切なものを選択肢から選びなさい。

（ア）　Because of the construction work, it _____ quite noisy last night.

1. been
2. has been
3. was
4. were

（イ）　I am very sorry to have _____ you waiting so long.

1. keep
2. keeping
3. keeps
4. kept

（ウ）　If you have a problem, you should ask _____ help from your classmate.

1. at
2. for
3. in
4. on

（エ）　The sun _____ appeared from behind the mountain.

1. slow
2. slower
3. slowest
4. slowly

（オ）　A: Jane, do you have your coat?
B: Yes, and Emily has _____ too.

1. her

2. hers
3. she
4. she’s

(カ)　The managers all agreed _____ hire three new employees this year.

1. about
2. if
3. to
4. when

(キ)　Tom _____ misses any tricks when he is snowboarding.

1. ever
2. hardly
3. not
4. very

(ク)　Jim didn’t participate in the project, and _____ did I.

1. as
2. either
3. neither
4. so

(ケ)　The more you practice, _____ you get.

1. best
2. better
3. the best
4. the better

(コ)　A: How often does Alice go to the gym?
B: _____ other day.

1. All
2. Any
3. Every
4. Some

Ⅱ. A　次の（ア）～（オ）に入れる文として、最も適切なものを選択肢から選びなさい。選択肢は、一回しか使えません。

A: Hi, John. What's wrong? (___ア___)

B: I couldn't fasten the button on my jeans this morning. (___イ___)

A: Oh dear! You might need to go on a diet. Have you heard of the soup diet?

B: No. What's that?

A: You eat a special soup for every meal for one week. But that's not all. (___ウ___)

B: No bread or meat? That seems tough. Wouldn't I feel hungry all the time?

A: A little, but it's not that bad. Of course, you should do some exercise as well.

B: Really? What should I do? I'm not good at sports.

A: You don't have to be good at sports. You only need to do about 30 minutes of exercise a few times a week. (___エ___) Those are my favorites, anyway.

B: I don't know. That might be too difficult for me.

A: Don't worry! (___オ___) If you join the sports club I go to, we can exercise together.

B: OK, I'll think about it.

［選択肢］

1. Do you eat meat?
2. Does this website have a lot of healthy recipes?
3. I seem to have gained a lot of weight!
4. I'll do it with you.
5. It's not my fault if I did.
6. You can also have certain fruits or vegetables each day.
7. You could try jogging, cycling, or swimming.
8. You look a little upset.

Ⅱ. B　次の（カ）～（コ）に入れる文として、最も適切なものを選択肢から選びなさい。選択肢は、一回しか使えません。

A: I'm bored. I've been listening to an audiobook, but I finished it today. Now I don't have anything to listen to.

B: Have you tried listening to podcasts?

A: Podcasts? (　カ　) What are they?

B: They're like radio programs on the internet. There are lots of them. You can use an application on your smartphone to listen to them. (　キ　)

A: What kind of categories are there?

B: All sorts—comedy, interviews, documentaries, travel, mystery, cooking . . .

A: Wow, there are a lot of options. (　ク　)

B: That depends. What are you interested in?

A: I really enjoy comedy.

B: OK, then I recommend *The Witty Hill*. The host interviews various celebrities. It's really funny and entertaining.

A: Hmm . . . I don't really care about celebrities.

B: Well, the people he interviews are mostly musicians or actors. (　ケ　)

A: All right, I might like hearing about them.

B: Great. (　コ　)

A: OK, I'll do that. Thanks for the advice!

［選択肢］

1. I can probably fix it.
2. Is there anything you recommend?
3. It's a really good book.
4. Let me know what you think after listening to it.
5. No, I've never listened to one before.
6. They usually have interesting lives.
7. Yes, if you want to.
8. You just search by category and download one that interests you.

Ⅲ. 次の英文は「電球の寿命」について述べたものです。（ア）～（コ）に入れる最も適切なものを選択肢から選びなさい。

Modern LED light bulbs last a very, very long time. A common LED light bulb that you might use in your home can produce light for 50,000 to 100,000 hours, meaning that one of these bulbs could （ ア ） up your room for a decade or two.

Electric lights have not always lasted as long as they do today, however. In fact, there was a time in the history of electric lighting when companies actually tried to shorten the life of their light bulbs. To understand the （ イ ） they did this, it is helpful to know how light bulb technology first developed.

In the mid-1800s, a new lighting technology for home use was created. It was known as the "incandescent" light bulb, and it can still be （ ウ ） today. Incandescent bulbs work by running electricity through a filament—a small piece of material inside the bulb that heats up and emits light. In the beginning, these lights （ エ ） lasted a few hours.

Over the next several years, lighting technology progressed （ オ ）. Various metal filaments were used, electrical connections were improved, and a higher vacuum was achieved inside the bulbs. By the early 1920s, innovations like these meant that the regular light bulbs used in the home lasted 1,750 hours on average.

This created a problem for light bulb companies, however. As light bulbs began lasting longer, people did not need to buy new ones as often. As a result, manufacturers could not sell as many light bulbs, and their profits decreased.

In 1924, major light bulb manufacturers （ カ ） the United States, the United Kingdom, Germany, the Netherlands, and Japan formed a group known as the Phoebus Cartel in order to take control of the situation. The companies in the Phoebus Cartel decided to gradually decrease the lifespan of light bulbs to 1,000 hours so that customers would have to buy them more often. The engineers who had worked for years to create better, longer-lasting light bulbs were now given a （ キ ） task: to make the product worse.

To ensure that all its members followed the plan, the Phoebus Cartel routinely tested each company's light bulbs. Any company that produced light bulbs that lasted too long was punished with a fine. By 1934, the average light bulb lifespan had decreased to 1,250 hours, and light bulb sales increased by 25% as a result. As the group pursued its （ ク ） of a 1,000-hour light bulb, average light bulb lifespans continued decreasing for several more years.

Before reaching its goal, however, war disrupted the influence of the Phoebus Cartel. World War II began in 1939, and this made it （ ケ ） for light bulb manufacturers in some of the countries to work together to control the product. By the 1940s, the Phoebus Cartel had dissolved.

Light bulb technology began improving after this, eventually resulting in the （ コ ） long-lasting and efficient LED bulbs of today. Without the limits imposed by groups like the Phoebus Cartel, the world will likely continue developing better, stronger, more energy-efficient electric lighting for years to come.

（ア）　1. brighten　2. rely　3. security　4. spend　5. transparent

（イ）　1. admit　2. emergency　3. reason　4. thoughtful　5. variety

（ウ）　1. generally　2. occupation　3. purchased　4. remove　5. user

（エ）　1. by　2. cause　3. false　4. only　5. potential

（オ）　1. exhibition　2. full　3. qualify　4. rapidly　5. until

（カ）　1. decides　2. from　3. oppose　4. since　5. together

（キ）　1. dispute　2. fairly　3. new　4. policies　5. troubles

（ク）　1. certain　2. powerful　3. reviewer　4. target　5. unlimited

（ケ）　1. difficult　2. leading　3. protected　4. transition　5. very

（コ）　1. after　2. environment　3. extremely　4. increase　5. wonder

IV. 次の（ア）～（オ）のそれぞれの日本文の意味を表す英文になるように、各英文の空欄に語または句を最も適切な順番に並べた場合、３番目にくるものの番号を選びなさい。ただし、文頭にくるものも小文字で書いてあります。また、必要なコンマが省略されている場合もあります。［解答欄のカ～コは使用しません。］

（ア）　一週間もたってはじめてその悲しい知らせを聞いた。

It was only after ____ ____ ____ ____ ____ the sad news.

1. a　　2. heard　　3. I
4. that　　5. week

（イ）　クリスは細かい点まで覚える驚くべき能力がある。

Chris ____ ____ ____ ____ ____ details.

1. ability　　2. an　　3. astonishing
4. has　　5. to memorize

（ウ）　バンドがステージに上がるのを見て、観客は歓声をあげた。

____ ____ ____ ____ ____ the stage, the audience began to cheer.

1. band　　2. onto　　3. seeing
4. the　　5. walk

（エ）　床中にパズルのかけらが散らばっていた。

There were ____ ____ ____ ____ ____ the floor.

1. all　　2. of　　3. over
4. pieces　　5. the puzzle

（オ）　あなたのアドバイスが私の人生にどんな変化をもたらしたことか！

____ ____ ____ ____ ____ made in my life!

1. a　　2. difference　　3. has
4. what　　5. your advice

V. 次の（ア）～（オ）の下線部分①～④で、各文脈に合わないものを一つずつ選びなさい。［解答欄のカ～コは使用しません。］

（ア） Burgoo is a type of stew that is popular in the southern region of the United States. Generally, burgoo is made with a **① variety** of vegetables and a meat such as pork, chicken, or mutton. The stew is known for its rich, barbecue flavor and its thickness. It is said that burgoo should be thick **② enough** for a spoon to stand up in it without falling over. The recipe for burgoo is flexible, so barbecue restaurants typically **③ create** their own. Most versions of burgoo feature tomatoes, corn, onions, and one of the **④ beans** mentioned above, but some creative chefs have included ingredients such as okra, turnips, and even rabbit. No matter how it's made, though, burgoo is a delicious, satisfying stew.

（イ） Vikings are a well-known part of popular culture these days. They lived around 1,000 years ago and were originally from the countries now known as Denmark, Norway, and Sweden. They are known to have traveled far and wide, settling throughout Europe and other parts of the world. Vikings are **① believed** to have attacked settlements and stolen the belongings of people who lived there. However, it is difficult to know how true these stories actually are because historians rely on archaeological evidence and the **② ancient** stories told by the Vikings themselves to understand their lives at that time. What is **③ certain** is that they were skilled sailors and craftsmen who had a huge influence on the world. The Vikings' fascinating **④ country** is still talked about today, with television programs and movies often made about it.

（ウ） The tiny-house trend is an architectural and social movement that encourages people to live in small homes. According to the International Residential Code, a residence can be **① categorized** as a "tiny" home if it has a maximum floor area of 37 square meters. Tiny houses gained attention in the United States in the early 2000s when the global **② economy** was weak and many people needed cheaper homes. Since then, tiny homes have become fashionable, and their **③ size** has increased around the world. Japanese retail company MUJI even started selling its own tiny house. It is named the MUJI Hut, and it has a floor area of just 12.2 square meters, including a porch. Some of the good points of tiny houses are that they are less expensive than **④ traditional** homes, they focus on efficient designs, and they have less of a negative impact on the environment.

(エ) A goldfish can grow as large as its environment allows it to. If it is kept in a small aquarium, like in someone's home, it will **① remain** small. However, if an owner decides to release a pet goldfish into a pond or a lake, the normally small creature can grow to become quite **② fast**. One fisherman in the United States, for example, unexpectedly caught a four-kilogram goldfish. Goldfish are tough animals that can adapt to their environments very well. They can live in water with low oxygen content and even **③ survive** under ice. Unfortunately, goldfish are an invasive species that can disrupt native ecosystems in natural bodies of water. They can also contribute to poor water quality. Officials in areas where these giant goldfish have been found are calling for owners to seek out responsible friends or neighbors to care for their **④ unwanted** pets rather than letting them go into the wild.

(オ) Sending humans into space presents many challenges. In the early 1960s, NASA and its astronauts faced the unique **① problem** of writing in a zero-gravity environment. Regular ballpoint pens rely on gravity to allow ink to flow out of the pen and onto the page, making them useless in space. Initially, astronauts used pencils. However, there were **② concerns** about broken pieces of lead and pencil shavings getting into and damaging vital electronic equipment inside the spacecraft. Paul Fisher, an entrepreneur and private businessperson, took it upon himself to develop a **③ cleaning** tool that could be used in zero gravity. In 1965, he patented the Fisher Space Pen, which uses a specially pressurized ink cartridge to force ink out of the pen whenever it is in **④ use**, allowing it to write at any angle. The Fisher Space Pen was so effective that it has gone on to be used on many space missions.

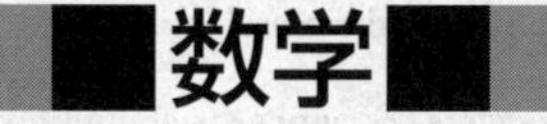

（60 分）

解答記入上の注意

(1) 解答は，「入学試験解答用紙［数学 No. 1］－第1面の1，2，［数学 No. 1］－第2面の3，4」の解答マーク欄を使用します。
解答用紙の【記入上の注意】にしたがって使用してください。

(2) 問題文中の $\boxed{\text{ア}}$ ，$\boxed{\text{イ　ウ}}$ などには，特に指示のないかぎり，数字（0～9），記号（±，－），または文字（ a, b, c, m, n, π ）が入ります。ア，イ，ウ，… の一つ一つは，その数字，記号，または文字のいずれか一つが対応します。それらを解答マーク欄のア，イ，ウ，… で示された解答欄にマークして答えなさい。

［例1］ $\boxed{\text{ア　イ}}$ に　－5　と答えたいとき

1	解	答	マ	ー	ク	欄											
	±	−	0	1	2	3	4	5	6	7	8	9	a	b	c	m	n	π
ア	±	●	0	1	2	3	4	5	6	7	8	9	a	b	c	m	n	π
イ	±	−	0	1	2	3	4	●	6	7	8	9	a	b	c	m	n	π

［例2］ $\boxed{\text{ウ　エ}}$ に　$6a$　と答えたいとき

ウ	±	−	0	1	2	3	4	5	●	7	8	9	a	b	c	m	n	π
エ	±	−	0	1	2	3	4	5	6	7	8	9	●	b	c	m	n	π

(3) 分数で答えるときは，既約分数（それ以上約分できない分数）で答えなさい。符号は分子につけ，分母につけてはいけません。

［例］ $\dfrac{\boxed{\text{オ　カ}}}{\boxed{\text{キ}}}$ に　$-\dfrac{6}{7}$　と答えたいとき，$\dfrac{-6}{7}$　として

オ	⊕ ●	⓪ ① ② ③ ④ ⑤ ⑥ ⑦ ⑧ ⑨	ⓐ ⓑ ⓒ ⓜ ⓝ ⓟ
カ	⊕ ⊖	⓪ ① ② ③ ④ ⑤ ● ⑦ ⑧ ⑨	ⓐ ⓑ ⓒ ⓜ ⓝ ⓟ
キ	⊕ ⊖	⓪ ① ② ③ ④ ⑤ ⑥ ● ⑧ ⑨	ⓐ ⓑ ⓒ ⓜ ⓝ ⓟ

(4) 根号を含む形で答えるときは，根号の中に現れる自然数が最小となる形で答えなさい。

[例] $\boxed{ク}\sqrt{\boxed{ケ}}$ に $4\sqrt{2}$ と答えるところを，$2\sqrt{8}$ としてはいけません。

また，$\dfrac{\sqrt{\boxed{コ}}}{\boxed{サ}}$ に $\dfrac{\sqrt{2}}{2}$ と答えるところを，$\dfrac{\sqrt{8}}{4}$ としてはいけません。

(5) 同一問題の中で，同じカタカナの箇所には同じ数字，記号，または文字が入ります。

問題 1

（1）　$x=1+\sqrt{2}\,i,\ y=1-\sqrt{2}\,i$ のとき，$x^4-x^2y^2+y^4=$ アイウ である．

ただし，i は虚数単位とする．

（2）　不等式 $3\cdot 9^{x-1}-28\cdot 3^{x-2}+1<0$ の解は エオ $<x<$ カ である．

（3）　関数 $f(x)=2x^3-3x^2-12x+2$ は，$x=$ キク のとき極大値 ケ を

とり，$x=$ コ のとき極小値 サシス をとる．

（4）　3 個のさいころを同時に投げるとき，3 個のさいころの出る目の

最小値が 4 になる確率は $\dfrac{\text{アイ}}{\text{ウエオ}}$ である．

（5）　t を実数とする．2 つのベクトル $\vec{a}=(10, 5)$，$\vec{b}=(1, 2)$ に対して，

$|\vec{a}+t\vec{b}|$ が最小となるのは $t=$ カキ のときであり，その最小値は

ク $\sqrt{\text{ケ}}$ である．

（6）　$\displaystyle\int_0^4 |x^2-2|dx=\frac{\text{コサ}+\text{シ}\sqrt{\text{ス}}}{\text{セ}}$ である．

問題2　100 以下の自然数のうち，正の約数がちょうど 6 個のものを考える．

(1) 正の約数がちょうど 6 個である自然数は，異なる素数 p, q を用いて $p^{\boxed{ア}}$，あるいは，$p^{\boxed{イ}}\cdot q$ とおくことができる．

(2) (1)において，$p^{\boxed{ア}}$ の形をした100 以下の自然数は $\boxed{ウ}$ 個ある．

(3) (1)において，$p^{\boxed{イ}}\cdot q$ の形をした100 以下の自然数は $\boxed{エオ}$ 個ある．

問題3　数列 $\{a_n\}$ は $a_1 = 2,\ a_{n+1} = a_n + 3\ \ (n = 1, 2, 3, \cdots)$ を満たしており，数列 $\{b_n\}$ は $b_1 = 2,\ b_{n+1} = 2b_n\ \ (n = 1, 2, 3, \cdots)$ を満たしている．

(1) 数列 $\{a_n\}$ の一般項は $a_n = \boxed{カ}n - \boxed{キ}$ である．

(2) 数列 $\{b_n\}$ の一般項は $b_n = \boxed{ク}^n$ である．

(3) $\displaystyle\sum_{k=1}^{n} a_k b_k = (\boxed{ケ}n - \boxed{コ})\cdot\boxed{サ}^{n+1} + \boxed{シ}$ である．

問題4　関数 $f(x) = \sqrt{2}(\sin x - \cos x) - 2\sin x\cos x + 5\ \ (0 \leqq x < 2\pi)$ について，

(1) $t = \sin x - \cos x$ とおくとき，t のとり得る値の範囲は $-\sqrt{\boxed{ア}} \leqq t \leqq \sqrt{\boxed{イ}}$ である．

(2) 関数 $f(x)$ を t を用いて表すと，$f(x) = t^2 + \sqrt{\boxed{ウ}}\,t + \boxed{エ}$ である．

(3) $f(x)$ は $x = \dfrac{\boxed{オ}}{\boxed{カ}}\pi$ のとき最大値 $\boxed{キ}$ をとり，

$x = \dfrac{\pi}{\boxed{クケ}},\ \dfrac{\boxed{コサ}}{\boxed{シス}}\pi$ のとき最小値 $\dfrac{\boxed{セ}}{\boxed{ソ}}$ をとる．

解答編

英語

I **解答**　(ア)―3　(イ)―4　(ウ)―2　(エ)―4　(オ)―2　(カ)―3
(キ)―2　(ク)―3　(ケ)―4　(コ)―3

解説　(ア) last night「昨晩」なので過去形を選択。

(イ)文意は「長い間待たせてすみません」。to have *done* の完了不定詞を用いて，待たせた状態の〈継続〉を表す。

(ウ) ask for ～「～を求める」

(エ)動詞を修飾するので副詞を選択。

(オ) hers「彼女のもの」

(カ) agree to *do*「～することに同意する」

(キ) hardly「ほとんど～ない」

(ク)直前に述べられた否定文の内容について，「～もそうではない」と言う場合，〈neither V S〉で表す。neither did I「私もしなかった」

(ケ)比較級を用いた重要構文。〈the＋比較級～，the＋比較級…〉「～すればするほど，ますます…」

(コ) every other day「１日おきに」

II **解答**　A．(ア)―8　(イ)―3　(ウ)―6　(エ)―7　(オ)―4
B．(カ)―5　(キ)―8　(ク)―2　(ケ)―6　(コ)―4

解説　A．≪スープダイエット≫

A：ジョン，どうしたの？　少し動揺しているようだけど。

B：今朝ジーンズのボタンをかけることができなかったんだ。かなり太ってしまったみたいだ！

A：あらあら！　ダイエットをする必要があるかもね。スープダイエットって聞いたことがある？

B：ないよ。それって何？

A：1 週間，食事ごとに特別なスープを飲むの。でも，それだけではないよ。毎日，決まった果物や野菜も食べていいの。

B：パンや肉は駄目なの？　それは大変そうだ。ずっと空腹を感じるんじゃないかな？

A：少しはね。でもそこまで悪いものでもないよ。もちろん運動もしないとね。

B：本当に？　どうしよう？　スポーツは得意じゃないんだ。

A：スポーツが得意である必要はないよ。週に 2，3 回約 30 分の運動をする必要があるだけ。ジョギングやサイクリング，水泳をしてみようよ。まあ，それらは私の好みだけどね。

B：どうしようか。僕には難しすぎるかもしれない。

A：心配しなくていいよ！　一緒にやってあげるから。私が行っているスポーツクラブに参加するなら，一緒に運動できるよ。

B：わかったよ。考えてみるね。

B．≪ポッドキャスト≫

A：退屈だな。オーディオブックを聴いていたんだけど，今日聴き終えたよ。もう聴くものがなくなってしまった。

B：ポッドキャストは聴いてみたことがあるかい？

A：ポッドキャスト？　いや，一度も聴いたことはないよ。それって何だい？

B：インターネット上のラジオ番組みたいなものさ。たくさんあるよ。スマートフォンのアプリを使って聴くことができるよ。分野別に検索して，興味があるものをダウンロードするだけさ。

A：どんな分野があるの？

B：あらゆる種類だよ。コメディー，インタビュー，ドキュメンタリー，旅行，ミステリー，料理…

A：わあ，たくさんの選択肢があるんだね。お勧めはある？

B：ケースバイケースだなあ。何に興味があるの？

A：コメディーは大好きだよ。

B：わかった。それなら『ウィッティ・ヒル』をお勧めするよ。司会者が様々な有名人にインタビューするのさ。本当に面白いし愉快だよ。

A：うーん…有名人にはあまり興味がないなあ。

Ｂ：うーん，彼がインタビューする人たちは主にミュージシャンや俳優なんだ。たいてい面白いライブをしてくれるよ。

Ａ：なるほど，それを聴くのは好きかもしれない。

Ｂ：よかった。聴いた後で感想を教えてよ。

Ａ：わかった，そうするよ。アドバイス，ありがとう！

Ⅲ　解答

(ア)―1　(イ)―3　(ウ)―3　(エ)―4　(オ)―4　(カ)―2
(キ)―3　(ク)―4　(ケ)―1　(コ)―3

解説　**≪電球の寿命≫**

(ア) brighten up your room で「部屋を明るくする」の意。2．rely「頼る」　5．transparent「透明な」

(イ) the reason S V で「Sが～する理由」の意。2．emergency「緊急事態」　4．thoughtful「思慮深い」

(ウ)空所の前が it can (still) be であることに注目。空所に過去分詞3．purchased を入れると，it can be purchased「それは購入されることができる」となって受動態が成立する。2．occupation「職業，占有」　4．remove「～を取り除く」

(エ)空所に副詞4．only「～だけ，～しか…ない」を入れると，「これらの明かりは数時間しかもたなかった」となって文意が通る。3．false「誤った」　5．potential「潜在的な」

(オ)文意が通るのは，4．rapidly「急速に」。1．exhibition「展示会」　3．qualify「～に資格を与える」

(カ)2．from「～からの，～の」は所属や出身を表す。3．oppose「～に反対する」

(キ)「技術者たちは今や（　　）任務を与えられた」に入るのは，3．new「新しい」。1．dispute「論争」　4．policies「方針」

(ク) pursued its target で「目標を追い求めた」の意。3．reviewer「評論家」　5．unlimited「無制限の」

(ケ) make it C for *A* to *do*「*A*が～するのをCにする」をもとに，make it difficult for *A* to *do*「*A*が～するのを困難にする」とする。2．leading「主要な」　4．transition「移り変わり」

(コ)副詞3．extremely「極めて」が，直後の形容詞 long-lasting「長持ちする」や efficient「効率的な」を修飾する形。2．environment「環境」 5．wonder「〜と思う」

※本文中の記憶しておきたい単語：fine「罰金」 disrupt「〜を中断させる」 dissolve「〜を解散する」 impose「〜を課す」

Ⅳ **解答** ㈠—4 ㈡—3 ㈢—1 ㈣—5 ㈤—2

解説 並べかえた文は次の通り。

㈠(It was only after) a week that I heard (the sad news.)

㈡(Chris) has an astonishing ability to memorize (details.)

㈢ Seeing the band walk onto (the stage, the audience began to cheer.)

㈣(There were) pieces of the puzzle all over (the floor.)

㈤ What a difference your advice has (made in my life!)

Ⅴ **解答** ㈠—④ ㈡—④ ㈢—③ ㈣—② ㈤—③

解説 ㈠バーグーというシチューについて述べた文。④の beans を meats にすると，「上記の肉のひとつ」となり文脈に合う。

㈡バイキングについて述べた文。バイキングは国を所有していたわけではないので，下線部④を含む「バイキングが持っていた魅力的な国」という表現は文脈に合わない。

㈢小さな家の流行について述べた文。下線部③を含む文は，「そして，家のサイズは世界中で大きくなった」という後半部分が，「小さな家が流行している」という前半部分と矛盾しており，文脈に合わない。

㈣金魚は，生育場所のサイズに合わせて体の大きさが変わるという話。②の fast を large にすれば文脈に合う。

㈤宇宙で使うペンについて述べた文。③の cleaning を writing にすれば文脈に合う。

数学

1 解答

(1)アイウ．-23

(2)エオ．-1　カ．2

(3)キク．-1　ケ．9　コ．2　サシス．-18

(4)アイ．19　ウエオ．216

(5)カキ．-4　ク．3　ケ．5

(6)コサ．40　シ．8　ス．2　セ．3

解説　≪小問6問≫

(1)　$x=1+\sqrt{2}i$,　$y=1-\sqrt{2}i$ より

$$x+y=2,\quad xy=1-2i^2=3$$

よって

$$x^4-x^2y^2+y^4=(x^2+y^2)^2-3x^2y^2=\{(x+y)^2-2xy\}^2-3(xy)^2$$
$$=(4-6)^2-3\cdot 9=-23 \quad \to アイウ$$

別解　$(x-1)^2=(\sqrt{2}i)^2=-2$ より

$$x^2-2x+1=-2 \qquad x^2=2x-3$$

同様に，$(y-1)^2=(-\sqrt{2}i)^2=-2$ より

$$y^2-2y+1=-2 \qquad y^2=2y-3$$

よって　$x^2+y^2=2(x+y)-6=4-6=-2$

また　$xy=1-2i^2=3$

ゆえに　$x^4-x^2y^2+y^4=(x^2+y^2)^2-3x^2y^2$

$$=(-2)^2-3(3)^2=-23$$

(2)　$3\cdot 9^{x-1}-28\cdot 3^{x-2}+1<0$ より

$$3\cdot\frac{9^x}{9}-28\cdot\frac{3^x}{3^2}+1<0 \qquad 3(3^x)^2-28(3^x)+9<0$$

$3^x=t$ とおいて　$3t^2-28t+9<0$

$$(3t-1)(t-9)<0 \qquad \frac{1}{3}<t<9$$

よって　$3^{-1}<3^x<3^2$

底 $3>1$ より　$-1<x<2$　→エ～カ

(3)　$f(x)=2x^3-3x^2-12x+2$ より

$$\begin{aligned} f'(x)&=6x^2-6x-12\\ &=6(x^2-x-2)\\ &=6(x+1)(x-2) \end{aligned}$$

$f(x)$ の増減は右の表のようになる。

x		-1		2	
$f'(x)$	$+$	0	$-$	0	$+$
$f(x)$	↗	極大	↘	極小	↗

よって，$f(x)$ の極値は

$x=-1$ のとき

　　極大値 $f(-1)=-2-3+12+2=9$　→キ〜ケ

$x=2$ のとき

　　極小値 $f(2)=16-12-24+2=-18$　→コ〜ス

(4)　最小値が 4 となるのは

- 4 の目のさいころが 3 個のとき……1 通り
- 4 の目のさいころが 2 個のとき（残りの 1 個は 5 か 6 の目なので）……${}_3C_2\times 2=6$ 通り
- 4 の目のさいころが 1 個のとき（残りの 2 個は 5 か 6 の目なので）……${}_3C_1\times 2^2=12$ 通り

よって，求める確率は　$\dfrac{1+6+12}{6^3}=\dfrac{19}{216}$　→ア〜オ

(5)　$\vec{a}=(10,\ 5)$，$\vec{b}=(1,\ 2)$ より

$$|\vec{a}|^2=10^2+5^2=125,\ \vec{a}\cdot\vec{b}=10+10=20,\ |\vec{b}|^2=1^2+2^2=5$$

$$\begin{aligned} |\vec{a}+t\vec{b}|^2&=|\vec{a}|^2+2t\vec{a}\cdot\vec{b}+t^2|\vec{b}|^2\\ &=125+40t+5t^2\\ &=5(t+4)^2+45 \end{aligned}$$

よって，$|\vec{a}+t\vec{b}|$ が最小となるのは　$t=-4$　→カキ

のときで，その最小値は　$\sqrt{45}=3\sqrt{5}$　→ク，ケ

(6)　$0\leqq x\leqq 4$ において，$0\leqq x\leqq\sqrt{2}$ のとき $x^2-2\leqq 0$，$\sqrt{2}\leqq x\leqq 4$ のとき $x^2-2\geqq 0$ であるから

$$\begin{aligned} \int_0^4|x^2-2|\,dx&=-\int_0^{\sqrt{2}}(x^2-2)\,dx+\int_{\sqrt{2}}^4(x^2-2)\,dx\\ &=-\left[\frac{x^3}{3}-2x\right]_0^{\sqrt{2}}+\left[\frac{x^3}{3}-2x\right]_{\sqrt{2}}^4\\ &=-\left(\frac{2\sqrt{2}}{3}-2\sqrt{2}\right)+\left(\frac{64}{3}-8\right)-\left(\frac{2\sqrt{2}}{3}-2\sqrt{2}\right) \end{aligned}$$

$$=\frac{40+8\sqrt{2}}{3}\quad \to コ\sim セ$$

2 解答

(1)ア．5　イ．2　(2)ウ．1　(3)エオ．15

解説　《整数の約数》

(1)　p^a（a は正の整数）の正の約数は，p^0（$=1$），p^1，p^2，…，p^a の $a+1$ 個であるから，正の約数がちょうど6個のとき

$a+1=6\qquad a=5\quad\to$ア

また，p^bq（b は正の整数）のとき，正の約数は p^k または p^kq（$k=0,\ 1,\ \cdots,\ b$）の形であるから，$2(b+1)$ 個ある。よって

$2(b+1)=6\qquad b=2\quad\to$イ

（注）　100以下の自然数で，その正の約数がちょうど6個であるものは，p^a，p^bq（p，q は素因数，a，b は自然数）の形の整数しかない。なぜなら，素因数を2個もつとき，p^bq^c（b，c は自然数）と素因数分解されるとすると，正の約数は $p^\alpha q^\beta$ の形で $\alpha=0,\ 1,\ \cdots,\ b$，$\beta=0,\ 1,\ \cdots,\ c$ の取り方があるから，正の約数は $(b+1)(c+1)$ 個で，$(b+1)(c+1)=6$ より $(b,\ c)=(2,\ 1),\ (1,\ 2)$ で，b，c の一方は1だからである。また，素因数を3つ以上もつとすると，正の約数は少なくとも $(1+1)(1+1)(1+1)=8$ 個以上であるから，正の約数の個数が6となることはない。すなわち，問われている2つの形しかない。

(2)　p^5 の形である100以下の自然数は，$p^5\leqq 100$ より $p=2$ の1個。　→ウ

(3)　$p^2q\leqq 100$ より

$p=2$ のとき，$q\leqq 25$，$q\neq p$ より　　$q=3,\ 5,\ 7,\ 11,\ 13,\ 17,\ 19,\ 23$

$p=3$ のとき，$q\leqq 11.1\cdots$，$q\neq p$ より　　$q=2,\ 5,\ 7,\ 11$

$p=5$ のとき，$q\leqq 4$，$q\neq p$ より　　$q=2,\ 3$

$p=7$ のとき，$q\leqq 2.04\cdots$，$q\neq p$ より　　$q=2$

以上より，求める自然数の個数は

$8+4+2+1=15\quad\to$エオ

3 解答

(1)カ．3　キ．1　(2)ク．2
(3)ケ．3　コ．4　サ．2　シ．8

解説　≪等差・等比数列の漸化式と積の和≫

(1)　$a_1=2,\ a_{n+1}=a_n+3$ より，数列 $\{a_n\}$ は初項 2，公差 3 の等差数列である。

よって　$a_n=2+(n-1)\cdot 3=3n-1$　→カ，キ

(2)　$b_1=2,\ b_{n+1}=2b_n$ より，数列 $\{b_n\}$ は初項 2，公比 2 の等比数列である。

よって　$b_n=2\times 2^{n-1}=2^n$　→ク

(3)　$\sum_{k=1}^{n}a_kb_k=\sum_{k=1}^{n}(3k-1)\cdot 2^k=S_n$ とおくと

$$S_n=2\cdot 2+5\cdot 2^2+8\cdot 2^3+\cdots+(3n-1)\cdot 2^n \quad \cdots\cdots ①$$

数列 $\{b_n\}$ の公比 2 をかけて，2 のべき乗をそろえて書くと

$$2S_n=\qquad 2\cdot 2^2+5\cdot 2^3+\cdots+(3n-4)\cdot 2^n+(3n-1)\cdot 2^{n+1} \quad \cdots\cdots ②$$

①－② より

$$-S_n=2\cdot 2+3\cdot 2^2+3\cdot 2^3+\cdots+3\cdot 2^n-(3n-1)\cdot 2^{n+1}$$

よって

$$\begin{aligned}S_n&=-(\underset{\sim\sim}{2\cdot 2}+3\cdot 2^2+3\cdot 2^3+\cdots+3\cdot 2^n)+(3n-1)\cdot 2^{n+1}\\&=-(\underset{\sim\sim}{3\cdot 2}+3\cdot 2^2+3\cdot 2^3+\cdots+3\cdot 2^n\underset{\sim\sim}{-2})+(3n-1)\cdot 2^{n+1}\\&=-\left\{3\cdot\frac{2(2^n-1)}{2-1}-2\right\}+(3n-1)\cdot 2^{n+1}\\&=-3(2^{n+1}-2)+2+(3n-1)\cdot 2^{n+1}\\&=(3n-4)\cdot 2^{n+1}+8 \quad \text{→ケ〜シ}\end{aligned}$$

4 解答

(1)ア．2　イ．2　(2)ウ．2　エ．4
(3)オ．3　カ．4　キ．8　クケ．12
コサ．17　シス．12　セ．7　ソ．2

解説　≪三角関数の合成と 2 次関数≫

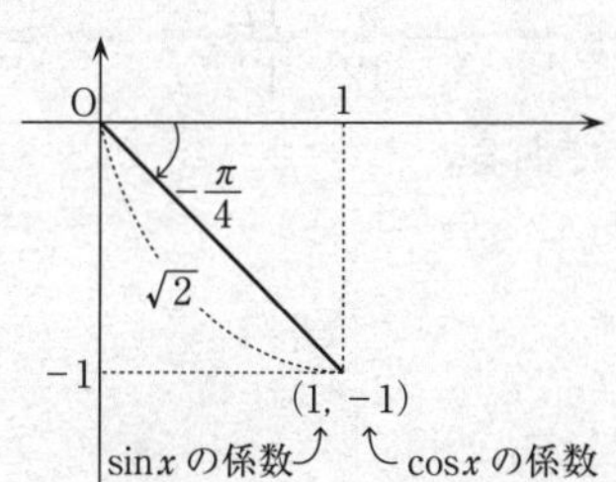

(1)　$t=\sin x-\cos x=\sqrt{2}\sin\left(x-\frac{\pi}{4}\right)$

$0\leqq x<2\pi$ より，$-\frac{\pi}{4}\leqq x-\frac{\pi}{4}<\frac{7}{4}\pi$ なので

$$-1 \leqq \sin\left(x-\frac{\pi}{4}\right) \leqq 1$$

よって　　$-\sqrt{2} \leqq t \leqq \sqrt{2}$　→ア，イ

(2)　$t^2=(\sin x-\cos x)^2=\sin^2 x-2\sin x\cos x+\cos^2 x$

$$=1-2\sin x\cos x$$

より

$$2\sin x\cos x=1-t^2$$

よって

$$f(x)=\sqrt{2}(\sin x-\cos x)-2\sin x\cos x+5=\sqrt{2}t-(1-t^2)+5$$

$$=t^2+\sqrt{2}t+4$$　→ウ，エ

(3)　$f(x)=t^2+\sqrt{2}t+4=\left(t+\dfrac{\sqrt{2}}{2}\right)^2+\dfrac{7}{2}$

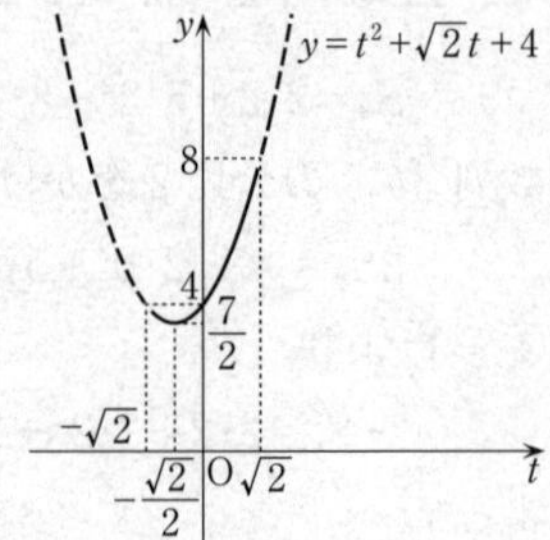

$-\sqrt{2} \leqq t \leqq \sqrt{2}$ より，$f(x)$ は

$t=\sqrt{2}$ のとき最大値　　8　→キ

$t=-\dfrac{\sqrt{2}}{2}$ のとき最小値　　$\dfrac{7}{2}$　→セ，ソ

をとる。また

$t=\sqrt{2}\sin\left(x-\dfrac{\pi}{4}\right)=\sqrt{2}$ のとき　　$\sin\left(x-\dfrac{\pi}{4}\right)=1$

$-\dfrac{\pi}{4} \leqq x-\dfrac{\pi}{4} \leqq \dfrac{7}{4}\pi$ より　　$x-\dfrac{\pi}{4}=\dfrac{\pi}{2}$

$$x=\frac{3}{4}\pi$$　→オ，カ

$t=\sqrt{2}\sin\left(x-\dfrac{\pi}{4}\right)=-\dfrac{\sqrt{2}}{2}$ のとき　　$\sin\left(x-\dfrac{\pi}{4}\right)=-\dfrac{1}{2}$

$-\dfrac{\pi}{4} \leqq x-\dfrac{\pi}{4} \leqq \dfrac{7}{4}\pi$ より　　$x-\dfrac{\pi}{4}=-\dfrac{\pi}{6},\ \dfrac{7}{6}\pi$

$$x=\frac{\pi}{12},\ \frac{17}{12}\pi$$　→ク～ス

である。

■一般試験Ａ：２月２日実施分

問題編

▶試験科目・配点

教　科	科　　　　目	配　点
外国語	コミュニケーション英語Ⅰ・Ⅱ	100 点
数　学	数学Ⅰ・Ⅱ・A・B*	100 点
理科・国　語	「物理基礎・物理〈省略〉」,「化学基礎・化学〈省略〉」,「生物基礎・生物〈省略〉」,「国語総合（古文・漢文を除く）・現代文B〈省略〉」から１科目選択	100 点

▶備　考

＊「数学B」は「数列」,「ベクトル」を出題範囲とする。

上記学力試験と調査書等により総合的に選考する。

英語

（60 分）

I．　次の（ア）～（コ）の下線の部分に入れる語句として、最も適切なものを選択肢から選びなさい。

（ア）　Their home isn't as large as _____.

1. I
2. my
3. ours
4. we

（イ）　It was a quarter to seven _____ the show started.

1. about
2. during
3. to
4. when

（ウ）　I'm _____ of having mistaken his name for such a long time.

1. ashamed
2. complained
3. regretted
4. shocked

（エ）　The problem with this store _____ not in its financial situation but in its management.

1. causes
2. lies
3. owns
4. takes

（オ）　You must keep the window _____ at all times.

1. closed

2. closing
3. is closed
4. to close

(カ) Tony was kind enough to pay _____ everyone's lunch.

1. as
2. for
3. of
4. with

(キ) There was _____ snow on the mountain, so I couldn't go skiing.

1. a few
2. a little
3. few
4. little

(ク) _____ musician can play the song as well as you do.

1. Any more
2. Either one
3. No other
4. None other

(ケ) After turning in the report, Beth realized that she _____ written her name on it.

1. didn't
2. hadn't
3. hasn't
4. wasn't

(コ) The blanket was made by my aunt, _____ gave it to my sister as a birthday gift.

1. that
2. which
3. who
4. whom

Ⅱ. A　次の（ア）～（オ）に入れる文として、最も適切なものを選択肢から選びなさい。選択肢は、一回しか使えません。

A: Hi, Lisa. Thank you for agreeing to give a presentation at the job fair.

B: It's my pleasure. (　　ア　　)

A: I appreciate your team spirit. We'd like you to talk about your experience at our company.

B: Sure. (　　イ　　)

A: Ten minutes should be enough. First, I'll give an overview of the company, and you'll give your presentation after that.

B: Great! What do you want me to talk about specifically?

A: First, you can introduce yourself. (　　ウ　　) After that, please talk about the challenges of working here.

B: Oh, you want me to talk about the bad points too?

A: (　　エ　　)

B: OK. I can do that.

A: That would be wonderful! And I have one more request. The presentation is next Friday, but we want to do a rehearsal on Wednesday morning if possible.

B: No problem. (　　オ　　)

A: That would be great! Then I can check your presentation materials before the rehearsal.

［選択肢］

1. How long should the presentation be?
2. I'll prepare everything by Tuesday afternoon.
3. I'm happy to help out the company any way that I can.
4. I'm sorry, but I don't work there anymore.
5. The job fair is canceled this year.
6. Then, talk about why you joined our company.
7. When do you want me to make the presentation?
8. Yes, we want to be honest about what it's like to work at our company.

Ⅱ．B　次の（カ）～（コ）に入れる文として、最も適切なものを選択肢から選びなさい。選択肢は、一回しか使えません。

A: I'm proud of you, Son. You're going to graduate from college next month.

B: Thanks, Dad. I couldn't have done it without support from you and Mom.

A: (　　カ　　) Have you started looking for a job?

B: I've done a little job hunting, but I haven't found anything yet. (　　キ　　)

A: Really? What's that?

B: (　　ク　　) There are so many interesting places I'd like to visit.

A: Oh . . . Your mother and I were hoping that you would start working right after graduation.

B: I was planning to, but now I realize that I won't have much free time after I get a job. I think this is my last chance to have fun before I start my career.

A: Well, I guess that's true. (　　ケ　　)

B: I thought I could borrow some from you and Mom.

A: Hmm . . . How much do you think you'll need?

B: I'll need at least $10,000 for the whole year.

A: Sorry, but that's impossible. (　　コ　　)

B: Can you?

A: Yes. I'll buy you a new suit to wear to your job interviews.

［選択肢］

1. Actually, I have another idea about what to do after finishing college.
2. Do you have enough money for that kind of trip?
3. I can help you in another way, though.
4. I got the job!
5. I want to take a year and travel around the world.
6. So, what's your plan for after college?
7. The bank is closed today.
8. There's Dr. Stevens, my math professor!

Ⅲ.　次の英文は「ウェールズの海藻」について述べたものです。（ア）～（コ）に入れる最も適切なものを選択肢から選びなさい。

Wales is a small country （　ア　） to England by a land border, and it is a member of the United Kingdom. It has a strong national identity centered around rugby, male voice choirs, and, surprisingly, seaweed.

In fact, Wales has a centuries-long （　イ　） of harvesting seaweed. The United Kingdom has nearly 650 species of seaweed growing on its shores, and a variety known as laver is a favorite of the Welsh people. At the end of the 19th century, many family-owned businesses （　ウ　） harvested and dried the laver could be found on the grassy cliffs of the Welsh coast. At that time, coal mining was the major industry in Wales, and coal workers usually ate a nutritious breakfast of laverbread (a dark-green paste made from laver), fried shellfish, and bacon. This was a traditional meal until the （　エ　） of coal mining in the 1950s.

As the mining industry disappeared, people lost interest in the nutritious, protein-rich laver, and the businesses that produced it also suffered. Although the tradition of making laverbread never died （　オ　）, the food itself stopped appearing on the British menu. However, that could be about to change.

Today, chef and entrepreneur Jonathan Williams is hoping to revive the seaweed industry in Wales. He became interested in seaweed about 10 years ago, when he would collect it early in the morning and bring it to his mother's kitchen to make laverbread. Over time, word spread about Williams's dish, and now people （　カ　） great distances to taste his increasingly famous laverbread. He also makes several seaweed-based products for the Pembrokeshire Beachfood Company and has ambitious plans to build a gastropub and microbrewery.

In addition to his personal projects, Williams has started working with several groups to bring seaweed back into the mainstream. One group that has gained momentum is called For the Love of the Sea. It has established two trial farms growing seaweed along with scallops and oysters. Around 400 meters of seaweed lines form underwater （　キ　） which are capable of improving marine ecosystems. If the farms are successful, they will be a model for other （　ク　） seaweed producers in the area and could help revive this once beloved industry.

The benefits of such projects are clear. A healthy seaweed harvesting industry could help improve the local job market by （　ケ　） employment and business opportunities for residents. According to estimations made by the United Nation's Food and Agriculture Organization, the seaweed industry is worth around $6 billion internationally. Although mainly used as food, seaweed is also used in bioplastics, fertilizers, animal feed, biofuels, and even cosmetics. If the Welsh people can revive the local seaweed industry, they will not only ensure the skills that have been passed through the （　コ　） will not die out, but they may also stimulate the economy on a wider scale.

（ア）　1. connected　　2. easy　　3. far
　　　4. send　　5. separation

(イ)　1. going　2. history　3. interesting
　　4. ocean　5. timely

(ウ)　1. every　2. makes　3. this
　　4. toward　5. which

(エ)　1. decline　2. introduce　3. recipe
　　4. speed　5. suspicious

(オ)　1. around　2. completely　3. feature
　　4. pause　5. unless

(カ)　1. above　2. answers　3. might
　　4. soon　5. travel

(キ)　1. dividing　2. gardens　3. lengthy
　　4. photograph　5. super

(ク)　1. customs　2. enough　3. find
　　4. small　5. understand

(ケ)　1. embarrassed　2. flavor　3. listen
　　4. manage　5. providing

(コ)　1. always　2. delicate　3. generations
　　4. over　5. politely

IV. 次の（ア）～（オ）のそれぞれの日本文の意味を表す英文になるように、各英文の空欄に語または句を最も適切な順番に並べた場合、<u>３番目にくるものの番号</u>を選びなさい。ただし、文頭にくるものも小文字で書いてあります。また、必要なコンマが省略されている場合もあります。［解答欄のカ～コは使用しません。］

（ア） 旬の食べ物はおいしいし栄養価も高い。

____ ____ **____** ____ ____ nutritious.

1. and　　2. are　　3. delicious
4. foods　　5. seasonal

（イ） 誰でも宇宙に旅行できる日もそう遠くはない。

The ____ ____ **____** ____ ____ to space is not too far off.

1. anyone　　2. can　　3. day
4. travel　　5. when

（ウ） より多くの企業が持続可能な商品の開発をすることを願っています。

I hope ____ ____ **____** ____ ____ sustainable products.

1. companies　　2. develop　　3. more
4. that　　5. will

（エ） 私のスーツケースには、セーターをもう一枚入れる充分な余裕がまだあるよ。

I ____ ____ **____** ____ ____ more sweater in my suitcase.

1. for　　2. have　　3. one
4. plenty of　　5. room

（オ） ここ数年で学校の IT 環境は急激に変化した。

The IT environment in schools has ____ ____ **____** ____ ____ few years.

1. changed　　2. drastically　　3. in
4. past　　5. the

V. 次の（ア）〜（オ）の下線部分①〜④で、各文脈に合わないものを一つずつ選びなさい。［解答欄のカ〜コは使用しません。］

（ア） My birthday is during the rainy season in my country. When I was a child, it was always difficult to plan something fun for my birthday because of the weather. When I turned seven, for example, my mother **① organized** a trip to the zoo for me and my friends. When the day finally arrived, it unexpectedly began pouring down rain in the morning, and we had to **② cancel** everything. For my eighth birthday, I wanted to go camping, but the news was forecasting a storm for that weekend. My family decided to go anyway, but the **③ insects** kept us mostly in our tents. It was terrible. For my ninth birthday, we played it safe and decided to have a small get-together at our home. Sadly, that small, indoor party was not **④ nearly** as good as the weather outside.

（イ） Rugby is a sport played by two teams of 15 players. The aim of the **① game** is to touch the ball to the ground over the line at the end of the pitch. Five points are **② awarded** each time this happens, plus two more points if the ball is successfully kicked between two goalposts based on where it was touched down. The ball can be carried or kicked forward, but it can only ever be thrown backward when passing to another player. Rugby is a **③ physical** game, with players allowed to tackle their opponents anywhere below the shoulder in order to bring them to the ground. People of all shapes and sizes can play rugby, although physical strength and stamina are advantageous. While rugby's **④ uniforms** are complex, the idea of the game is simple: use power and skill to dominate the other team and score more points than they do.

(ウ) Why does everyone seem to love **① music**? Children dance to music on the television. Young people dance together in clubs with loud music playing. Others pay large **② amounts** of money to see ballet performed in beautiful theaters. While we enjoy it today as a form of artistic expression, there was a time when dancing had a different purpose. There is evidence that people have been doing it for thousands of years. Paintings in India from 9,000 years ago **③ depict** dancing, as do 5,000-year-old paintings from Egypt. It is thought that before written language was invented, people used dance to pass stories from one generation to the next. Dance may also have been an important part of healing rituals used to treat sick or **④ injured** people. It was only much later that dance as we know it, often accompanied by music and done for pleasure, became normal.

(エ) The hooded seal is a unique-looking mammal that lives in the North Atlantic and Arctic Oceans. It received its name from the loose skin on the top of the male's **① chest**. A hood usually refers to something that covers your head, like the hood of your raincoat. However, the seal's "hood" is used for **② purposes** other than protection. This hood can expand like a balloon and be used to make sounds to signal that the seal feels **③ threatened** when unfriendly animals are nearby. When expanded, it looks like a pinkish-red balloon above the seal's nose, larger even than the seal's head. The male hooded seal does this to show other males that it is healthy and strong. It is also a signal used to **④ attract** females.

(オ) There are five basic tastes that we can **① sense** with our tongue: bitter, salty, sour, sweet, and umami. While bitter, salty, sour, and sweet have long been recognized, the fifth taste has only recently been accepted globally. Sometimes referred to as "savory," scientists have debated whether or not umami is one of the five basic tastes since it was first identified in 1908 by the Japanese scientist Ikeda Kikunae. While trying to isolate the **② flavor** of dashi soup stock, he found that glutamate—a type of acid found in protein—was the source of the taste. He named this the “essence of deliciousness,” or umami. It took almost another 100 years before umami was acknowledged by the international community. In 2002, a team of researchers finally identified the taste receptors on the human tongue that are **③ responsible** for sensing umami. Since then, it has become a global buzzword and is now recognized as the fifth basic **④ scent**.

（60 分）

解答記入上の注意

(1) 解答は，「入学試験解答用紙［数学 No. 1］－第１面の１，２，［数学 No. 1］－第２面の３，４」の解答マーク欄を使用します。
　解答用紙の【記入上の注意】にしたがって使用してください。

(2) 問題文中の［ア］，［イ ウ］などには，特に指示のないかぎり，数字（0～9），記号（±，－），または文字（ a, b, c, m, n, π ）が入ります。ア，イ，ウ，… の一つ一つは，その数字，記号，または文字のいずれか一つが対応します。それらを解答マーク欄のア，イ，ウ，… で示された解答欄にマークして答えなさい。

［例１］［ア イ］に　－5　と答えたいとき

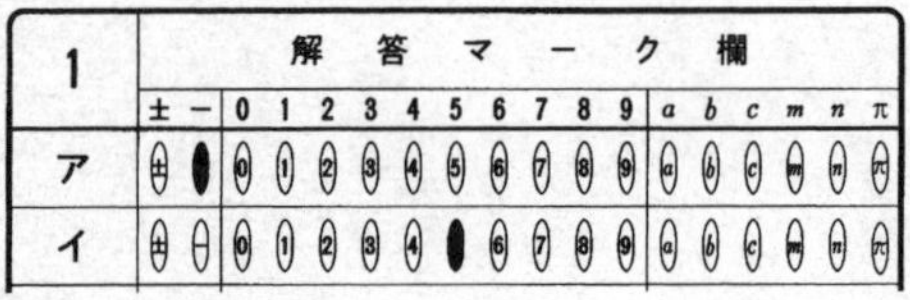

1	±	－	0	1	2	3	4	5	6	7	8	9	*a*	*b*	*c*	*m*	*n*	π
ア	±	●	0	1	2	3	4	5	6	7	8	9	*a*	*b*	*c*	*m*	*n*	π
イ	±	－	0	1	2	3	4	●	6	7	8	9	*a*	*b*	*c*	*m*	*n*	π

（表の見出し：解答マーク欄）

［例２］［ウ エ］に　$6a$　と答えたいとき

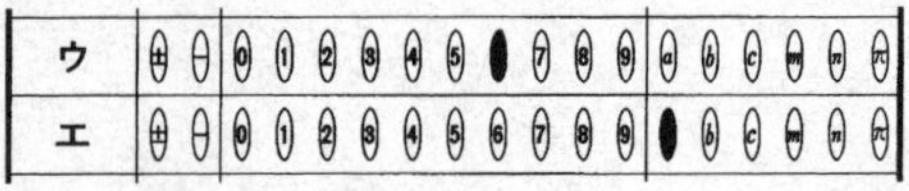

	±	－	0	1	2	3	4	5	6	7	8	9	*a*	*b*	*c*	*m*	*n*	π
ウ	±	－	0	1	2	3	4	5	●	7	8	9	*a*	*b*	*c*	*m*	*n*	π
エ	±	－	0	1	2	3	4	5	6	7	8	9	●	*b*	*c*	*m*	*n*	π

(3) 分数で答えるときは，既約分数（それ以上約分できない分数）で答えなさい。符号は分子につけ，分母につけてはいけません。

［例］　$\dfrac{\boxed{オ\ カ}}{\boxed{キ}}$　に　$-\dfrac{6}{7}$　と答えたいとき，　$\dfrac{-6}{7}$　として

オ	±	●	0	1	2	3	4	5	6	7	8	9	a	b	c	m	n	π
カ	±	−	0	1	2	3	4	5	●	7	8	9	a	b	c	m	n	π
キ	±	−	0	1	2	3	4	5	6	●	8	9	a	b	c	m	n	π

(4) 根号を含む形で答えるときは，根号の中に現れる自然数が最小となる形で答えなさい。

[例] $\boxed{ク}\sqrt{\boxed{ケ}}$ に $4\sqrt{2}$ と答えるところを，$2\sqrt{8}$ としてはいけません。

また，$\dfrac{\sqrt{\boxed{コ}}}{\boxed{サ}}$ に $\dfrac{\sqrt{2}}{2}$ と答えるところを，$\dfrac{\sqrt{8}}{4}$ としてはいけません。

(5) 同一問題の中で，同じカタカナの箇所には同じ数字，記号，または文字が入ります。

問題1

（1）　$\sin\theta-\cos\theta=\dfrac{1}{3}$ のとき，$\sin\theta\cos\theta=\dfrac{\boxed{ア}}{\boxed{イ}}$，$\sin^3\theta-\cos^3\theta=\dfrac{\boxed{ウエ}}{\boxed{オカ}}$

である.

（2）　等式 $\dfrac{2x-1}{x^2(x^2+1)}=\dfrac{a}{x}+\dfrac{b}{x^2}+\dfrac{cx+d}{x^2+1}$ が x についての恒等式であるとき，

定数 a, b, c, d の値は $a=\boxed{キ}$，$b=\boxed{クケ}$，$c=\boxed{コサ}$，$d=\boxed{シ}$ である.

（3）　$abc=32$ を満たすような自然数 a, b, c の組 (a, b, c) は $\boxed{スセ}$ 個ある.

（4）　方程式 $\log_2 x+\log_2(x-2)+\log_2(x-3)=3$ の解は $x=\boxed{ア}$ である.

（5）　$\triangle$ABC において，AC $=4$, BC $=3$, $\cos\angle$ABC $=\dfrac{1}{3}$ であるとき，

AB $=\boxed{イ}+\boxed{ウ}\sqrt{\boxed{エ}}$ であり，$\triangle$ABC の面積は $\boxed{オ}+\sqrt{\boxed{カ}}$

である.

（6）　一般項が $a_n=4n+1$，$b_n=7n$ $(n=1,2,3,\cdots)$ である 2 つの数列

$\{a_n\}$, $\{b_n\}$ がある．$\{a_n\}$ と $\{b_n\}$ のいずれにも含まれる数のうち最小の数は

$\boxed{キク}$ であり，1000 以下である数は全部で $\boxed{ケコ}$ 個ある.

問題2　実数 x, y が $x^2+y^2=1,\ x+y \geqq 0$ を満たしている.

(1) $\sqrt{3}\,x+y$ の最大値は $\boxed{ア}$ であり，そのときの x, y の値は

$$x=\frac{\sqrt{\boxed{イ}}}{\boxed{ウ}},\ y=\frac{1}{\boxed{エ}}$$ である.

(2) $\sqrt{3}\,x+y$ の最小値は $\dfrac{\sqrt{\boxed{オ}}-\sqrt{\boxed{カ}}}{2}$ であり，そのときの x, y の値は

$$x=-\frac{\sqrt{\boxed{キ}}}{2},\ y=\frac{\sqrt{\boxed{ク}}}{2}$$ である.

問題3　座標空間内に 3 点 A(2, 2, 0), B(2, −1, 3), C(0, 1, −1) がある.

(1) $|\overrightarrow{\mathrm{CA}}|=\sqrt{\boxed{ケ}}$, $|\overrightarrow{\mathrm{CB}}|=\boxed{コ}\sqrt{\boxed{サ}}$ である.

(2) $\overrightarrow{\mathrm{CA}}$ と $\overrightarrow{\mathrm{CB}}$ のなす角は $\dfrac{\pi}{\boxed{シ}}$ である.

(3) △ABC の面積は $\boxed{ス}\sqrt{\boxed{セ}}$ である.

問題4　a を定数とし，3 次関数 $y=x^3-(a+2)x^2+2ax$ のグラフを C とおく．

(1) C と x 軸との共有点が 3 個であるとき，その共有点の x 座標は

a, $\boxed{\text{ア}}$, $\boxed{\text{イ}}$ である．ただし，$\boxed{\text{ア}} < \boxed{\text{イ}}$ である．

(2) C と x 軸との共有点が 2 個であるとき，$a=\boxed{\text{ウ}}$, $\boxed{\text{エ}}$ であり，このとき，

C と x 軸で囲まれた部分の面積はともに $\dfrac{\boxed{\text{オ}}}{\boxed{\text{カ}}}$ である．ただし，

$\boxed{\text{ウ}} < \boxed{\text{エ}}$ である．

(3) $0<a<2$ のとき，C と x 軸で囲まれた部分の面積は

$$-\frac{1}{\boxed{\text{キ}}}a^4+\frac{\boxed{\text{ク}}}{3}a^3-\frac{\boxed{\text{ケ}}}{3}a+\frac{\boxed{\text{コ}}}{3}$$ である．

解答編

■英語■

I **解答** (ア)―3 (イ)―4 (ウ)―1 (エ)―2 (オ)―1 (カ)―2
(キ)―4 (ク)―3 (ケ)―2 (コ)―3

解説 (ア) ours「私たちのもの」

(イ)「そのショーが始まったとき，6時45分だった」

(ウ) be ashamed of ～「～を恥ずかしく思う」

(エ) lie in ～「～にある」と not *A* but *B*「*A* ではなく *B*」が組み合わされて，lie not in *A* but in *B*「*A* ではなく *B*（の中）にある」となっている。

(オ) keep O C「OをCのままにしておく」を用いた文。「窓を閉じたままにしておく」は，keep the window closed となる。closed「閉じた」

(カ) pay for ～「～の代金を支払う」

(キ)「ほとんどない～」を表すのに，～が可算名詞なら few＋名詞，不可算名詞なら little＋名詞とする。snow は不可算名詞なので，little snow とする。

(ク) no other＋単数名詞 *A*＋as〔so〕＋原級＋as …「他のどの *A* も…ほど～ない」という定型表現。原級を用いて最上級の内容を表す。

(ケ)過去の時点から見た，さらなる過去は過去完了形で表す。turn in ～「～を提出する」

(コ)適切な関係代名詞を選ぶ問題。先行詞が人（my aunt）で，空所の後に動詞が続いているので，主格の関係代名詞 who が適切。

II **解答** A．(ア)―3 (イ)―1 (ウ)―6 (エ)―8 (オ)―2
B．(カ)―6 (キ)―1 (ク)―5 (ケ)―2 (コ)―3

解説 A．≪就職説明会≫

A：やあ，リサ。就職説明会で説明をすることに同意してくれてありがとう。

B：どういたしまして。私ができることで，会社のお役に立ててうれしいです。

A：あなたのチームを大切にする精神に感謝します。会社でのあなたの経験について話してもらいたいのですが。

B：もちろん大丈夫です。説明はどれくらいの時間になりますか？

A：10分で十分です。まず，私が会社の概略を話しますから，その後であなたが説明をしてください。

B：了解です！　特に何について話せばいいですか？

A：まず，自己紹介をしてください。それから，なぜ私たちの会社に入ったのかについて話してください。その後で，ここで働く上での課題について話してください。

B：あら，悪い点も話した方がいいんですか？

A：はい。私たちの会社で働くことがどのようなものかについて，正直でありたいんです。

B：わかりました。できます。

A：すばらしい！　あともう一つお願いがあります。説明は次の金曜日ですが，可能であれば水曜日の朝にリハーサルをしたいんです。

B：大丈夫です。火曜日の午後までにすべてを準備しますね。

A：助かります！　それならリハーサル前にあなたの説明資料を確認できます。

B．《大学卒業後の予定》

A：息子よ，私はおまえを誇りに思うよ。来月で大学卒業だね。

B：お父さん，ありがとう。お父さんとお母さんの助けがなかったら，卒業できなかったよ。

A：それで，大学卒業後はどうするの？　仕事探しは始めたのかい？

B：就職活動は少ししたけど，まだ何の働き口も見つけてはいないんだ。実は，大学卒業後に何をするかについてもう一つの考えがあるんだ。

A：本当に？　何だね，それは？

B：1年かけて世界中を旅したいんだ。訪ねたい興味深い場所があまりにたくさんあってね。

A：ああ…お母さんと私は卒業後すぐに仕事を始めてほしいと望んでいたんだが。

B：そのつもりだったんだけど，今は仕事に就いた後ではあまり自由な時間が持てないと気付いたんだ。仕事を始める前に楽しむ最後の機会だと思ってね。

A：うーん，それはそうだと思うよ。そういう旅をするのに十分なお金はあるのかい？

B：お父さんとお母さんからいくらか借りたいと思っていたんだ。

A：うーん…いくら必要なんだい？

B：丸１年間で，少なくとも１万ドル必要になるんだ。

A：ごめん，それは無理だよ。しかし，違う方法で助けてあげよう。

B：助けてくれる？

A：いいよ。就職面接で着る新しいスーツを買ってあげよう。

Ⅲ　解答

(ア)―1　(イ)―2　(ウ)―5　(エ)―1　(オ)―2　(カ)―5
(キ)―2　(ク)―4　(ケ)―5　(コ)―3

解説　≪ウェールズの海藻≫

(ア)空所の後の to に注目。connected to ～ で「～につながった」の意。5．separation「分離」

(イ) a centuries-long history「何世紀にもわたる歴史」

(ウ)空所を含む文の構造は，many family-owned businesses が主語で could be found が述語。空所に関係代名詞 5．which を入れると，which … the laver が many family-owned businesses を修飾する関係代名詞節になって，文が成立する。

(エ) the decline of ～ で「～の衰退」の意。5．suspicious「疑わしい」

(オ) … never died completely「…は完全になくなったわけではなかった」とすると文意が通る。3．feature「特徴」　4．pause「休止」　5．unless「～しない限り」

(カ) travel great distances で「長距離を旅する」の意。

(キ)直後に which are … と書かれているので，空所には複数形の名詞が先行詞として入ることがわかる。2．gardens「庭」が適切。3．lengthy「長い」

(ク) other (　　) seaweed producers「他の（　　）海藻生産者」　4．small「小さな，小規模の」が適切。1．customs「慣習」

(ケ) by *doing* で「～することによって」の意。1．embarrassed「恥ずかしい」

(コ) through the generations で「何世代もの間，代々」の意。2．delicate「繊細な，壊れやすい」　5．politely「礼儀正しく」

※本文中の単語：harvest「収穫する」 laver「食用ノリ」 coal mining「石炭採掘」 momentum「勢い」 scallop「ホタテ貝」 oyster「カキ」 employment「雇用」 resident「居住者」 estimation「見積もり」

Ⅳ 解答　(ア)―2　(イ)―1　(ウ)―1　(エ)―5　(オ)―3

解説　並べかえた文は次の通り。

(ア) Seasonal foods <u>are</u> delicious and (nutritious.)

(イ) (The) day when <u>anyone</u> can travel (to space is not too far off.)

(ウ) (I hope) that more <u>companies</u> will develop (sustainable products.)

(エ) (I) have plenty of <u>room</u> for one (more sweater in my suitcase.)

(オ) (The IT environment in schools has) drastically changed <u>in</u> the past (few years.)

Ⅴ 解答　(ア)―③　(イ)―④　(ウ)―①　(エ)―①　(オ)―④

解説　(ア)梅雨時にある自分の誕生日についての思い出話。③の insects を storm にすれば文脈に合う。

(イ)ルールを中心に，ラグビーについて述べた文。④の uniforms を rules にすれば文脈に合う。

(ウ)何のためにダンスをするのかが，大昔と今では違うという内容。①の music を dancing にすれば文脈に合う。

(エ)頭巾をかぶったような顔が特徴のズキンアザラシについての話。①の chest「胸」を head にすれば文脈に合う。

(オ) 5番目に認定された味覚である，うま味についての話。④の scent「香り」を taste にすれば文脈に合う。

数学

1

解答 (1)ア．4　イ．9　ウエ．13　オカ．27

(2)キ．2　クケ．−1　コサ．−2　シ．1

(3)スセ．21

(4)ア．4

(5)イ．1　ウ．2　エ．2　オ．4　カ．2

(6)キク．21　ケコ．35

解説 ≪小問 6 問≫

(1)　$\sin\theta-\cos\theta=\dfrac{1}{3}$ より　$(\sin\theta-\cos\theta)^2=\dfrac{1}{9}$

$$\sin^2\theta-2\sin\theta\cos\theta+\cos^2\theta=\frac{1}{9}\qquad 1-2\sin\theta\cos\theta=\frac{1}{9}$$

$$\sin\theta\cos\theta=\frac{4}{9}\quad \rightarrow ア，イ$$

また

$$\sin^3\theta-\cos^3\theta=(\sin\theta-\cos\theta)(\sin^2\theta+\sin\theta\cos\theta+\cos^2\theta)$$
$$=\frac{1}{3}\times\left(1+\frac{4}{9}\right)=\frac{13}{27}\quad \rightarrow ウ〜カ$$

別解 (後半)　$\sin^3\theta-\cos^3\theta=(\sin\theta-\cos\theta)^3+3\sin\theta\cos\theta(\sin\theta-\cos\theta)$
$$=\frac{1}{27}+\frac{4}{9}=\frac{13}{27}$$

(2)　$$\frac{a}{x}+\frac{b}{x^2}+\frac{cx+d}{x^2+1}=\frac{ax(x^2+1)+b(x^2+1)+(cx+d)x^2}{x^2(x^2+1)}$$
$$=\frac{(a+c)x^3+(b+d)x^2+ax+b}{x^2(x^2+1)}$$

であるから，与式の左辺 $\dfrac{2x-1}{x^2(x^2+1)}$ と比較して

$$a+c=0,\ b+d=0,\ a=2,\ b=-1$$

よって　$a=2,\ b=-1,\ c=-2,\ d=1$　→キ〜ツ

(3)　$abc=32=2^5$ より，$a=2^x$，$b=2^y$，$c=2^z$（x，y，z は 0 以上の整数）

とおける。$abc=2^{x+y+z}=2^5$ であるから　　$x+y+z=5$

$x\geqq 0$, $y\geqq 0$, $z\geqq 0$ より，解 $(x,\ y,\ z)$ の組は○５個と仕切り棒(|) ２本の並べ方だけある。例えば

○|○○|○○ ⟷ $x=1$, $y=2$, $z=2$
|○|○○○○ ⟷ $x=0$, $y=1$, $z=4$
||○○○○○ ⟷ $x=0$, $y=0$, $z=5$

（１番左の棒の左の○の数が x
２本の棒の間の○の数が y
１番右の棒の右の○の数が z）

のように対応させられる。x が異なれば a, y が異なれば b, z が異なれば c はそれぞれ異なるから，求める a, b, c の組 $(a,\ b,\ c)$ の個数は，x, y, z の組 $(x,\ y,\ z)$ の個数に等しく，○５個と仕切り棒２本の並べ方から

$$\frac{7!}{5!2!}=\frac{7\cdot 6}{2\cdot 1}=21\text{ 個}$$　→スセ

(4)　$\log_2 x+\log_2(x-2)+\log_2(x-3)=3$　……①とおく。

真数は正であるから　　$x>0$, $x-2>0$, $x-3>0$

つまり　　$x>3$

このとき，①は

$\log_2 x(x-2)(x-3)=3$　　$x(x-2)(x-3)=2^3=8$

$x^3-5x^2+6x-8=0$

$x(x-2)(x-3)=8$ は，$x=4$ を解にもつ（解が $x=$ ア とあるから正の整数である $x\ (x>3)$，かつ８の約数であるものをさがす）ので

$x^3-5x^2+6x-8=(x-4)(x^2-x+2)=0$

$x^2-x+2=0$ は（判別式）$=(-1)^2-4\times 2=-7<0$ より実数解をもたない（当然 $x>3$ を満たさない）から　　$x=4$　→ア

(5)　AB$=x$ とおく。余弦定理から

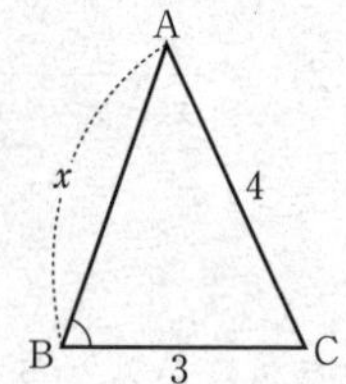

$4^2=3^2+x^2-2\cdot 3\cdot x\cos\angle\mathrm{ABC}$

$16=9+x^2-2x$

$x^2-2x-7=0$　　$x=1\pm 2\sqrt{2}$

$x>0$ より　　$x=1+2\sqrt{2}$

$\mathrm{AB}=1+2\sqrt{2}$　→イ～エ

（x の範囲は三角形の成立条件より　　$|3-4|<x<3+4$　　$\therefore$　$1<x<7$）

また，$\sin\angle\mathrm{ABC}>0$ であるから　　$\sin\angle\mathrm{ABC}=\sqrt{1-\left(\frac{1}{3}\right)^2}=\frac{2\sqrt{2}}{3}$

よって，三角形 ABC の面積は

$$\frac{1}{2}\times \mathrm{AB}\times \mathrm{BC}\times \sin\angle\mathrm{ABC}=\frac{1}{2}\times(1+2\sqrt{2})\times 3\times\frac{2\sqrt{2}}{3}=4+\sqrt{2}$$

→オ，カ

(6)　$a_n=5+4(n-1)$ $(n=1,\ 2,\ 3,\ \cdots)$ より数列 $\{a_n\}$ は初項 5，公差 4 の等差数列である。$b_n=7+7(n-1)$ $(n=1,\ 2,\ 3,\ \cdots)$ より数列 $\{b_n\}$ は初項 7，公差 7 の等差数列である。具体的に書き並べると

$\{a_n\}$: 5, 9, 13, 17, ㉑, 25, 29, 33, 37, 41, 45, ㊾, 53, …

$\{b_n\}$: 7, 14, ㉑, 28, 35, 42, ㊾, 56, 63, …

これより，最小の共通な数は　21　→キク

また，共通な数は，数列 $\{a_n\}$，$\{b_n\}$ が等差数列より等差数列をなし，$\{a_n\}$，$\{b_n\}$ の公差がそれぞれ 4，7 より 4 と 7 の最小公倍数 28 を公差にもつ。

初項 21 より第 n 項は　$C_n=21+28(n-1)$

$C_n\leqq 1000$ とすると　$21+28(n-1)\leqq 1000$

$$n-1\leqq\frac{979}{28}=34.96\cdots\qquad n\leqq 35.96\cdots$$

よって，1000 以下である数は全部で　35 個　→ケコ

2 解答

(1)ア．2　イ．3　ウ．2　エ．2

(2)オ．2　カ．6　キ．2　ク．2

解説　≪領域と最大・最小≫

$x^2+y^2=1$，$x+y\geqq 0$ を満たす点 $(x,\ y)$ は xy 平面上，次図の半円の弧を表す。円 $x^2+y^2=1$ と直線 $x+y=0$ の交点は

$\begin{cases}x^2+y^2=1\\ y=-x\end{cases}$ より　$x^2=\dfrac{1}{2}$　$x=\pm\dfrac{\sqrt{2}}{2}$

$$(x,\ y)=\left(\pm\frac{\sqrt{2}}{2},\ \mp\frac{\sqrt{2}}{2}\right)\ \text{(複号同順)}$$

$\sqrt{3}x+y=k$ とおくと

$y=-\sqrt{3}x+k$　……①

直線①が次図の半円の弧と共有点をもつときの k の最大値，最小値を求めればよい。

(1)　k が最大となるのは①が弧と接するときで，このとき，円の中心

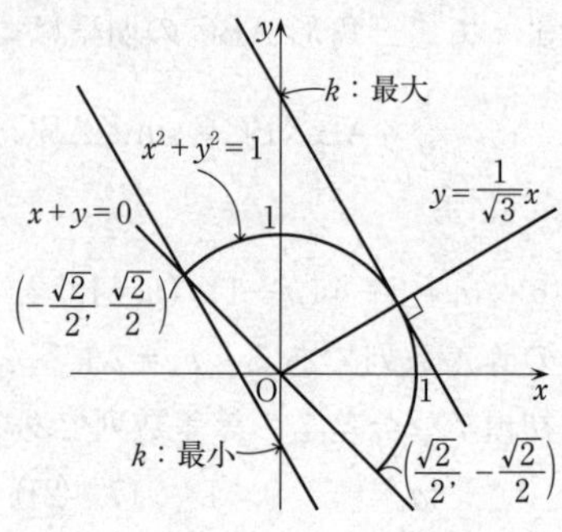

(0, 0) と直線①の距離が円の半径 1 になるので

$$\frac{|k|}{\sqrt{(\sqrt{3})^2+1^2}}=1 \qquad |k|=2$$

図で $k>0$ より　　$k=2$ →ア

そのときの x, y は接点の座標 (x, y) で，これは $k=2$ のときの直線①と直線 $y=\frac{1}{\sqrt{3}}x$ との交点でもある。

$y=\frac{1}{\sqrt{3}}x$, $k=2$ を①に代入して

$$\frac{1}{\sqrt{3}}x=-\sqrt{3}x+2 \qquad x=-3x+2\sqrt{3}$$

$$x=\frac{\sqrt{3}}{2} \quad →イ，ウ$$

$$y=\frac{1}{\sqrt{3}}x=\frac{1}{2} \quad →エ$$

(2)　k が最小となるのは①が点 $\left(-\frac{\sqrt{2}}{2}, \frac{\sqrt{2}}{2}\right)$ を通るときで，このとき

$$\sqrt{3}\cdot\frac{-\sqrt{2}}{2}+\frac{\sqrt{2}}{2}=k \qquad k=\frac{\sqrt{2}-\sqrt{6}}{2} \quad →オ，カ$$

また，そのとき

$$x=-\frac{\sqrt{2}}{2},\ y=\frac{\sqrt{2}}{2} \quad →キ，ク$$

3　解答

(1)ケ．6　コ．2　サ．6　(2)シ．3

(3)ス．3　セ．3

解説　≪空間ベクトル≫

A(2, 2, 0)，B(2, −1, 3)，C(0, 1, −1) より

(1)　$\overrightarrow{CA}=(2-0,\ 2-1,\ 0-(-1))=(2,\ 1,\ 1)$

$|\overrightarrow{CA}|=\sqrt{2^2+1^2+1^2}=\sqrt{6}$ →ケ

$\overrightarrow{CB}=(2-0,\ -1-1,\ 3-(-1))=(2,\ -2,\ 4)$

$|\overrightarrow{CB}|=\sqrt{2^2+(-2)^2+4^2}=2\sqrt{6}$ →コ，サ

(2)　$\overrightarrow{CA}$ と $\overrightarrow{CB}$ のなす角を $\theta\,(0\leqq\theta\leqq\pi)$ とすると

$$\cos\theta=\frac{\overrightarrow{CA}\cdot\overrightarrow{CB}}{|\overrightarrow{CA}||\overrightarrow{CB}|}=\frac{4-2+4}{\sqrt{6}\cdot2\sqrt{6}}=\frac{1}{2}$$

$0\leqq\theta\leqq\pi$ より　　$\theta=\dfrac{\pi}{3}$　→シ

(3)　△ABC の面積を S とする。

$$S=\frac{1}{2}\sqrt{|\overrightarrow{CA}|^2|\overrightarrow{CB}|^2-(\overrightarrow{CA}\cdot\overrightarrow{CB})^2}=\frac{1}{2}\sqrt{6\times24-36}$$

$$=\frac{6}{2}\sqrt{4-1}=3\sqrt{3}$$　→ス，セ

$\left(S=\dfrac{1}{2}|\overrightarrow{CA}||\overrightarrow{CB}|\sin\dfrac{\pi}{3}=\dfrac{1}{2}\times\sqrt{6}\times2\sqrt{6}\times\dfrac{\sqrt{3}}{2}=3\sqrt{3}\right.$ でもよい。$\left.\right)$

4　解答

(1)ア．0　イ．2

(2)ウ．0　エ．2　オ．4　カ．3

(3)キ．6　ク．2　ケ．4　コ．4

解説　≪3次関数のグラフと x 軸の共有点，x 軸とで囲む図形の面積≫

(1)　$C:y=x^3-(a+2)x^2+2ax$ と x 軸の共有点の x 座標は，3 次方程式 $x^3-(a+2)x^2+2ax=0$ の実数解である。

$$x^3-(a+2)x^2+2ax=x\{x^2-(a+2)x+2a\}=x(x-2)(x-a)$$

であるから　　$x=a,\ 0,\ 2$　→ア，イ

(2)　(1)の a が 0 か 2 に一致すればよい。

よって　　$a=0,\ 2$　→ウ，エ

このとき，C と x 軸で囲まれた図形の面積 S は

$a=0$ のとき，次図 1 より

$$S=\int_0^2-(x^3-2x^2)\,dx=-\left[\frac{x^4}{4}-\frac{2}{3}x^3\right]_0^2=-\left(4-\frac{16}{3}\right)=\frac{4}{3}$$

$a=2$ のとき，次図 2 より

$$S=\int_0^2(x^3-4x^2+4x)\,dx=\left[\frac{x^4}{4}-\frac{4}{3}x^3+2x^2\right]_0^2=4-\frac{32}{3}+8=\frac{4}{3}$$

よって，$a=0$，$a=2$ のとき，ともに　$\dfrac{4}{3}$　→オ，カ

(実際は，どちらか一方の場合のみを計算して答えとすればよい。)

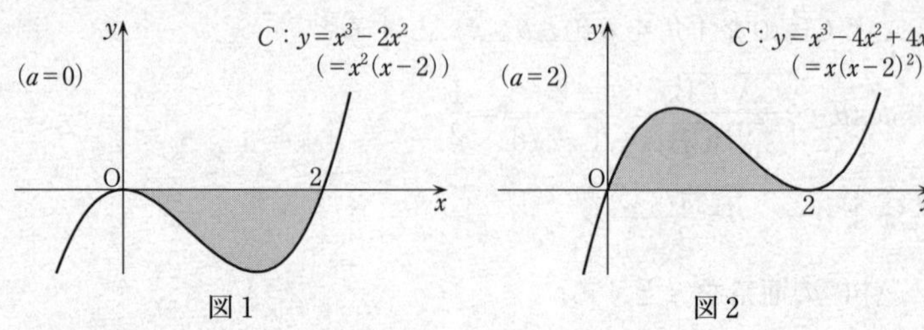

図 1　図 2

(3)　$0<a<2$ のとき，C は図 3 のようになる。

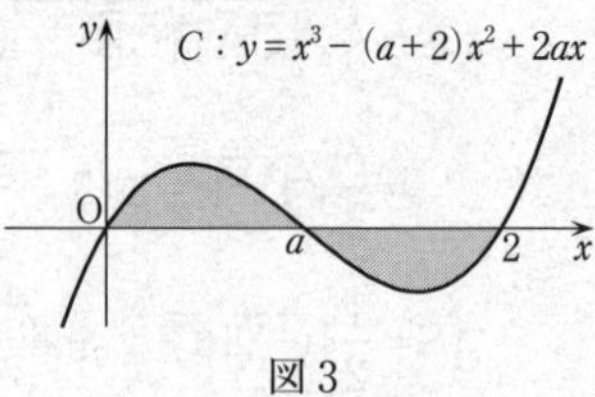

図 3

これより，求める面積 S は

$$S=\int_0^a \{x^3-(a+2)x^2+2ax\}\,dx + \int_a^2 -\{x^3-(a+2)x^2+2ax\}\,dx$$

$\int \{x^3-(a+2)x^2+2ax\}\,dx=\frac{1}{4}x^4-\frac{a+2}{3}x^3+ax^2+C$（$C$ は積分定数）より

$$F(x)=\frac{1}{4}x^4-\frac{a+2}{3}x^3+ax^2$$

とおいて

$$\begin{aligned} S&=F(a)-F(0)-\{F(2)-F(a)\} \\ &=2F(a)-F(0)-F(2) \\ &=2\left(\frac{1}{4}a^4-\frac{a+2}{3}a^3+a^3\right)-0-\left\{4-\frac{8}{3}(a+2)+4a\right\} \\ &=-\frac{1}{6}a^4+\frac{2}{3}a^3-\frac{4}{3}a+\frac{4}{3} \quad \rightarrow \text{キ～コ} \end{aligned}$$

■一般試験Ｂ：２月 18 日実施分

問題編

▶試験科目・配点

教　科	科　　　目	配　点
外国語	コミュニケーション英語Ⅰ・Ⅱ	100 点
数　学	数学Ⅰ・Ⅱ・Ａ・Ｂ*	150 点
理科・国　語	「物理基礎・物理〈省略〉」，「化学基礎・化学〈省略〉」，「国語総合（古文・漢文を除く）・現代文Ｂ」から１科目選択	100 点

▶備　考

＊「数学Ｂ」は「数列」，「ベクトル」を出題範囲とする。

上記学力試験と調査書等により総合的に選考する。

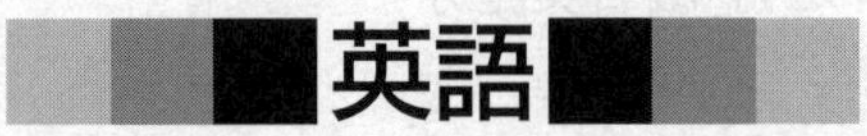

英語

（70 分）

I．　次の（ア）～（オ）各文の（　　　）に入る最も適切な英単語を、選択肢から1つ選んで書きなさい。選択肢は1度しか使えません。

［選択肢］

ago	avoid	bed	climb
discusses	for	happen	it
loser	our	rear	sang
sleeping	tight	unlikely	us

（ア）I can't find my brother Cody anywhere. I thought he was in his room (　　　).

（イ）My parents had to cancel (　　　) family camping trip because of the bad weather.

（ウ）Would you (　　　) to know where the nearest bus stop is?

（エ）Because of his lack of skill, it is very (　　　) that he will win the competition.

（オ）If we hadn't waited until the last day to complete our project, we would have been able to (　　　) many of the mistakes we made.

Ⅱ．　次の（ア）～（オ）各文の下線部分１～３のうち日本語訳に合わないものを選んで［誤　1　2　3］欄の番号に丸をつけなさい。次に、日本語訳に合うように、それを正しい形に置き換えて［正　　］に書きなさい。正しい形は２語以上になる場合もあります。

例

２匹の犬は往来の激しい道を渡った。

Two dog walked across the busy street.
（1: dog　2: across　3: busy）

[解答例]

［誤　(1)　2　3］　［正　dogs］

（ア）調査によると、旧製品と新製品に違いはない。

The study shows that there is less difference between the old and the new products.
（1: shows　2: less　3: between）

（イ）外国語が話せなくても、身振り手振りを使って意思疎通することができる。

Even if you can't speak a foreign language, you can still communicate by way gestures.
（1: if　2: communicate　3: way）

（ウ）彼は、１０日前にいなくなった犬を至る所で探した。

He has searched somewhat for his dog, which disappeared 10 days ago.
（1: has　2: somewhat　3: disappeared）

（エ）旅行は身体的にも精神的にも余りに疲れるものだったので、仕事に戻りたくない。

My trip was so physically and mental tiring that I don't want to return to work.
（1: mental　2: that　3: return）

（オ）この映画は著名な作家が書いた小説に基づいている。

This movie is based on a story write by a well-known author.
（1: based　2: write　3: well-known）

Ⅲ. 次の（ア）～（オ）のそれぞれの日本語訳の意味を表す英文になるように、各英文の空欄に語または句を最も適切な順序に並べた場合、<u>３番目にくるものの番号</u>を書きなさい。ただし、文頭にくるものも小文字で書いてあります。また、必要なコンマが省略されている場合もあります。

（ア） この賞は社会に貢献している団体に授与されます。

This prize ____ ____ ____ ____ ____ to society.

1. awarded to　　2. contribute　　3. is
4. organizations　　5. that

（イ） しばしば、偉大な建築家は、有能なプロダクトデザイナーでもある。

Often, great ____ ____ ____ ____ ____ too.

1. architects　　2. are　　3. designers
4. product　　5. talented

（ウ） 今年の経済危機は、以前のよりかなり深刻だ。

This year's economic crisis is much ____ ____ ____ ____ ____ one.

1. more　　2. previous　　3. serious
4. than　　5. the

（エ） このスーツにはどのネクタイが合うかな。

____ ____ ____ ____ ____ suit?

1. goes　　2. this　　3. tie
4. which　　5. with

（オ） 毎年、ますます多くの動物が絶滅危惧種リストに加えられている。

More ____ ____ ____ ____ ____ the endangered species list every year.

1. added　　2. and more　　3. animals
4. are　　5. to

Ⅳ. 会話が完成するように，（ア）～（ウ）に文脈に適した文または表現を考えて3語以上で書きなさい。

TEACHER: OK, class. Please interview your partner using the questions we practiced yesterday.

NAO: I'll start. What's your name?

YUKI: I'm Yuki.

NAO: Nice to meet you, Yuki. My name is Nao. （　ア　）

YUKI: Sapporo.

NAO: Sapporo in Hokkaido? I've been there. It's a beautiful city!

YUKI: How about you?

NAO: I'm from Nagano. OK, next question. What time do you usually wake up in the morning?

YUKI: （　イ　）

NAO: Wow, that's early! I don't usually get up until 8:00 AM. OK, last question. What's your favorite food?

YUKI: （　ウ　）

NAO: Me too! I know a great Italian restaurant nearby where we can get some. Shall we get lunch when class is finished?

YUKI: Yes, I'm so hungry!

V. 次の英文は「飛行機の塗装」について述べたものです。本文を読んで、設問に答えなさい。

There are tens of thousands of commercial airplanes around the world. The planes come in many sizes, have lots of different features, and are made of various materials. Almost all of these airplanes have something in common, though—they are painted white. This unified color scheme is not just a coincidence. It turns out that there are many good reasons to paint an airplane white.

First of all, the color white reflects sunlight effectively, which helps keep an airplane cool. This is important in a few ways. When the plane reflects more sunlight, it takes less energy to keep the cabin temperature comfortable for passengers. A lower temperature is also better for parts of the plane that are made of plastic and composite materials, both of which can melt when they get too hot.

In addition to reducing the temperature, white paint also makes it easier to spot damage. Problems that could lead to serious accidents, like cracks, dents, oil leaks, and burn marks, all show up best on white paint. When workers inspect an airplane, the white color increases their ability to notice problems like these.

The white paint is not only meant to help human eyes, however. According to a 2011 paper in the journal *Human-Wildlife Interactions*, bright colors, especially white, are easiest for birds to see against the sky. A significant problem in air travel is what is known as a "bird strike"—when an airplane in flight hits a bird. This can cause severe damage or even a crash. By painting airplanes bright white, birds have a higher chance of noticing and avoiding them.

Cost is another factor in color choice. Airplanes spend large amounts of time high in the atmosphere. At high altitudes, airplanes are exposed to a lot of direct sunlight, which causes paint to fade rapidly. White does not fade as noticeably as other colors, so this color choice keeps airplanes looking new for longer. According to the Boeing airline company, it costs between $50,000 and $200,000 to repaint a single plane, so a long-lasting paint job can save an enormous amount of money.

White paint also helps financially by increasing a plane's resale value because a white plane is easier to sell. A plane of another color would require an expensive repainting before being added to a white fleet, whereas a white plane may only need a little paint here and there for a new logo. If a company wants to sell a plane, they can usually get more money for a white one.

The biggest problem that comes with painting an airplane, no matter the color, is that paint adds extra weight. Although the extra weight adds to fuel costs, paint helps to protect the metal body of an airplane. It is possible to maintain unpainted airplanes, but it takes a lot of time and money to polish them frequently. In the end, it is cheaper for airline companies to fly painted planes, and among all color options, white offers the most advantages.

A.　（ア）～（オ）の設問について、本文の内容に基づいて英語で答えなさい。
ただし、解答は１０語以内とします。

（ア）What is one reason it is important to keep an airplane cool?

（イ）What is a bird strike?

（ウ）Why does the paint on an airplane fade quickly?

（エ）What is the maximum price to repaint a Boeing airplane?

（オ）What is the main problem caused by painting an airplane?

B.　次の本文の要約の空欄（カ）～（コ）に入る言葉を、本文から抜き出して書きなさい。２語以上になる場合もあります。

Most of the world's commercial airplanes are painted white. There are several good reasons for this. First, the color white （ カ ） sunlight, which helps keep planes cool. White also shows various types of （ キ ）, like cracks and burn marks, more easily. The color white even helps prevent bird strikes because the bright color helps birds to （ ク ） airplanes. White doesn't fade as quickly as darker colors, and it helps keep resale value high, both of which save （ ケ ） for airline companies. Painting airplanes helps to （ コ ） their metal bodies, and of all the color options, white is thought to be the best.

数学

（90 分）

注意：採点は解答用紙のみで行います．問題用紙に書いた計算等は評価しません．
問題１（1）～（5）の解答は，答えのみを【数学】第一面 の該当箇所に記入してください．

問題１　次の問いに答えよ．なお，解答欄には答えのみを記入せよ．

（1）　$a=\sqrt{5}-\sqrt{3},\ b=\sqrt{5}+\sqrt{3}$ のとき，a^2+b^2 の値，および，$\dfrac{1}{a^2}-\dfrac{1}{b^2}$ の値を求めよ．

（2）　不等式 $\left(\dfrac{1}{2}\right)^{x^2-x}<\dfrac{1}{4}$ を解け．

（3）　$\dfrac{n^2+7n+12}{n+1}$ が整数になるような自然数 n をすべて求めよ．

（4）　k を実数とする．座標平面上において，直線 $y=-2x+k$ が円 $x^2+y^2=9$ と共有点をもつような k のとり得る値の範囲を求めよ．

（5）　$\triangle \mathrm{ABC}$ において，$\mathrm{AB}=6,\ \mathrm{CA}=9,\ \angle \mathrm{CAB}=60^\circ$ のとき，辺 BC の長さ，および，この三角形の外接円の半径 R を求めよ．

注意：**採点は解答用紙のみで行います．問題用紙に書いた計算等は評価しません．**
問題1（6）〜（10）の解答は，答えのみを【数学】第一面 の該当箇所に記入してください．

（6）男子 5 人，女子 7 人の中から 3 人の代表を選ぶとき，全員が女子である確率 P，および，少なくとも 1 人が女子である確率 Q を求めよ．

（7） 不等式 $\log_3 x \leqq 2\log_3 2 - \log_3(x-4) + 1$ を解け．

（8） 1 から 12 までの自然数を全体集合とする．その部分集合 A, B について，

$$\overline{A} \cap \overline{B} = \{2, 5, 7, 9, 10, 12\},\ \overline{A} \cap B = \{4, 8\},\ A \cap \overline{B} = \{1, 3, 6\}$$

が成り立っているとき，集合 A, B を，要素を並べる方法で表せ．ただし，$\overline{A}, \overline{B}$ は，それぞれ A, B の補集合を表す．

（9） 座標平面上において，軸が直線 $x = 5$ であり，2 点 $(8, 0), (0, 32)$ を通る放物線の方程式を求めよ．

(10) 座標空間内の 3 点 $\mathrm{A}(1, 0, 1), \mathrm{B}(2, 1, -1), \mathrm{C}(-1, 1, 2)$ において，2 つのベクトル $\overrightarrow{\mathrm{AB}}, \overrightarrow{\mathrm{AC}}$ の内積 $\overrightarrow{\mathrm{AB}} \cdot \overrightarrow{\mathrm{AC}}$，および，$\overrightarrow{\mathrm{AB}}, \overrightarrow{\mathrm{AC}}$ のなす角 θ $(0 \leqq \theta \leqq \pi)$ を求めよ．

注意：**採点は解答用紙のみで行います．問題用紙に書いた計算等は評価しません．問題2，3の解答は，途中の推論，計算も含めて【数学】第一面，【数学】第二面の該当箇所に記入してください．**

問題2 関数 $f(x)=16^x+\dfrac{16}{16^x}-4\left(4^x+\dfrac{4}{4^x}\right)+5$ がある．

(1) $t=4^x+\dfrac{4}{4^x}$ とおくとき，t のとり得る値の範囲を求めよ．

(2) $f(x)$ を t の多項式で表せ．

(3) $f(x)$ の最小値とそのときの x の値を求めよ．

問題3 座標平面において，放物線 $y=x^2$ を C，直線 $y=ax+b$ を ℓ とし，C と ℓ は接しているとする．ただし，a, b は定数で $a>0$ とする．

(1) b を a の式で表せ．

(2) 接点の x 座標を a の式で表せ．

(3) ℓ と C および y 軸で囲まれる部分の面積が 9 であるとき，a, b の値を求めよ．

注意：**採点は解答用紙のみで行います．問題用紙に書いた計算等は評価しません．**
問題4の解答は，途中の推論，計算も含めて【数学】第二面 の該当箇所に記入してください．

問題4　$\sin\theta+\cos\theta=\dfrac{\sqrt{7}}{2}$，$\sin\theta>\cos\theta$ のとき，次の問いに答えよ．

(1)　$(16^{\sin\theta})^{\cos\theta}$ の値を求めよ．

(2)　$\dfrac{16^{\sin\theta}}{16^{\cos\theta}}$ の値を求めよ．

(3)　$\dfrac{8^{\frac{1}{\cos\theta}}}{8^{\frac{1}{\sin\theta}}}$ の値を求めよ．

①戦後昭和世代の活躍とその変遷　②大正デモクラシーと娯楽小説の多様化　③モダニズムから戦後文学へ
④江戸時代の文学雑誌　⑤文学の文明開化

問五　「双方向型の今日へ」の章を八十字以上百字以内で要約して記述せよ。

下書き

問二　文中の傍線部（B）、（D）、（E）の意味を端的に記述せよ。

（B）時宜を得て

（D）識字率

（E）特化

問三　本文で説明された内容に基づいて、次の⑴～⑻の問いに答えよ。

⑴日本の出版史上、初めて百万部を突破した雑誌の名は何か記述せよ。

⑵『大菩薩峠』を賞賛した作家の名を四名、記述せよ。

⑶探偵小説作家として紹介された作家の名を全て記述せよ。

⑷川端康成と横光利一はなんという流派とみなされたか、「○○派」という形式で記述せよ。

⑸プロレタリア文学作家として紹介されたのは誰か記述せよ。

⑹白樺派の作家として紹介されたのは誰か記述せよ。

⑺敗戦国の現実を写し出した作品を残したのは誰と紹介されたか、全て記述せよ。

⑻第二次戦後派として紹介されたのは誰か記述せよ。

問四　文中の空欄［ア］～［ウ］の各章を正しい順に並べ替えて解答欄に従って記入せよ。またそれぞれの章のタイトルとして最も適切なものを次の①～⑤から一つずつ選び、その番号を記入せよ。

品の創作と受容は、もはや〈作者が書き、読者が読む〉という一方向的なものではなくなった。

それでも、受容の変化に伴う叙述の変遷などは、明治大正期の翻案手法や文体の工夫、外国の作品や異なる芸術ジャンルの作品の受容の仕方などとそのおおもとは同じである。そして、読者にいかに読まれるものを提供していくかという模索は変わらず、現代の文学へ脈々と受け継がれてきたのである。

長い日本の文学史においても、最も大きな変化がもたらされたのが明治、大正時代である。その時期に文学の課題の多くが成立したのであり、現代までそれらに対するよりよい技法が繰り返し試みられ、進化しつづけているといえよう。

（堀啓子『日本近代文学入門』による。なお文章を改変したところがある。）

※モボ・モガ――モダンボーイ・モダンガールの略。主に大正時代における「当世風」の流行を取り入れた若い男女を指す。

問一　文中の傍線部（A）、（C）のここでの意味として最も適切なものを次の①～⑤から一つ選び、その番号を記入せよ。

（A）典雅

①上品でなんとなく深みがある様子。
②正しく整って上品なさま。
③おしとやかで上品なさま。
④気品の優れていること。
⑤都会風で上品な様子。

（C）闊歩

①度量が大きく物事にこだわらない様子。
②あたりを構わず気丈に行動すること。
③傍若無人に走り回ること。
④早く進もうと急いであるくこと。
⑤大股で堂々とあるくこと。

『飼育』（昭和三十三年）を代表作とする大江健三郎へと連なっていくことになる。

ウ

江戸時代から、日本人の(D)識字率はきわめて高かった。ひとつの理由は寺子屋の発達であり、結果として人々は〈瓦版〉や高札を読むにも不自由はなく、読み物としての戯作も発展した。だが、戯作は手すさびに書かれ、遊戯文学としての意味合いが強いものが多い。やはり文学が芸術として一段高められたのは、明治以降、すなわち近代に入ってからである。

明治から大正という、日本が近代化、文明化を推し進めていた時代、文学にも大きな変革の波が押し寄せた。西洋を知り、彼我の文学を比較することで生まれた驚愕（きょうがく）、憧れ、焦燥、野心が自ずと作家たちの姿勢や意識を変え、日本の近代文学の成立を促したのである。そして同時に、人々が教育を受けていくことによって読者が増え、読書市場が拡大し、新聞や雑誌など、作品が掲載される媒体が多様化していったことも、文学の需給バランスに変化をもたらした。

この流れを簡単に説明するにあたって、背景としてまずは加速した読者層の広まりに着目すべきであろう。折しも大正末期に大日本雄弁会講談社（だいにっぽんゆうべんかいこうだんしゃ）（現在の講談社）によって創刊された雑誌『キング』（大正十四年（一九二五））が、「万人向きの百万雑誌」を標榜したとおり、日本の出版史上、はじめて百万部を突破した。同誌は昭和二年（一九二七）には百四十万部を超え、数字上では人口の二%が読んでいたことになる。

この雑誌のひとつの魅力は、対象とする読者をごく一般的、平均的な層とし、彼らのニーズに応じてあらゆるジャンルの小説を取り揃えて所収していたことである。『キング』の人気に端を発し、多くの出版社が読者の性別や世代、嗜好を顧慮した多様な雑誌を発売しはじめる。そして中産層や女性などの新しい雑誌読者層を中心に、娯楽としての文学の需要が高まっていった。結果的に通俗小説に(E)特化した雑誌も増え、新聞も多くの読者に愛される長期にわたる作品を積極的に掲載するようになった。

双方向型の今日へ

昭和後期から平成にかけては、文芸思潮はさらに多様化する。ただ、現代への大きな流れとして、よりエンターテインメント性を重視する傾向が強くなったといえる。作品の発表媒体も多様化する中で、映像やコミックスの手法などもとりいれた作品が若い読者を捉え、メディアミックスのかたちで市場を拡大している。たとえばサブカルチャーの発展に伴い、古典文学作品のコミック化が進み、映画やドラマ、コンピューターゲームのノベライズなどが流行し、受容者側からも感想やパロディーをネットで発信し、同人誌活動などへも発展していく現代において、作

突入する時期の日本人の心をつかみ、四年にわたる長期連載となった。

［イ］他方、大正末から昭和の初期には、新しい欧米的な風俗も流行していた。※モボ・モガが(C)闊歩したのもこの時期である。そこから端を発した近代意識は、文壇においてモダニズム文学という潮流を形成する。この流れは、モダン趣味的な傾向に端を発し、欧米の前衛主義的な傾向を取り入れる段階で発展した。そして古典を理解し、その上に新手法を確立するというもので、『伊豆の踊子』(大正十五年〔一九二六〕)の川端康成や『日輪』(大正十二年)の横光利一が中心とみなされる。彼らは反プロレタリアという方向性は同じくする芸術派ではあるが、集団としての理論は有していない。ただ清新さを主たる特徴として求めていく点で、新感覚的とみなされ、心理主義的な傾向をも有していたために、その流れはのちに伊藤整や堀辰雄が実践した新心理主義へと受け継がれた。

もう一つ大きな流れが『蟹工船』(昭和四年〔一九二九〕)の小林多喜二を旗手とするプロレタリア文学である。もともと多喜二は、白樺派を代表する志賀直哉に傾倒していた。白樺派は大正デモクラシーの自由闊達な空気のもと、理想や人道的であることを追求したグループである。美術にも関心が深く、印象派の紹介にも寄与した。だが多喜二は、その理想、人道をさらに追求してプロレタリア問題をテーマとして扱い、この文学活動に殉じるかたちで世を去る。そして弾圧も激化し、この流れは昭和九年に潰滅した。

昭和十年代になると、文芸復興の気運が高まった。多喜二の死後、プロレタリア文学の作家同盟が解散したことで、その文壇支配からの解放感が関係している。それまでの種々の潮流を汲むかたちで、新たに多くの雑誌が創刊された。そしてそれに対応するさまざまな作品、作風、主義が掲げられる中で、芥川賞の第一回受賞作となった石川達三の『蒼氓』(昭和十年)や、永井荷風の『濹東綺譚』(昭和十二年)などが登場し、志賀直哉の『暗夜行路』(大正十年)や、島崎藤村の『夜明け前』(昭和四年)も、このあたりで完結する。

戦後になると、敗戦国である日本の現実を写し出した、太宰治の『斜陽』(昭和二十二年)や坂口安吾の『堕落論』(昭和二十一年)などに代表される無頼派が活躍した。そして昭和二十年代後半は、第一次戦後派とされた野間宏が『真空地帯』(昭和二十七年)を、第二次戦後派とされた大岡昇平が『野火』(昭和二十六年)を発表し、戦後文学というジャンルが形成されていく。

三十年代になると同じく第二次戦後派として、川端康成に推奨されて世に出た三島由紀夫が『金閣寺』(昭和三十一年)に明らかな芸術至上主義を貫き、安部公房は『砂の女』(昭和三十七年)のような前衛的な作風で注目を浴びた。その後、第三の新人と言われた安岡章太郎が『海辺の光景』(昭和三十四年)、遠藤周作が『海と毒薬』(昭和三十二年)を発表し、心象に焦点をあてる新たな作風を展開する。そしてそれらのあとが

二　次の文章を読んで、後の問いに答えよ。なお文中の※印は、本文末を参照せよ。

文学のその後、現代へ

ア

なかでも長巨編であるのは、泉鏡花や菊池寛、芥川龍之介なども賞賛し、昭和十六年(一九四一)まで三十年近く連載が続いた中里介山(なかざとかいざん)の『大菩薩峠』(大正二年〔一九一三〕)であろう。文体、構成ともに斬新で、後世に多くの影響をもたらすことになる。

この作品の賞賛者には谷崎潤一郎も名を連ねる。一般受けする作品が増えていくなかで、谷崎は耽美で独特な世界観を表現し、いっぽうでまた『源氏物語』の現代語訳なども手がけた。『源氏物語』訳は、戦後のベストセラーとなったが、この世界を自ら体現し、戦前から戦中、戦後までに軍部からの圧力に耐えながら発表した『細雪』(昭和十八年)も谷崎潤一郎の代表作のひとつである。そして(A)典雅な古典の香を後世につないでいくことになる。

いっぽう、博文館の発行した雑誌『新青年』(大正九年)が後押ししたことで探偵小説の流行も続いた。当初、『新青年』はその前身の『冒険世界』の流れを汲んで、文字通り新時代の若い読者向けに発刊されたものであった。モダニズムには早すぎ、〈冒険〉というテーマにはやや食傷気味となっていた読者にとって、探偵小説という新たなジャンルは大きな魅力となった。そして、外国ミステリーの翻訳のみでは足りなくなったため、『新青年』編集部は次々に邦人作家に探偵小説の創作を促していく。江戸川乱歩や横溝正史をはじめとする多くの探偵小説作家は、この雑誌に出世作を載せ、成長を遂げていく。やや粗製濫造の感が否めない作品も増えたが、大正デモクラシーの時代風潮にも合って、多くの探偵小説が供給され、それらは読者に歓迎される時代を迎えていった。

このブームは昭和初期の退廃的なムードのなかでも継続されるが、戦時色が濃くなると軍部のしめつけも厳しくなり、特に探偵小説の創作は難しくなる。そのため、多くの作家が別の路線への方向転換を余儀なくされる。乱歩や横溝も例外ではなく、その結果、彼らの多くが活路を見いだしたのは同じミステリーのテイストを持つ捕物帳などの時代物である。

岡本綺堂の影響を受けていた野村胡堂の『銭形平次捕物控』(昭和六年)も(B)時宜を得て活躍し、その流れは戦後に池波正太郎の『鬼平犯科帳』(昭和四十二年)などへ続いていく。そして捕物帳に限らず、昭和初期には時代背景にも鑑みて、日本の文壇全体に時代物を扱う向きが増えた。時流に乗ったのは吉川英治である。もともと時代物を得意としていたが、『宮本武蔵』(昭和十年)は、求道的な精神世界が太平洋戦争に

問九　文中の傍線部（イ）「人間でもチンパンジーでも同じ」とあるが、具体的に何が同じなのか。三十五文字以上四十五文字以内で記述せよ。

下書き

問十　文中の傍線部（ウ）『おとな（九歳以上）』と『子ども（五〜八歳）』について、チンパンジーのおとなと子どもの違いを端的に述べている個所を本文から抜きだして記述せよ。

下書き

⑴道具の使用などの文化が継承され、群れの伝統となるうえで決定的に重要なのは、あかんぼうの時期の学習である。
⑵群れの人数がほぼ一定していることを考慮すると、実験当時ボッソウの群れにいたあかんぼうの人数は五人前後と推定される。
⑶柔軟な知性を持っているので、あかんぼうのころから訓練することで、人間とのコミュニケーションが円滑にできるようになる。

①⑴　②⑵　③⑶　④⑴と⑵　⑤⑴と⑶　⑥⑵と⑶　⑦⑴と⑵と⑶　⑧適切な記述はない

問七　次の⑴〜⑶は、文中の傍線部（f）「おとなの女性」に関する記述である。これらの中で、「おとなの女性」について適切に述べているものはどれか。後の①〜⑧から一つ選び、その番号を記入せよ。

⑴人里近くに暮らすチンパンジーのおとなのメスは臆病なので、行動を観察しようと近づくと逃げてしまう。
⑵三〇歳を超えたチンパンジーのメスは、木の実に種が入っていることを知っていることから、「ヨ」と名付けられる。
⑶チンパンジーは父系社会であるため、メスは思春期になると生まれた群れを離れ、おとなになる頃にボッソウにやってくる。

①⑴　②⑵　③⑶　④⑴と⑵　⑤⑴と⑶　⑥⑵と⑶　⑦⑴と⑵と⑶　⑧適切な記述はない

問八　文中の傍線部（ア）「きわめてユニークな学問だと思います」とあるが、著者は何がどのようにユニークであると思っているのか。本文中の表現を用いて三十五文字以上四十五文字以内で記述せよ。

問四　文中の傍線部（c）「科学的な真実」とあるが、それについて適切に述べているものを次の①～⑤から一つ選び、その番号を記入せよ。

①素朴な信念に基づく二分法を用いることで、ヒトとチンパンジーやニホンザルを簡単に区別することができる。
②化石研究によれば、西アフリカの熱帯林に生息しているエイプは、チンパンジーとヒトの共通の祖先である。
③分子生物学的研究から、ニホンザル、チンパンジー、ヒトの遺伝的な違いは数値的に明確である。
④分類学上、ゲノムの塩基配列の差の小ささから、人間は尻尾のないチンパンジーの一種に分類される。
⑤外見的に、ニホンザルとチンパンジーは共に「黒くて大きいサル」であり、区別することは難しい。

問五　文中の傍線部（d）「野外実験」とあるが、実験で分かったことについて正しく述べられていないものを次の①～⑤から一つ選び、その番号を記入せよ。

①六歳以上のチンパンジーは学習能力が高いので、他のチンパンジーの行動を見ただけでまねることができる。
②「おとな」のチンパンジーが獲得した知識や技能を、「子ども」は観察し、試すことで自らのものとする。
③コミュニティーの間には、メスのチンパンジーの移動による文化の伝播がある。
④チンパンジーは、目新しいものだからといって何にでも興味を持つとは限らない。
⑤道具を使う文化は、得られる食料など、その地域の特性を反映している。

問六　次の⑴～⑶は、文中の傍線部（e）『あかんぼう（四歳以下）』に関する記述である。これらの中で、「あかんぼう」について適切に述べているものはどれか。後の①～⑧から一つ選び、その番号を記入せよ。

A　①トオエン　②キンエン　③ミヂカ　④タイショウテキ　⑤ルイジ

B　①ケンショウ　②ルイスイ　③キサイ　④タイヒ　⑤ソウゾウ

問二　文中の傍線部（a）「それぞれの集団に固有な文化的伝統」について、文中では、幾つかの集団が持っている「文化的伝統」が具体的に紹介されている。次の⑴～⑸に示されている「文化的伝統」は、それぞれどの集団のものか。集団名を記述せよ。集団を一つに特定できない場合は「特定できない」と記述せよ。

⑴ アリ釣り　⑵「木の葉スポンジ」の使用

⑶ 石器の使用　⑷「葉の座布団」の使用

⑸ クーラの実割り

問三　次の⑴～⑶は、文中の傍線部（b）「アメリカ、イギリス、フランス、ドイツ、イタリアといった国々」に関する記述である。これらの中で、この国々について適切に述べているものはどれか。後の①～⑧から一つ選び、その番号を記入せよ。

⑴この国々はいずれも先進国で、サミットの構成国である。

⑵この国々の人々は、『イソップ物語』や『グリム童話』を通じて、『猿蟹合戦』の原典に親しんでいる。

⑶この国々の人々にとって、キツネは珍しい生き物ではない。

①　⑴　②　⑵　③　⑶　④　⑴と⑵　⑤　⑴と⑶　⑥　⑵と⑶　⑦　⑴と⑵と⑶　⑧適切な記述はない

るか、ちょっと見てみる程度でした。しかし、たった一人だけ、ヨという名前のついた当時三一歳と推定されている（f）おとなの女性が、いきなり最初からクーラの実を石にのせて叩き割りました。中に種が入っていると知っていなければできないはずです。

興味深いのは、二人の子ども、ブイという六歳半の男の子と、ピリという六歳の女の子です。ヨの実の子どもではありません。この二人の子どもは、ヨが新奇な実を叩き割るようすをじっとのぞき込んでいたのですが、四回目に、自分たちも割るようになりました。

この現象を読み解くにあたってたいせつな点は、チンパンジーの社会が父系の社会だと考えられていることです。男性は生まれたコミュニティーにとどまります。女性は、思春期に到達すると群れの外へ出ていく。したがって、ヨの場合でいえば、このボッソウの出身ではありません。ヨは、ヤシの種割りもしますしクーラの実も割ります。ということは、このパターンでいうと出身はイヤレになります。ニンバ山のイヤレの群れは、ヤシの種も割るしクーラの実も割るという文化的伝統をもっています。彼女は、約一〇キロ離れたイヤレに生まれ、そこでクーラの実を割る技術を身につけ、思春期になってボッソウにやってきたチンパンジーなのでしょう。そのヨがクーラを割るようすを見ながら、子どもたちの世代の中から二人の子どもが真似しはじめました。

クーラの実割りの実験をした翌年に、もう一つおもしろい実験が行われました。〈中略〉木の玉の実験です。白木の玉は、直径三センチで、大きさはクーラの実とまったく同じです。ですから見かけの形は、クーラの実と似ています。ただし木材ですから、色は茶色です。クーラの実は緑色ですから、ぱっと見れば違いがわかります。その白木の玉をボッソウのチンパンジーたちに提示してみたわけです。非常におもしろいことに、この新奇なものを、ほとんどのチンパンジーは無視します。しかし、五歳から八歳ぐらいまでの子どもたちは、三人が三人とも、この木の玉を一生懸命叩き割ろうとしました。木の玉ですから割ろうとしても割れません。中身があるわけではありませんし、ただの木の玉ですから、叩けば叩くほどだんだんひしゃげていくだけなのですが、子どもたちは一生懸命割ろうとしました。おとなはいっさいそんなことをしません。おとなはわかっている。子どもはわかっていない。どんなものであれ、割れそうなものには挑戦するのです。

（松沢哲郎『ＮＨＫ人間講座　進化の隣人チンパンジー』による。なお、文章を改変したところがある。）

問一　文中の空欄［A］、［B］に入る語を次の①～⑤の中から一つずつ選び、それぞれ漢字で記述せよ。（ただし、丁寧な楷書で記すこと）

です。日本人はお箸を使ってお刺身を食べますね。だからといってほかの国の民族の人々が、みな二本の棒を道具に使って生の魚を食べるというわけではありません。それぞれの地域に固有な文化的な伝統がある。(イ)人間でもチンパンジーでも同じだということが明らかになりつつあります。

そうした道具使用だけではなくて、出会いのときの挨拶とか、あるいは音声のレパートリーなどにも群れによって違いのあることが、最近わかってきています。

〈中略〉

(d)**野外実験で文化の伝播を［B］する**

では、そのような文化的伝統は、どのように継承されるのでしょうか。隣接する地域での種割りの違いを［B］する野外実験をおこないました。

アブラヤシは、山のてっぺんや森の奥深くではなく、山の裾野、森の周辺、人里の近いところに生えています。人間にとって貴重な食用油となる木です。われわれが近づいていくと、人里に近いところにいるチンパンジーは臆病ですから逃げていってしまいます。また、ヤシの木の下は下藪が濃くて見通しがききません。そこへあえて近づいていこうとすると、ガサガサと音がして、これまたチンパンジーが逃げていきます。石器使用の観察は容易ではありません。そこで、石器使用を詳しく見るための場所を作り、野外実験を敢行しています。

種と石とを研究者が、チンパンジーが暮らしている森の中央部の、チンパンジーが安心して過ごせる場所に持っていって、そこで待ち伏せをします。かれらが通りかかったときにその石を使って種を割る。そのようすを、約二〇メートル離れたところに作った草のフェンスの陰から観察し、ビデオカメラに記録するという方法です。

そこにクーラの果実を持ってきました。クーラの果実は、外側に緑色の薄い果肉があって、その中に大きな硬い種が隠れています。ボッソウにはない実です。ボッソウのチンパンジーたちは、この新奇な実を基本的には無視します。おとなの多くは、まったく無視して通り過ぎます。じっと見て、手にとって匂いをかいで薄い果肉をかじってみて捨てるというようなこともします。

いちばん最初にこの実験をおこなった一九九三年のとき、ボッソウには一七人のチンパンジーがいました。(ウ)「おとな(九歳以上)」と「子ども(五〜八歳)」と(e)「あかんぼう(四歳以下)」の三つに分けました。おとなが九人です。九人のうち八人までもが、クーラの実を無視す

それから「水藻すくい」をします。シダの葉を用いることが多いのですが、しなやかな棒を作って、それで池の水面に浮いている緑藻類アオミドロをすくって食べます。

ボッソウのチンパンジーは葉っぱを使って水飲みをします。木のうろ（空洞）にたまった雨水を道具を使って飲むのです。これはゴンベ地域で見られる「木の葉のスポンジ」と呼ばれている道具使用と似ています。ゴンベのチンパンジーは、葉を口でしがんでくちゃくちゃにしたスポンジ状のもので水を飲みます。ボッソウのチンパンジーは、「木の葉の折り紙」と呼んでいるのですが、葉を折りたたんで使用します。技法が違います。

そうした道具は、次々と見つかっていて、最近の例では、葉の座布団というのもあります。葉っぱを座布団がわりにお尻の下に敷く。雨が降って地面が濡れているときなどに、幅広い葉っぱを何枚か重ねて、その上に座ります。しかもよく見ると、雨で濡れている表側ではなくて、天地を逆にして、葉の裏側の乾いているほうを上面にして重ねています。ほじくり出し棒も見つかりました。枯れ枝の中に巣くっている大きなハチの仲間のサナギを取り出して食べる。枯れ枝を口でかみ砕くわけですけれども、それだけだと幼虫がうまく取り出せません。つまようじのように、棒を使ってほじくり出して食べます。このように、ボッソウのチンパンジーたちは多様な道具を使っているということがわかっています。

地域ごとに異なる道具の文化がある

ほかの地域のチンパンジーたちも、その群れに固有な道具を作り、使っています。野生チンパンジーの道具使用として最も有名なものは、一九六〇年に発見された、ゴンベのシロアリ釣りでしょう。〈中略〉草の茎とか蔓とかいったものをシロアリの塚に差し込んで、驚いてかみついてきたシロアリを引きずり出して食べます。〈中略〉マハレでいえば、樹上性のアリを釣る道具が知られています。これは先ほどのサファリアリのように地面ではありません。木の中に巣くっているアリです。それを、細い棒を使って引きずり出してなめ取ります。おもしろいことに、シロアリ釣りというのはゴンベで見られますが、マハレでは見られません。ボッソウでもほとんど見られません。それから樹上性のアリ釣りというのも、マハレで報告されていますが、ボッソウにはありません。逆に、石器使用は、ボッソウで認められていますが、ゴンベやマハレにはありません。アブラヤシの種もあるし、もちろん石もあるのですが、その石を道具に使って種を叩き割って中の核を取り出して食べたりしないのです。

野生チンパンジーにはそれぞれのコミュニティーに固有な道具使用のレパートリーがある、ということが見つかってきました。最新の研究例でいうと、この五大調査地を含めた一四の地域で、五七種類の多様な道具使用が報告されています。それぞれの地域によってその道具が違うの

母の世代とさかのぼって、努力を重ねてきたわけです。しかし、霊長類学に関していえば、日本が世界に向けて発信してきました。常にその学問のフロントランナーだったという意味で、(ア)きわめてユニークな学問だと思います。その背景には、いま申し上げたように日本という国が先進諸国の中で唯一、サルが住む国だということがあったと思います。

サルは尻尾がある、チンパンジーには尻尾がない

チンパンジーに話題を進めましょう。チンパンジーというのは、多くの人は「黒くて大きなサル」だと思っているでしょう。また実際、黒くて大きなサルの仲間なのですが、正確には、ニホンザルとチンパンジーとはかなり違った生き物です。英語でいうと、その違いが簡単です。サルは**モンキー**（monkey）、チンパンジーは**エイプ**（ape）の一種です。その外形の区別も簡単です。モンキーというのは尻尾があります。エイプというのは尻尾がありません。ここでいきなり最初から詳しい分類の話は控えますが、モンキーとエイプの区別、尻尾のあるなしの区別は心にとめておいてください。ところで人間も尻尾がありませんね。だから、ほんとうはヒト（学名ホモ・サピエンス）という動物はエイプの一種なのです。ただ、どうしても人間はこの世界を自分中心に見てしまいます。「人間と動物」という二分法は、われわれが抱く素朴な信念であって、(c)科学的な真実ではありません。

DNAの塩基配列を比較した最新の研究によれば、ヒトとチンパンジーの遺伝的な差はおよそ一・二パーセントだそうです。ヒトとニホンザルは八～九パーセントほど違うと言われていますから、チンパンジーはニホンザルに近いのではなくて、きわめてヒトに近いと言えるでしょう。

〈中略〉

ボッソウの野生チンパンジーは石器を使う

西アフリカ・ギニアのボッソウというところのチンパンジーについて見てみましょう。約二〇人の小さな群れ（コミュニティー）です。この二五年間、人数にほぼ変わりはありません。ここのチンパンジーは一組の石をハンマーと台にして叩き割るので有名です。一組の石をハンマーと台にしてガツガツとアブラヤシの種を叩き割り、殻の中の核を取り出して食べます。

石器を使うだけではなくて、このボッソウのチンパンジーはさまざまな道具を使います。たとえば「アリ釣り」です。サファリアリという地上を移動するアリですが、そのアリを棒で釣って食べます。巣の中に棒を差し入れて、驚いてかみついてきたアリを釣り上げて食べます。

人間とコミュニケーションができるようになります。人間の方も、チンパンジーのしぐさや音声を学び、彼らのもっているさまざまな能力を引き出して知るようになりました。

わたしは、アフリカでの野生チンパンジーのフィールド調査と、日本の研究施設での実験的研究を、平行して進めてきました。対象となっている西アフリカ・ギニアのボッソウの群れ（コミュニティー）は二〇〇二年現在一八人です。愛知県犬山市にある京都大学霊長類研究所の群れには、一歳から三七歳まで、三世代一四人がいます。（中略）彼らとの毎日のなかから、さらに多くのことを学んでいます。

ここでは、「進化の隣人」と呼ぶべきチンパンジーについて、その心の世界を中心に紹介します。隣人ですから、親しみを込めて、「一人」「二人」と数えます。親子関係、なかま、文化、教育やそうしたものの背景にある認識や行動とその発達過程についてお話ししたいと思います。

欧米にサルはいない、日本にはサルがいる

チンパンジーの心あるいは認識についての研究を、日本の研究室とアフリカの森でおこなってきました。野生チンパンジーの研究からごく最近になってわかってきたことを、最初にお話しします。チンパンジーにも、人間と同じような文化があるということについてです。

チンパンジーの話を始める前にニホンザルの話を少しします。サルというと皆さんになじみのある動物でしょう。温泉に入って頭に雪をのせた志賀高原のサルですとか、高崎山など日本各地にある野猿公園のサルを見たという方も多いでしょう。

また、実際にサルを見るだけではなくて、小さいころから『桃太郎』のサルとか、『猿蟹合戦（さるかにかっせん）』のサルとか、そういう民話に日本人は慣れ親しんできました。ところが、世界中の人々がみなそうだというわけではありません。というのは、先進諸国の中で、たとえばサミットを構成する国々の中で、サルが住む国は日本だけです。(b)アメリカ、イギリス、フランス、ドイツ、イタリアといった国々には、サルが住んでいません。ですから、かれら西欧人にとって、サルはけっしてなじみのある動物ではありません。したがって、『イソップ物語』にも『グリム童話』にもサルの話はほとんど出てきません。念のため『イソップ物語』の原典をひもといてみました。全三五八話の中に、サルが主人公の話が二話だけありました。ですから、サルが全然出てこないわけではなくて、少しは出てくるのですが、ほとんどの話はクマとかウサギとかキツネとか、かれらの身の回りにいる親しみのある動物が主人公です。

日本はサルが住む国です。一般の方々がサルのことをよく知っています。実際に野山で住むサルを容易に見ることができる、という自然的・文化的背景が、「日本の霊長類学」というものをきわめてユニークなものにしてきたと思います。多くの学問が、明治以来、西欧の横文字で書かれているものを日本語の縦書きに移し直すというところから始まりました。この約一三〇年間、われわれの父母、祖父母の世代、さらに曾祖父

国語

（七〇分）

一　次の文章を読んで、後の問いに答えよ。

牧神(パン)とともに

人間の心は進化の産物です。体は化石に残りますが、心は残りません。心が進化の産物であることを知るには、人間以外の現生の動物との比較研究が必要です。とくに、人間と最も［A］なチンパンジーを知ることで、両者の共通祖先のふるまいや認識を推測し、われわれの「心の進化」のすじみちをたどることが可能です。

最近の分子生物学的研究によると、人間とチンパンジーにおけるゲノムの塩基配列の違いは、約一・二パーセントだそうです。また、アルディピテクス・ラミダス、オロリン・ツゲネンシス、といった人類化石が新たに発掘され出土年代が推定されています。こうしたゲノムと化石の資料から、ヒト（学名ホモ・サピエンス）と、チンパンジー（パン・トゥログロディテス）の共通祖先は、約五百万年前に生存していたと推定されています。ちなみに「パン」という属名は、ギリシャ神話に出てくる半人半獣の姿をした「牧神」のことです。両者の共通祖先から、一方はヒトになり、他方はチンパンジーになりました。

ヒトの祖先はアフリカで誕生したと考えられています。チンパンジーは、いまでもアフリカの赤道直下の熱帯林とその周辺のサバンナに暮らしています。野生チンパンジーの研究から、彼らが多様な道具を作り、使っていることがわかりました。しかも、それぞれの地域で、使用される道具の種類が違います。食べるものも違い、あいさつのしかたも違います。(a)それぞれの集団に固有な文化的伝統のあることがわかってきました。親から子へと世代を超えて、生後の学習を通じて、知識や技術が受け継がれているのです。

こうした柔軟な知性をもっているので、チンパンジーが人間との暮らしを余儀なくされると、音声や手話サインや文字を使って、ある程度、

解答編

英語

I

解答　(ア) sleeping　(イ) our　(ウ) happen
(エ) unlikely　(オ) avoid

解説　(ア) he was in his room sleeping「彼は自分の部屋で寝ている」
(イ) our family camping trip「私たちの家族キャンプ旅行」
(ウ) Would you happen to know ～?「～をもしかしたらご存知ですか？」
(エ) it is unlikely that ～「～ということはありそうもない」
(オ)「もし～していなかったら〔していたら〕，…だっただろうに」という仮定法過去完了の文。avoid mistakes「間違いを避ける」

II

解答　（誤／正の順に）(ア) 2 ／ no　(イ) 3 ／ way of
(ウ) 2 ／ everywhere　(エ) 1 ／ mentally　(オ) 2 ／ written

解説　(ア) there is no difference「違いはない」
(イ) by way of ～「～によって」
(ウ) everywhere「至る所で」
(エ) mentally tiring「精神的に疲れさせる」 形容詞 tiring を修飾するには，mentally と副詞にする必要がある。
(オ) a story written by ～「～によって書かれた話」

III

解答　(ア)－4　(イ)－5　(ウ)－4　(エ)－1　(オ)－4

解説　並べかえた文は次の通り。
(ア) (This prize) is awarded to organizations that contribute (to society.)
(イ) (Often, great) architects are talented product designers (too.)
(ウ) (This year's economic crisis is much) more serious than the previous (one.)

(エ) Which tie goes with this (suit?)

(オ) (More) and more animals are added to (the endangered species list every year.)

IV **解答** (ア) Where are you from?

(イ) I usually wake up at 6 o'clock.

(ウ) I like pizza.

解説　≪英会話の授業≫

先生：それでは，クラスのみなさん。昨日練習した質問を使って相手にインタビューしてください。

ナオ：始めますね。お名前は？

ユキ：ユキです。

ナオ：はじめまして，ユキ。私の名前はナオです。出身はどこですか？

ユキ：札幌です。

ナオ：北海道の札幌ですよね？　行ったことがあります。きれいな街ですよね！

ユキ：あなたは？

ナオ：私は長野出身です。さて，次の質問です。あなたは普段，朝何時に起きますか？

ユキ：私は普段 6 時に起きます。

ナオ：わあ，早いですね！　私は普段，午前 8 時まで起きることはないですよ。では，最後の質問です。好きな食べ物は何ですか？

ユキ：ピザが好きです。

ナオ：私も好きです！　近くに，ピザを食べることができるおいしいイタリアンレストランを知っています。授業が終わったら，ランチを食べませんか？

ユキ：はい，とてもお腹が空いています！

V **解答** A. (ア) Less energy is expended in keeping the cabin temperature comfortable.

(イ) It means that an airplane in flight hits a bird.

(ウ) Because airplanes are exposed to a lot of direct sunlight.

解答編

(エ) The maximum price is $200,000.

(オ) The main problem is that paint adds extra weight.

B．(カ) reflects　(キ) problems

(ク) have a higher chance of noticing and avoiding

(ケ) an enormous amount of money

(コ) protect

解説　≪飛行機の塗装≫

A．(ア)「飛行機を冷たく保つのが重要である理由の一つは何か？」

第2段最後の2文（When the plane … get too hot.）に2つの理由が書かれている。ひとつは省エネのため，もうひとつは安全性のためである。機体の温度上昇が抑えられれば，「客室を快適な温度に保つために使われるエネルギーが少なくて済む」うえ，「飛行機の部品が熱で溶けるのを避けることができる」。2つのうち，どちらか書きやすい方を書けばよい。〔解答〕では前者の理由をあげている。

(イ)「バードストライクとは何か？」

第4段第3文（A significant problem …）を参照。飛行中の飛行機が鳥にぶつかることである。〔解答〕では本文中の表現をそのまま使ったが，ほかに，It means a flying airplane hitting a bird. あるいは It refers to a flying airplane hitting a bird. のように書くこともできる。

(ウ)「なぜ飛行機の塗装は早く色あせるのか？」

第5段第3文（At high altitudes, …）を参照。高度が上がると，飛行機は多くの直射日光にさらされるからである。これを，「直射日光を大量に浴びることで色あせる」までを解答に含めると，Extensive exposure to direct sunlight causes it to fade. とも書けるが，最低限，〔解答〕で書かれているように「直射日光を大量に浴びる」ということが含まれていればよいだろう。

(エ)「ボーイングの飛行機を再塗装するのにかかる費用は最大いくらか？」

第5段最終文（According to the Boeing …）を参照。飛行機の再塗装は5万ドルから20万ドルかかると書かれている。

(オ)「飛行機を塗装することによって引き起こされる主な問題は何か？」

最終段第1文（The biggest problem …）を参照。塗装によって飛行機の重量が増してしまうことが最大の問題であると述べられている。

B．(カ)第２段第１文（First of all, …）を参照。

(キ)第３段第２・３文（Problems that could … problems like these.）を参照。

(ク)第４段最終文（By painting airplanes …）を参照。

(ケ)第５段最終文（According to the Boeing …）を参照。

(コ)最終段第２文（Although the extra …）を参照。

数学

1

解答 (1)$a^2+b^2=16$, $\dfrac{1}{a^2}-\dfrac{1}{b^2}=\sqrt{15}$

(2)$x<-1$, $2<x$

(3)$n=1$, 2, 5

(4)$-3\sqrt{5}\leqq k\leqq 3\sqrt{5}$

(5)$\mathrm{BC}=3\sqrt{7}$, $R=\sqrt{21}$

(6)$P=\dfrac{7}{44}$, $Q=\dfrac{21}{22}$

(7)$4<x\leqq 6$

(8)$A=\{1, 3, 6, 11\}$, $B=\{4, 8, 11\}$

(9)$y=2x^2-20x+32$

(10)$\overrightarrow{\mathrm{AB}}\cdot\overrightarrow{\mathrm{AC}}=-3$, $\theta=\dfrac{2}{3}\pi$

解説 ≪小問10問≫

(1) $a^2=(\sqrt{5}-\sqrt{3})^2=8-2\sqrt{15}$, $b^2=(\sqrt{5}+\sqrt{3})^2=8+2\sqrt{15}$ であるから

$$a^2+b^2=8-2\sqrt{15}+8+2\sqrt{15}=16$$

$$\frac{1}{a^2}-\frac{1}{b^2}=\frac{1}{8-2\sqrt{15}}-\frac{1}{8+2\sqrt{15}}=\frac{8+2\sqrt{15}-(8-2\sqrt{15})}{(8-2\sqrt{15})(8+2\sqrt{15})}$$

$$=\frac{4\sqrt{15}}{64-60}=\sqrt{15}$$

(2) $$\left(\frac{1}{2}\right)^{x^2-x}<\frac{1}{4}=\left(\frac{1}{2}\right)^2$$

底 $\dfrac{1}{2}$ は1より小さいから

$$x^2-x>2 \qquad x^2-x-2>0 \qquad (x+1)(x-2)>0$$

よって　$x<-1$, $2<x$

(3) $\dfrac{n^2+7n+12}{n+1}=n+6+\dfrac{6}{n+1}$ が整数より，$n+1$ は6の約数である。

$n+1\geqq 2$ より　$n+1=2$, 3, 6　$n=1$, 2, 5

(4)　円 $x^2+y^2=9$ の中心 $(0,\ 0)$ と直線 $2x+y-k=0$ の距離が円の半径 3 以下であればよいから

$$\frac{|-k|}{\sqrt{2^2+1^2}}\leqq 3 \qquad |k|\leqq 3\sqrt{5} \qquad -3\sqrt{5}\leqq k\leqq 3\sqrt{5}$$

別解　$y=-2x+k$ を $x^2+y^2=9$ に代入して

$$x^2+(-2x+k)^2=9 \qquad 5x^2-4kx+k^2-9=0$$

この x の 2 次方程式が実数解をもてばよい。

よって，判別式を D として

$$\frac{D}{4}=4k^2-5(k^2-9)\geqq 0$$

$$-k^2+45\geqq 0 \qquad k^2\leqq 45 \qquad -3\sqrt{5}\leqq k\leqq 3\sqrt{5}$$

(5)　余弦定理より

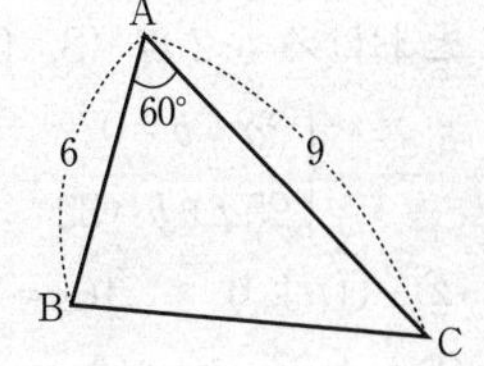

$$\begin{aligned}BC^2&=6^2+9^2-2\cdot 6\cdot 9\cos 60^\circ\\&=36+81-54\\&=63\end{aligned}$$

$$BC=3\sqrt{7}$$

また，正弦定理より　$\dfrac{BC}{\sin\angle CAB}=2R$

$$R=\frac{BC}{2\sin\angle CAB}=\frac{3\sqrt{7}}{2\sin 60^\circ}=\frac{3\sqrt{7}}{\sqrt{3}}=\sqrt{21}$$

(6)　$P=\dfrac{{}_7C_3}{{}_{12}C_3}=\dfrac{7\cdot 6\cdot 5}{12\cdot 11\cdot 10}=\dfrac{7}{44}$

また，少なくとも 1 人が女子であるという事象は 3 人とも男子であるという事象の余事象であるから

$$Q=1-\frac{{}_5C_3}{{}_{12}C_3}=1-\frac{5\cdot 4\cdot 3}{12\cdot 11\cdot 10}=1-\frac{1}{22}=\frac{21}{22}$$

(7)　$\log_3 x\leqq 2\log_3 2-\log_3(x-4)+1$　……① とおく。

真数は正であるから　$x>0,\ x-4>0$

つまり　$x>4$　……②

このとき，①は

$$\log_3 x+\log_3(x-4)\leqq 2\log_3 2+1=\log_3 2^2+\log_3 3=\log_3 12$$

$$\log_3 x(x-4)\leqq \log_3 12$$

底 3 は 1 より大であるから

$x(x-4) \leqq 12 \qquad x^2-4x-12 \leqq 0$

$(x+2)(x-6) \leqq 0 \qquad -2 \leqq x \leqq 6$ ……③

②，③より

$4 < x \leqq 6$

(8)　全体集合 $U=\{1,\ 2,\ 3,\ \cdots,\ 11,\ 12\}$，

$\overline{A} \cap \overline{B}=\{2,\ 5,\ 7,\ 9,\ 10,\ 12\}$，$\overline{A} \cap B=\{4,\ 8\}$，

$A \cap \overline{B}=\{1,\ 3,\ 6\}$ より，右のベン図を得る。

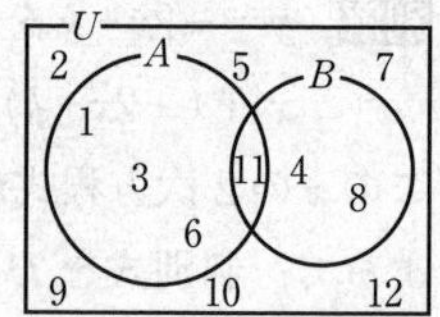

これより

$A=\{1,\ 3,\ 6,\ 11\}$，$B=\{4,\ 8,\ 11\}$

(9)　軸：$x=5$ より頂点 $(5,\ b)$ とおけ，求める 2 次関数は

$y=a(x-5)^2+b$

とおける。2 点 $(8,\ 0)$，$(0,\ 32)$ を通るから

$$\begin{cases} 9a+b=0 & \cdots\cdots ① \\ 25a+b=32 & \cdots\cdots ② \end{cases}$$

② − ① より　　$16a=32 \qquad a=2$

①から　　$b=-9a=-18$

よって，求める方程式は

$y=2(x-5)^2-18=2x^2-20x+32$

(10)　$\mathrm{A}(1,\ 0,\ 1)$，$\mathrm{B}(2,\ 1,\ -1)$，

$\mathrm{C}(-1,\ 1,\ 2)$ より

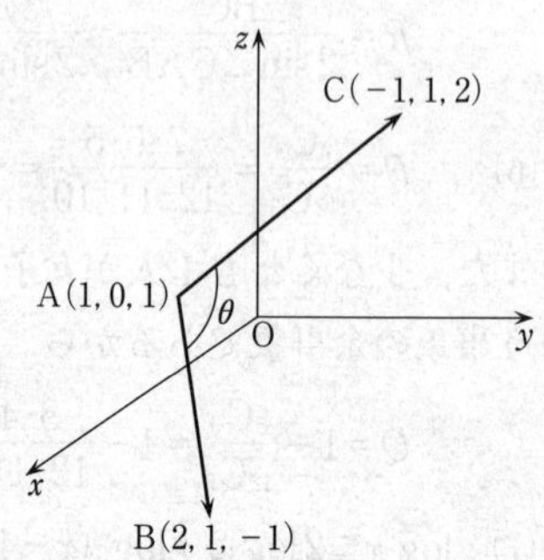

$\overrightarrow{\mathrm{AB}}=(2-1,\ 1-0,\ (-1)-1)$

$=(1,\ 1,\ -2)$

$\overrightarrow{\mathrm{AC}}=((-1)-1,\ 1-0,\ 2-1)$

$=(-2,\ 1,\ 1)$

$|\overrightarrow{\mathrm{AB}}|=\sqrt{1^2+1^2+(-2)^2}=\sqrt{6}$

$|\overrightarrow{\mathrm{AC}}|=\sqrt{(-2)^2+1^2+1^2}=\sqrt{6}$

よって

$\overrightarrow{\mathrm{AB}} \cdot \overrightarrow{\mathrm{AC}}=-2+1-2=-3$

$$\cos\theta=\frac{\overrightarrow{\mathrm{AB}} \cdot \overrightarrow{\mathrm{AC}}}{|\overrightarrow{\mathrm{AB}}||\overrightarrow{\mathrm{AC}}|}=\frac{-3}{\sqrt{6}\sqrt{6}}=-\frac{1}{2}$$

$0 \leqq \theta \leqq \pi$ より　　$\theta=\dfrac{2}{3}\pi$

2 解答

(1) $4^x>0$ より相加・相乗平均の関係から

$$4^x+\frac{4}{4^x}\geqq 2\sqrt{4^x\cdot\frac{4}{4^x}}=4$$

$t=4^x+\dfrac{4}{4^x}$ より　　$t\geqq 4$

等号は，$4^x\left(=\dfrac{4}{4^x}\right)=2$ つまり $x=\log_4 2=\dfrac{1}{2}$ のときに成り立つ。

よって　　$t\geqq 4$　……(答)

(2)　$t^2=\left(4^x+\dfrac{4}{4^x}\right)^2=16^x+2\cdot 4^x\cdot\dfrac{4}{4^x}+\dfrac{16}{16^x}=16^x+\dfrac{16}{16^x}+8$

より $16^x+\dfrac{16}{16^x}=t^2-8$ であるから

$$f(x)=t^2-8-4t+5=t^2-4t-3\quad\text{……(答)}$$

(3) $f(x)=(t-2)^2-7$ で，$t\geqq 4$ より，$f(x)$ は $t=4$ のとき最小値 -3 をとる。……(答)

また，そのときの x の値は

$$x=\frac{1}{2}\quad\text{……(答)}$$

解説　≪指数関数の置き換えによる 2 次関数≫

(1) 相加・相乗平均の関係を利用する。等号成立条件を吟味する。

(2) $16^x+\dfrac{16}{16^x}=(4^x)^2+\left(\dfrac{4}{4^x}\right)^2=\left(4^x+\dfrac{4}{4^x}\right)^2-8$ である。

(3) $f(x)$ は t の 2 次関数で表せる。軸の位置と t のとり得る値の範囲に注意して最小値を求める。

3 解答

(1) $C:y=x^2$ より　　$y'=2x$

C と $l:y=ax+b$ の接点の x 座標を t とすると

$$2t=a\qquad t=\frac{a}{2}$$

また　　$t^2=at+b$

よって　　$b=t^2-at=\dfrac{a^2}{4}-\dfrac{a^2}{2}=-\dfrac{a^2}{4}$　……(答)

(2)　$t=\dfrac{a}{2}$ より，接点の x 座標は　$\dfrac{a}{2}$　……(答)

(3)　$a>0$ より，C と l は右図のようになる。

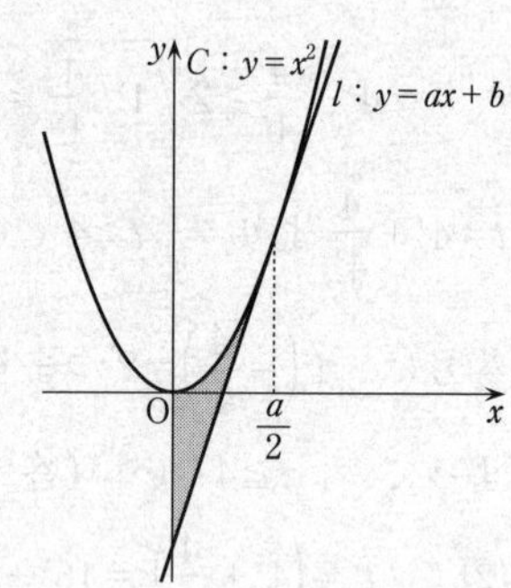

よって

$$\int_0^{\frac{a}{2}} (x^2-ax-b)\,dx=9$$

$$\left[\frac{x^3}{3}-\frac{a}{2}x^2-bx\right]_0^{\frac{a}{2}}=9$$

$$\frac{a^3}{24}-\frac{a^3}{8}-\frac{a}{2}b=9$$

$b=-\dfrac{a^2}{4}$ であるから

$$\frac{a^3}{24}-\frac{a^3}{8}+\frac{a^3}{8}=9 \qquad a^3=9\times24=3^2\times2^3\times3=6^3$$

a は実数より　$a=6$　($a>0$ を満たす)

また　$b=-\dfrac{a^2}{4}=-9$

ゆえに　$a=6,\ b=-9$　……(答)

別解　(1)　$C: y=x^2$，$l: y=ax+b$ の2式より y を消去して

$$x^2=ax+b \quad つまり \quad x^2-ax-b=0 \quad ……①$$

が重解をもつとき C と l は接する。よって，判別式を D として

$$D=a^2+4b=0 \qquad b=-\frac{a^2}{4}$$

(2)　①の重解が接点の x 座標であるから，接点の x 座標は　$\dfrac{a}{2}$

解説　≪放物線と接線，さらに y 軸とで囲む図形の面積≫

(1)　接点での y' の値が接線の傾きである。〔別解〕のように重解条件を用いてもよい。

(2)　〔別解〕の場合，接点の x 座標は重解である。

(3)　$a>0$ であることに注意して式を立てる。

4 **解答** (1) $\sin\theta+\cos\theta=\dfrac{\sqrt{7}}{2}$ から　$(\sin\theta+\cos\theta)^2=\dfrac{7}{4}$

$\sin^2\theta+2\sin\theta\cos\theta+\cos^2\theta=\dfrac{7}{4}$　$1+2\sin\theta\cos\theta=\dfrac{7}{4}$

$\sin\theta\cos\theta=\dfrac{3}{8}$

よって

$$(16^{\sin\theta})^{\cos\theta}=16^{\sin\theta\cos\theta}=16^{\frac{3}{8}}=(2^4)^{\frac{3}{8}}=2^{\frac{3}{2}}=2\sqrt{2}\quad\cdots\cdots(\text{答})$$

(2) $\dfrac{16^{\sin\theta}}{16^{\cos\theta}}=16^{\sin\theta-\cos\theta}$ より $\sin\theta-\cos\theta$ の値をまず求める。

$$(\sin\theta-\cos\theta)^2=\sin^2\theta-2\sin\theta\cos\theta+\cos^2\theta=1-2\cdot\frac{3}{8}=\frac{1}{4}$$

$\sin\theta>\cos\theta$ より，$\sin\theta-\cos\theta>0$ であるから

$$\sin\theta-\cos\theta=\sqrt{\frac{1}{4}}=\frac{1}{2}$$

よって　$\dfrac{16^{\sin\theta}}{16^{\cos\theta}}=16^{\frac{1}{2}}=\sqrt{16}=4$　……(答)

(3) $$\frac{8^{\frac{1}{\cos\theta}}}{8^{\frac{1}{\sin\theta}}}=8^{\frac{1}{\cos\theta}-\frac{1}{\sin\theta}}=8^{\frac{\sin\theta-\cos\theta}{\sin\theta\cos\theta}}=8^{\frac{\frac{1}{2}}{\frac{3}{8}}}=8^{\frac{4}{3}}$$

$$=(2^3)^{\frac{4}{3}}=2^4=16\quad\cdots\cdots(\text{答})$$

解 説 《三角関数と指数計算》

(1) 指数法則により，$(16^{\sin\theta})^{\cos\theta}=16^{\sin\theta\cos\theta}$ である。$\sin\theta\cos\theta$ の値は，$(\sin\theta+\cos\theta)^2=1+2\sin\theta\cos\theta$ であることから求める。

(2) $\dfrac{16^{\sin\theta}}{16^{\cos\theta}}=16^{\sin\theta-\cos\theta}$ より $\sin\theta-\cos\theta$ を求める。

$(\sin\theta-\cos\theta)^2=1-2\sin\theta\cos\theta$ を利用する。

(3) 指数法則に従って計算するだけである。

二

出典　堀啓子『日本近代文学入門――12人の文豪と名作の真実』〈終章　文学のその後、現代へ〉（中公新書）

解答

問一　(A)―②　(C)―⑤

問二　(B)時や状況などにうまくかなって　(D)文字の読み書きができる人の割合

(E)特定の物事に重点を置くこと

問三　(1)『キング』　(2)泉鏡花・菊池寛・芥川龍之介・谷崎潤一郎　(3)江戸川乱歩・横溝正史　(4)新感覚派

(5)小林多喜二　(6)志賀直哉　(7)太宰治・坂口安吾　(8)大岡昇平・三島由紀夫・安部公房

問四　(正しい順)ウ→ア→イ

(章タイトル)ア―②　イ―③　ウ―⑤

問五　昭和後期から平成にかけて、明治大正期のよりよい叙述技法の模索を受け継ぎながら、発表媒体の多様化の中、文芸思潮はよりエンターテインメント性を重視し、作品の創作と受容においては一方向的なものでなくなった。(八十文字以上百文字以内)

国語

一

出典　松沢哲郎『NHK人間講座　進化の隣人チンパンジー――アイとアユムと仲間たち』〈イントロダクション　牧神（パン）とともに　第一回　暮らしと文化〉（日本放送出版協会）

解答

問一　A―②近縁　B―①検証

問二　⑴特定できない　⑵ゴンベ　⑶ボッソウ　⑷ボッソウ　⑸イヤレ

問三　⑤

問四　③

問五　①

問六　②

問七　③

問八　霊長類学が、日本から世界に発信し、常に日本をフロントランナーとしていた点でユニークである。（三十五文字以上四十五文字以内）

問九　道具使用のレパートリーなどに、それぞれの地域に固有な文化的な伝統があるということ。（三十五文字以上四十五文字以内）

問十　おとなはわかっている。子どもはわかっていない。

////////////////////// ・memo・ //////////////////////

教学社 刊行一覧

2025年版 大学赤本シリーズ

国公立大学（都道府県順）

374大学556点
全都道府県を網羅

全国の書店で取り扱っています。店頭にない場合は，お取り寄せができます。

1 北海道大学(文系－前期日程)
2 北海道大学(理系－前期日程) 医
3 北海道大学(後期日程)
4 旭川医科大学(医学部〈医学科〉) 医
5 小樽商科大学
6 帯広畜産大学
7 北海道教育大学
8 室蘭工業大学／北見工業大学
9 釧路公立大学
10 公立千歳科学技術大学
11 公立はこだて未来大学 総推
12 札幌医科大学(医学部) 医
13 弘前大学 医
14 岩手大学
15 岩手県立大学・盛岡短期大学部・宮古短期大学部
16 東北大学(文系－前期日程)
17 東北大学(理系－前期日程) 医
18 東北大学(後期日程)
19 宮城教育大学
20 宮城大学
21 秋田大学 医
22 秋田県立大学
23 国際教養大学 総推
24 山形大学 医
25 福島大学
26 会津大学
27 福島県立医科大学(医・保健科学部) 医
28 茨城大学(文系)
29 茨城大学(理系)
30 筑波大学(推薦入試) 医 総推
31 筑波大学(文系－前期日程)
32 筑波大学(理系－前期日程) 医
33 筑波大学(後期日程)
34 宇都宮大学
35 群馬大学 医
36 群馬県立女子大学
37 高崎経済大学
38 前橋工科大学
39 埼玉大学(文系)
40 埼玉大学(理系)
41 千葉大学(文系－前期日程)
42 千葉大学(理系－前期日程) 医
43 千葉大学(後期日程) 医
44 東京大学(文科) DL
45 東京大学(理科) DL 医
46 お茶の水女子大学
47 電気通信大学
48 東京外国語大学 DL
49 東京海洋大学
50 東京科学大学(旧 東京工業大学)
51 東京科学大学(旧 東京医科歯科大学) 医
52 東京学芸大学
53 東京藝術大学
54 東京農工大学
55 一橋大学(前期日程)
56 一橋大学(後期日程)
57 東京都立大学(文系)
58 東京都立大学(理系)
59 横浜国立大学(文系)
60 横浜国立大学(理系)
61 横浜市立大学(国際教養・国際商・理・データサイエンス・医〈看護〉学部)
62 横浜市立大学(医学部〈医学科〉) 医
63 新潟大学(人文・教育〈文系〉・法・経済科・医〈看護〉・創生学部)
64 新潟大学(教育〈理系〉・理・医〈看護を除く〉・歯・工・農学部) 医
65 新潟県立大学
66 富山大学(文系)
67 富山大学(理系) 医
68 富山県立大学
69 金沢大学(文系)
70 金沢大学(理系) 医
71 福井大学(教育・医〈看護〉・工・国際地域学部)
72 福井大学(医学部〈医学科〉) 医
73 福井県立大学
74 山梨大学(教育・医〈看護〉・工・生命環境学部)
75 山梨大学(医学部〈医学科〉) 医
76 都留文科大学
77 信州大学(文系－前期日程)
78 信州大学(理系－前期日程) 医
79 信州大学(後期日程)
80 公立諏訪東京理科大学 総推
81 岐阜大学(前期日程) 医
82 岐阜大学(後期日程)
83 岐阜薬科大学
84 静岡大学(前期日程)
85 静岡大学(後期日程)
86 浜松医科大学(医学部〈医学科〉) 医
87 静岡県立大学
88 静岡文化芸術大学
89 名古屋大学(文系)
90 名古屋大学(理系) 医
91 愛知教育大学
92 名古屋工業大学
93 愛知県立大学
94 名古屋市立大学(経済・人文社会・芸術工・看護・総合生命理・データサイエンス学部)
95 名古屋市立大学(医学部〈医学科〉) 医
96 名古屋市立大学(薬学部)
97 三重大学(人文・教育・医〈看護〉学部)
98 三重大学(医〈医〉・工・生物資源学部) 医
99 滋賀大学
100 滋賀医科大学(医学部〈医学科〉) 医
101 滋賀県立大学
102 京都大学(文系)
103 京都大学(理系) 医
104 京都教育大学
105 京都工芸繊維大学
106 京都府立大学
107 京都府立医科大学(医学部〈医学科〉) 医
108 大阪大学(文系) DL
109 大阪大学(理系) 医
110 大阪教育大学
111 大阪公立大学(現代システム科学域〈文系〉・文・法・経済・商・看護・生活科〈居住環境・人間福祉〉学部－前期日程)
112 大阪公立大学(現代システム科学域〈理系〉・理・工・農・獣医・医・生活科〈食栄養〉学部－前期日程) 医
113 大阪公立大学(中期日程)
114 大阪公立大学(後期日程)
115 神戸大学(文系－前期日程)
116 神戸大学(理系－前期日程) 医
117 神戸大学(後期日程)
118 神戸市外国語大学 DL
119 兵庫県立大学(国際商経・社会情報科・看護学部)
120 兵庫県立大学(工・理・環境人間学部)
121 奈良教育大学／奈良県立大学
122 奈良女子大学
123 奈良県立医科大学(医学部〈医学科〉) 医
124 和歌山大学
125 和歌山県立医科大学(医・薬学部) 医
126 鳥取大学 医
127 公立鳥取環境大学
128 島根大学 医
129 岡山大学(文系)
130 岡山大学(理系) 医
131 岡山県立大学
132 広島大学(文系－前期日程)
133 広島大学(理系－前期日程) 医
134 広島大学(後期日程)
135 尾道市立大学 総推
136 県立広島大学
137 広島市立大学
138 福山市立大学 総推
139 山口大学(人文・教育〈文系〉・経済・医〈看護〉・国際総合科学部)
140 山口大学(教育〈理系〉・理・医〈看護を除く〉・工・農・共同獣医学部) 医
141 山陽小野田市立山口東京理科大学 総推
142 下関市立大学／山口県立大学
143 周南公立大学 新 総推
144 徳島大学 医
145 香川大学 医
146 愛媛大学 医
147 高知大学 医
148 高知工科大学
149 九州大学(文系－前期日程)
150 九州大学(理系－前期日程) 医
151 九州大学(後期日程)
152 九州工業大学
153 福岡教育大学
154 北九州市立大学
155 九州歯科大学
156 福岡県立大学／福岡女子大学
157 佐賀大学 医
158 長崎大学(多文化社会・教育〈文系〉・経済・医〈保健〉・環境科〈文系〉学部)
159 長崎大学(教育〈理系〉・医〈医〉・歯・薬・情報データ科・工・環境科〈理系〉・水産学部) 医
160 長崎県立大学 総推
161 熊本大学(文・教育・法・医〈看護〉学部・情報融合学環〈文系型〉)
162 熊本大学(理・医〈看護を除く〉・薬・工学部・情報融合学環〈理系型〉) 医
163 熊本県立大学
164 大分大学(教育・経済・医〈看護〉・理工・福祉健康科学部)
165 大分大学(医学部〈医・先進医療科学科〉) 医
166 宮崎大学(教育・医〈看護〉・工・農・地域資源創成学部)
167 宮崎大学(医学部〈医学科〉) 医
168 鹿児島大学(文系)
169 鹿児島大学(理系) 医
170 琉球大学 医

2025年版　大学赤本シリーズ

国公立大学 その他

171 〔国公立大〕医学部医学科 総合型選抜・学校推薦型選抜※ 医 総推
172 看護・医療系大学〈国公立 東日本〉※
173 看護・医療系大学〈国公立 中日本〉※
174 看護・医療系大学〈国公立 西日本〉※
175 海上保安大学校／気象大学校
176 航空保安大学校
177 国立看護大学校
178 防衛大学校 総推
179 防衛医科大学校（医学科） 医
180 防衛医科大学校（看護学科）

※No.171～174の収載大学は赤本ウェブサイト（http://akahon.net/）でご確認ください。

私立大学①

北海道の大学（50音順）

201 札幌大学
202 札幌学院大学
203 北星学園大学
204 北海学園大学
205 北海道医療大学
206 北海道科学大学
207 北海道武蔵女子大学・短期大学
208 酪農学園大学（獣医学群〈獣医学類〉）

東北の大学（50音順）

209 岩手医科大学（医・歯・薬学部） 医
210 仙台大学 総推
211 東北医科薬科大学（医・薬学部） 医
212 東北学院大学
213 東北工業大学
214 東北福祉大学
215 宮城学院女子大学 総推

関東の大学（50音順）

あ行（関東の大学）

216 青山学院大学（法・国際政治経済学部－個別学部日程）
217 青山学院大学（経済学部－個別学部日程）
218 青山学院大学（経営学部－個別学部日程）
219 青山学院大学（文・教育人間科学部－個別学部日程）
220 青山学院大学（総合文化政策・社会情報・地球社会共生・コミュニティ人間科学部－個別学部日程）
221 青山学院大学（理工学部－個別学部日程）
222 青山学院大学（全学部日程）
223 麻布大学（獣医、生命・環境科学部）
224 亜細亜大学
226 桜美林大学
227 大妻女子大学・短期大学部

か行（関東の大学）

228 学習院大学（法学部－コア試験）
229 学習院大学（経済学部－コア試験）
230 学習院大学（文学部－コア試験）
231 学習院大学（国際社会科学部－コア試験）
232 学習院大学（理学部－コア試験）
233 学習院女子大学
234 神奈川大学（給費生試験）
235 神奈川大学（一般入試）
236 神奈川工科大学
237 鎌倉女子大学・短期大学部
238 川村学園女子大学
239 神田外語大学
240 関東学院大学
241 北里大学（理学部）
242 北里大学（医学部） 医
243 北里大学（薬学部）
244 北里大学（看護・医療衛生学部）
245 北里大学（未来工・獣医・海洋生命科学部）
246 共立女子大学・短期大学
247 杏林大学（医学部） 医
248 杏林大学（保健学部）
249 群馬医療福祉大学・短期大学部
250 群馬パース大学 総推
251 慶應義塾大学（法学部）
252 慶應義塾大学（経済学部）
253 慶應義塾大学（商学部）
254 慶應義塾大学（文学部） 総推
255 慶應義塾大学（総合政策学部）
256 慶應義塾大学（環境情報学部）
257 慶應義塾大学（理工学部）
258 慶應義塾大学（医学部） 医
259 慶應義塾大学（薬学部）
260 慶應義塾大学（看護医療学部）
261 工学院大学
262 國學院大學
263 国際医療福祉大学 医
264 国際基督教大学
265 国士舘大学
266 駒澤大学（一般選抜T方式・S方式）
267 駒澤大学（全学部統一日程選抜）

さ行（関東の大学）

268 埼玉医科大学（医学部） 医
269 相模女子大学・短期大学部
270 産業能率大学
271 自治医科大学（医学部） 医
272 自治医科大学（看護学部）／東京慈恵会医科大学（医学部〈看護学科〉）
273 実践女子大学 総推
274 芝浦工業大学（前期日程）
275 芝浦工業大学（全学統一日程・後期日程）
276 十文字学園女子大学
277 淑徳大学
278 順天堂大学（医学部） 医
279 順天堂大学（スポーツ健康科・医療看護・保健看護・国際教養・保健医療・医療科・健康データサイエンス・薬学部） 総推
280 上智大学（神・文・総合人間科学部）
281 上智大学（法・経済学部）
282 上智大学（外国語・総合グローバル学部）
283 上智大学（理工学部）
284 上智大学（TEAPスコア利用方式）
285 湘南工科大学
286 昭和大学（医学部） 医
287 昭和大学（歯・薬・保健医療学部）
288 昭和女子大学
289 昭和薬科大学
290 女子栄養大学・短期大学部 総推
291 白百合女子大学
292 成蹊大学（法学部－A方式）
293 成蹊大学（経済・経営学部－A方式）
294 成蹊大学（文学部－A方式）
295 成蹊大学（理工学部－A方式）
296 成蹊大学（E方式・G方式・P方式）
297 成城大学（経済・社会イノベーション学部－A方式）
298 成城大学（文芸・法学部－A方式）
299 成城大学（S方式〈全学部統一選抜〉）
300 聖心女子大学
301 清泉女子大学
303 聖マリアンナ医科大学 医
304 聖路加国際大学（看護学部）
305 専修大学（スカラシップ・全国入試）
306 専修大学（前期入試〈学部個別入試〉）
307 専修大学（前期入試〈全学部入試・スカラシップ入試〉）

た行（関東の大学）

308 大正大学
309 大東文化大学
310 高崎健康福祉大学
311 拓殖大学
312 玉川大学
313 多摩美術大学
314 千葉工業大学
315 中央大学（法学部－学部別選抜）
316 中央大学（経済学部－学部別選抜）
317 中央大学（商学部－学部別選抜）
318 中央大学（文学部－学部別選抜）
319 中央大学（総合政策学部－学部別選抜）
320 中央大学（国際経営・国際情報学部－学部別選抜）
321 中央大学（理工学部－学部別選抜）
322 中央大学（5学部共通選抜）
323 中央学院大学
324 津田塾大学
325 帝京大学（薬・経済・法・文・外国語・教育・理工・医療技術・福岡医療技術学部）
326 帝京大学（医学部） 医
327 帝京科学大学 総推
328 帝京平成大学 総推
329 東海大学（医〈医〉学部を除く－一般選抜）
330 東海大学（文系・理系学部統一選抜）
331 東海大学（医学部〈医学科〉） 医
332 東京医科大学（医学部〈医学科〉） 医
333 東京家政大学・短期大学部 総推
334 東京経済大学
335 東京工科大学
336 東京工芸大学
337 東京国際大学
338 東京歯科大学
339 東京慈恵会医科大学（医学部〈医学科〉） 医
340 東京情報大学
341 東京女子大学
342 東京女子医科大学（医学部） 医
343 東京電機大学
344 東京都市大学
345 東京農業大学
346 東京薬科大学（薬学部） 総推
347 東京薬科大学（生命科学部） 総推
348 東京理科大学（理学部〈第一部〉－B方式）
349 東京理科大学（創域理工学部－B方式・S方式）
350 東京理科大学（工学部－B方式）
351 東京理科大学（先進工学部－B方式）
352 東京理科大学（薬学部－B方式）
353 東京理科大学（経営学部－B方式）
354 東京理科大学（C方式、グローバル方式、理学部〈第二部〉－B方式）
355 東邦大学（医学部） 医
356 東邦大学（薬学部）

2025年版　大学赤本シリーズ

私立大学②

357 東邦大学(理・看護・健康科学部)
358 東洋大学(文・経済・経営・法・社会・国際・国際観光学部)
359 東洋大学(情報連携・福祉社会デザイン・健康スポーツ科・理工・総合情報・生命科・食環境科学部)
360 東洋大学(英語〈3日程×3カ年〉)
361 東洋大学(国語〈3日程×3カ年〉)
362 東洋大学(日本史・世界史〈2日程×3カ年〉)
363 東洋英和女学院大学
364 常磐大学・短期大学 総推
365 獨協大学
366 獨協医科大学(医学部) 医

な行(関東の大学)

367 二松学舎大学
368 日本大学(法学部)
369 日本大学(経済学部)
370 日本大学(商学部)
371 日本大学(文理学部〈文系〉)
372 日本大学(文理学部〈理系〉)
373 日本大学(芸術学部〈専門試験併用型〉)
374 日本大学(国際関係学部)
375 日本大学(危機管理・スポーツ科学部)
376 日本大学(理工学部)
377 日本大学(生産工・工学部)
378 日本大学(生物資源科学部)
379 日本大学(医学部) 医
380 日本大学(歯・松戸歯学部)
381 日本大学(薬学部)
382 日本大学(N全学統一方式－医・芸術〈専門試験併用型〉学部を除く)
383 日本医科大学 医
384 日本工業大学
385 日本歯科大学
386 日本社会事業大学 総推
387 日本獣医生命科学大学
388 日本女子大学
389 日本体育大学

は行(関東の大学)

390 白鷗大学(学業特待選抜・一般選抜)
391 フェリス女学院大学
392 文教大学
393 法政大学(法〈Ⅰ日程〉・文〈Ⅱ日程〉・経営〈Ⅱ日程〉学部－A方式)
394 法政大学(法〈Ⅱ日程〉・国際文化・キャリアデザイン学部－A方式)
395 法政大学(文〈Ⅰ日程〉・経営〈Ⅰ日程〉・人間環境・グローバル教養学部－A方式)
396 法政大学(経済〈Ⅰ日程〉・社会〈Ⅰ日程〉・現代福祉学部－A方式)
397 法政大学(経済〈Ⅱ日程〉・社会〈Ⅱ日程〉・スポーツ健康学部－A方式)
398 法政大学(情報科・デザイン工・理工・生命科学部－A方式)
399 法政大学(T日程〈統一日程〉・英語外部試験利用入試)
400 星薬科大学 総推

ま行(関東の大学)

401 武蔵大学
402 武蔵野大学
403 武蔵野美術大学
404 明海大学
405 明治大学(法学部－学部別入試)
406 明治大学(政治経済学部－学部別入試)
407 明治大学(商学部－学部別入試)
408 明治大学(経営学部－学部別入試)
409 明治大学(文学部－学部別入試)
410 明治大学(国際日本学部－学部別入試)
411 明治大学(情報コミュニケーション学部－学部別入試)
412 明治大学(理工学部－学部別入試)
413 明治大学(総合数理学部－学部別入試)
414 明治大学(農学部－学部別入試)
415 明治大学(全学部統一入試)
416 明治学院大学(A日程)
417 明治学院大学(全学部日程)
418 明治薬科大学 総推
419 明星大学
420 目白大学・短期大学部

ら・わ行(関東の大学)

421 立教大学(文系学部－一般入試〈大学独自の英語を課さない日程〉)
422 立教大学(国語〈3日程×3カ年〉)
423 立教大学(日本史・世界史〈2日程×3カ年〉)
424 立教大学(文学部－一般入試〈大学独自の英語を課す日程〉)
425 立教大学(理学部－一般入試)
426 立正大学
427 早稲田大学(法学部)
428 早稲田大学(政治経済学部)
429 早稲田大学(商学部)
430 早稲田大学(社会科学部)
431 早稲田大学(文学部)
432 早稲田大学(文化構想学部)
433 早稲田大学(教育学部〈文科系〉)
434 早稲田大学(教育学部〈理科系〉)
435 早稲田大学(人間科・スポーツ科学部)
436 早稲田大学(国際教養学部)
437 早稲田大学(基幹理工・創造理工・先進理工学部)
438 和洋女子大学 総推

中部の大学(50音順)

439 愛知大学
440 愛知医科大学(医学部) 医
441 愛知学院大学・短期大学部
442 愛知工業大学 総推
443 愛知淑徳大学
444 朝日大学 総推
445 金沢医科大学(医学部) 医
446 金沢工業大学
447 岐阜聖徳学園大学 総推
448 金城学院大学
449 至学館大学 総推
450 静岡理工科大学
451 椙山女学園大学
452 大同大学
453 中京大学
454 中部大学
455 名古屋外国語大学 総推
456 名古屋学院大学 総推
457 名古屋学芸大学 総推
458 名古屋女子大学 総推
459 南山大学(外国語〈英米〉・法・総合政策・国際教養学部)
460 南山大学(人文・外国語〈英米を除く〉・経済・経営・理工学部)
461 新潟国際情報大学
462 日本福祉大学
463 福井工業大学
464 藤田医科大学(医学部) 医
465 藤田医科大学(医療科・保健衛生学部)
466 名城大学(法・経営・経済・外国語・人間・都市情報学部)
467 名城大学(情報工・理工・農・薬学部)
468 山梨学院大学

近畿の大学(50音順)

469 追手門学院大学 総推
470 大阪医科薬科大学(医学部) 医
471 大阪医科薬科大学(薬学部) 総推
472 大阪学院大学 総推
473 大阪経済大学 総推
474 大阪経済法科大学 総推
475 大阪工業大学 総推
476 大阪国際大学・短期大学部 総推
477 大阪産業大学 総推
478 大阪歯科大学(歯学部)
479 大阪商業大学 総推
480 大阪成蹊大学・短期大学 総推
481 大谷大学 総推
482 大手前大学・短期大学 総推
483 関西大学(文系)
484 関西大学(理系)
485 関西大学(英語〈3日程×3カ年〉)
486 関西大学(国語〈3日程×3カ年〉)
487 関西大学(日本史・世界史・文系数学〈3日程×3カ年〉)
488 関西医科大学(医学部) 医
489 関西医療大学 総推
490 関西外国語大学・短期大学部 総推
491 関西学院大学(文・法・商・人間福祉・総合政策学部－学部個別日程)
492 関西学院大学(神・社会・経済・国際・教育学部－学部個別日程)
493 関西学院大学(全学部日程〈文系型〉)
494 関西学院大学(全学部日程〈理系型〉)
495 関西学院大学(共通テスト併用日程〈数学〉・英数日程)
496 関西学院大学(英語〈3日程×3カ年〉) 新
497 関西学院大学(国語〈3日程×3カ年〉) 新
498 関西学院大学(日本史・世界史・文系数学〈3日程×3カ年〉) 新
499 畿央大学 総推
500 京都外国語大学・短期大学 総推
502 京都産業大学(公募推薦入試) 総推
503 京都産業大学(一般選抜入試〈前期日程〉)
504 京都女子大学 総推
505 京都先端科学大学 総推
506 京都橘大学 総推
507 京都ノートルダム女子大学 総推
508 京都薬科大学 総推
509 近畿大学・短期大学部(医学部を除く－推薦入試) 総推
510 近畿大学・短期大学部(医学部を除く－一般入試前期)
511 近畿大学(英語〈医学部を除く3日程×3カ年〉)
512 近畿大学(理系数学〈医学部を除く3日程×3カ年〉)
513 近畿大学(国語〈医学部を除く3日程×3カ年〉)
514 近畿大学(医学部－推薦入試・一般入試前期) 医 総推
515 近畿大学・短期大学部(一般入試後期) 医
516 皇學館大学 総推
517 甲南大学 総推
518 甲南女子大学(学校推薦型選抜) 新 総推
519 神戸学院大学 総推
520 神戸国際大学 総推
521 神戸女学院大学 総推
522 神戸女子大学・短期大学 総推
523 神戸薬科大学 総推
524 四天王寺大学・短期大学部 総推
525 摂南大学(公募制推薦入試) 総推
526 摂南大学(一般選抜前期日程)
527 帝塚山学院大学 総推
528 同志社大学(法、グローバル・コミュニケーション学部－学部個別日程)

2025年版　大学赤本シリーズ

私立大学③

529 同志社大学(文・経済学部−学部個別日程)
530 同志社大学(神・商・心理・グローバル地域文化学部−学部個別日程)
531 同志社大学(社会学部−学部個別日程)
532 同志社大学(政策・文化情報〈文系型〉・スポーツ健康科〈文系型〉学部−学部個別日程)
533 同志社大学(理工・生命医科・文化情報〈理系型〉・スポーツ健康科〈理系型〉学部−学部個別日程)
534 同志社大学(全学部日程)
535 同志社女子大学 総推
536 奈良大学 総推
537 奈良学園大学 総推
538 阪南大学 総推
539 姫路獨協大学 総推
540 兵庫医科大学(医学部) 医
541 兵庫医科大学(薬・看護・リハビリテーション学部) 総推
542 佛教大学 総推
543 武庫川女子大学 総推
544 桃山学院大学 総推
545 大和大学・大和大学白鳳短期大学部 総推
546 立命館大学(文系−全学統一方式・学部個別配点方式)/立命館アジア太平洋大学(前期方式・英語重視方式)
547 立命館大学(理系−全学統一方式・学部個別配点方式・理系型3教科方式・薬学方式)
548 立命館大学(英語〈全学統一方式3日程×3カ年〉)
549 立命館大学(国語〈全学統一方式3日程×3カ年〉)
550 立命館大学(文系選択科目〈全学統一方式2日程×3カ年〉)
551 立命館大学(IR方式〈英語資格試験利用型〉・共通テスト併用方式)/立命館アジア太平洋大学(共通テスト併用方式)
552 立命館大学(後期分割方式・「経営学部で学ぶ感性+共通テスト」方式)/立命館アジア太平洋大学(後期方式)
553 龍谷大学(公募推薦入試) 総推
554 龍谷大学(一般選抜入試)

中国の大学(50音順)

555 岡山商科大学 総推
556 岡山理科大学 総推
557 川崎医科大学 医
558 吉備国際大学 総推
559 就実大学 総推
560 広島経済大学
561 広島国際大学 総推
562 広島修道大学
563 広島文教大学 総推
564 福山大学/福山平成大学
565 安田女子大学 総推

四国の大学(50音順)

567 松山大学

九州の大学(50音順)

568 九州医療科学大学
569 九州産業大学
570 熊本学園大学
571 久留米大学(文・人間健康・法・経済・商学部)
572 久留米大学(医学部〈医学科〉) 医
573 産業医科大学(医学部) 医
574 西南学院大学(商・経済・法・人間科学部−A日程)
575 西南学院大学(神・外国語・国際文化学部−A日程/全学部−F日程)
576 福岡大学(医学部医学科を除く−学校推薦型選抜・一般選抜系統別日程) 総推
577 福岡大学(医学部医学科を除く−一般選抜前期日程)
578 福岡大学(医学部〈医学科〉−学校推薦型選抜・一般選抜系統別日程) 医 総推
579 福岡工業大学
580 令和健康科学大学 総推

医 医学部医学科を含む
総推 総合型選抜または学校推薦型選抜を含む
DL リスニング音声配信　新 2024年 新刊・復刊

掲載している入試の種類や試験科目，収載年数などはそれぞれ異なります。詳細については，それぞれの本の目次や赤本ウェブサイトでご確認ください。

akahon.net
赤本 検索

難関校過去問シリーズ

出題形式別・分野別に収録した
「入試問題事典」

定価2,310～2,640円（本体2,100～2,400円）

先輩合格者はこう使った!
「難関校過去問シリーズの使い方」

61年，全部載せ!
要約演習で，総合力を鍛える

東大の英語
要約問題 UNLIMITED

国公立大学

東大の英語25カ年[第12版] 改
東大の英語リスニング20カ年[第9版] DL 改
東大の英語 要約問題 UNLIMITED
東大の文系数学25カ年[第12版] 改
東大の理系数学25カ年[第12版] 改
東大の現代文25カ年[第12版] 改
東大の古典25カ年[第12版] 改
東大の日本史25カ年[第9版] 改
東大の世界史25カ年[第9版] 改
東大の地理25カ年[第9版] 改
東大の物理25カ年[第9版] 改
東大の化学25カ年[第9版] 改
東大の生物25カ年[第9版] 改
東工大の英語20カ年[第8版] 改
東工大の数学20カ年[第9版] 改
東工大の物理20カ年[第5版] 改
東工大の化学20カ年[第5版] 改
一橋大の英語20カ年[第9版] 改
一橋大の数学20カ年[第9版] 改
一橋大の国語20カ年[第6版] 改
一橋大の日本史20カ年[第6版] 改
一橋大の世界史20カ年[第6版] 改
筑波大の英語15カ年 新
筑波大の数学15カ年 新
京大の英語25カ年[第12版]
京大の文系数学25カ年[第12版]
京大の理系数学25カ年[第12版]
京大の現代文25カ年[第2版]
京大の古典25カ年[第2版]
京大の日本史20カ年[第3版]
京大の世界史20カ年[第3版]
京大の物理25カ年[第9版]
京大の化学25カ年[第9版]
北大の英語15カ年[第8版]
北大の理系数学15カ年[第8版]
北大の物理15カ年[第2版]
北大の化学15カ年[第2版]
東北大の英語15カ年[第8版]
東北大の理系数学15カ年[第8版]
東北大の物理15カ年[第2版]
東北大の化学15カ年[第2版]
名古屋大の英語15カ年[第8版]
名古屋大の理系数学15カ年[第8版]
名古屋大の物理15カ年[第2版]
名古屋大の化学15カ年[第2版]
阪大の英語20カ年[第9版]
阪大の文系数学20カ年[第3版]
阪大の理系数学20カ年[第9版]
阪大の国語15カ年[第3版]
阪大の物理20カ年[第8版]
阪大の化学20カ年[第6版]
九大の英語15カ年[第8版]
九大の理系数学15カ年[第7版]
九大の物理15カ年[第2版]
九大の化学15カ年[第2版]
神戸大の英語15カ年[第9版]
神戸大の数学15カ年[第5版]
神戸大の国語15カ年[第3版]

私立大学

早稲田の英語[第11版] 改
早稲田の国語[第9版] 改
早稲田の日本史[第9版] 改
早稲田の世界史[第2版] 改
慶應の英語[第11版] 改
慶應の小論文[第3版] 改
明治大の英語[第9版] 改
明治大の国語[第2版] 改
明治大の日本史[第2版] 改
中央大の英語[第9版] 改
法政大の英語[第9版] 改
同志社大の英語[第10版]
立命館大の英語[第10版]
関西大の英語[第10版]
関西学院大の英語[第10版]

DL リスニング音声配信
新 2024年 新刊
改 2024年 改訂

共通テスト対策関連書籍

共通テスト対策 も 赤本で

① 過去問演習

2025年版

共通テスト 赤本シリーズ

全12点

A5判／定価1,320円
（本体1,200円）

- 英国数には新課程対応オリジナル実戦模試 掲載！
- 公表された新課程試作問題はすべて掲載！
- くわしい対策講座で得点力UP
- 英語はリスニングを10回分掲載！ 赤本の音声サイトで本番さながらの対策！

- 英語 リーディング／リスニング DL
- 数学I, A／II, B, C
- 国語
- 歴史総合, 日本史探究
- 歴史総合, 世界史探究
- 地理総合, 地理探究
- 公共, 倫理
- 公共, 政治・経済
- 物理
- 化学
- 生物
- 物理基礎／化学基礎／生物基礎／地学基礎

DL 音声無料配信

② 自己分析

赤本ノートシリーズ 過去問演習の効果を最大化

▶共通テスト対策には

赤本ノート（共通テスト用）

赤本ルーズリーフ（共通テスト用）

共通テスト 赤本シリーズ

新課程攻略 問題集

全26点 に対応!!

▶二次・私大対策には

大学赤本 シリーズ

全556点 に対応!!

赤本ノート（二次・私大用）

③ 重点対策

共通テスト 赤本プラス

新課程攻略問題集

基礎固め&苦手克服のための分野別対策問題集!!
厳選された問題でかしこく対策

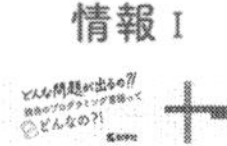

- 英語リーディング
- 英語リスニング DL
- 数学I, A
- 数学II, B, C
- 国語（現代文）
- 国語（古文, 漢文）
- 歴史総合, 日本史探究
- 歴史総合, 世界史探究
- 地理総合, 地理探究
- 公共, 政治・経済
- 物理
- 化学
- 生物
- 情報I

DL 音声無料配信

全14点 好評発売中！

A5判／定価1,320円（本体1,200円）

手軽なサイズの実戦的参考書

目からウロコの コツが満載！

直前期にも！

満点のコツ シリーズ

赤本 ポケット

いつも受験生のそばに──赤本

大学入試シリーズ＋α
入試対策も共通テスト対策も赤本で

入試対策

赤本プラス

赤本プラスとは，**過去問演習の効果を最大にする**ためのシリーズです。「赤本」であぶり出された弱点を，赤本プラスで克服しましょう。

大学入試 すぐわかる**英文法** DL
大学入試 ひと目でわかる**英文読解**
大学入試 絶対できる**英語リスニング** DL
大学入試 すぐ書ける**自由英作文**
大学入試 ぐんぐん読める
英語長文〔BASIC〕 DL
大学入試 ぐんぐん読める
英語長文〔STANDARD〕 DL
大学入試 ぐんぐん読める
英語長文〔ADVANCED〕 DL
大学入試 正しく書ける**英作文**
大学入試 最短でマスターする
数学Ⅰ・Ⅱ・Ⅲ・A・B・C
大学入試 突破力を鍛える**最難関の数学**
大学入試 知らなきゃ解けない
古文常識・和歌
大学入試 ちゃんと身につく**物理**
大学入試 もっと身につく
物理問題集（①力学・波動）
大学入試 もっと身につく
物理問題集（②熱力学・電磁気・原子）

入試対策

英検®赤本シリーズ

英検®（実用英語技能検定）の対策書。
過去問集と参考書で万全の対策ができます。

▶過去問集（2024年度版）
英検®準1級過去問集 DL
英検®2級過去問集 DL
英検®準2級過去問集 DL
英検®3級過去問集 DL

▶参考書
竹岡の英検®準1級マスター DL
竹岡の英検®2級マスター CD DL
竹岡の英検®準2級マスター CD DL
竹岡の英検®3級マスター CD DL

CD リスニングCDつき　DL 音声無料配信
新 2024年新刊・改訂

入試対策

赤本プレミアム

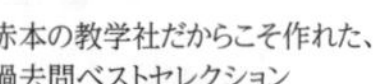

赤本の教学社だからこそ作れた，
過去問ベストセレクション

東大数学プレミアム
東大現代文プレミアム
京大数学プレミアム［改訂版］
京大古典プレミアム

入試対策

赤本メディカルシリーズ

過去問を徹底的に研究し，独自の出題傾向をもつメディカル系の入試に役立つ内容を精選した実戦的なシリーズ。

〔国公立大〕**医学部の英語**［3訂版］
私立医大の英語〔長文読解編〕［3訂版］
私立医大の英語〔文法・語法編〕［改訂版］
医学部の実戦小論文［3訂版］
医歯薬系の英単語［4訂版］
医系小論文 最頻出論点20［4訂版］
医学部の面接［4訂版］

入試対策

体系シリーズ

国公立大二次・難関私大突破へ，自学自習に適したハイレベル問題集。

体系英語長文　**体系世界史**
体系英作文　**体系物理**［第7版］
体系現代文

入試対策

単行本

▶英語
Q&A即決英語勉強法
TEAP攻略問題集 CD
東大の英単語［新装版］
早慶上智の英単語［改訂版］

▶国語・小論文
著者に注目! 現代文問題集
ブレない小論文の書き方 樋口式ワークノート

▶レシピ集
奥薗壽子の赤本合格レシピ

入試対策　共通テスト対策

赤本手帳

赤本手帳（2025年度受験用）プラムレッド
赤本手帳（2025年度受験用）インディゴブルー
赤本手帳（2025年度受験用）ナチュラルホワイト

入試対策

風呂で覚えるシリーズ

水をはじく特殊な紙を使用。いつでもどこでも読めるから，ちょっとした時間を有効に使える！

風呂で覚える英単語［4訂新装版］
風呂で覚える英熟語［改訂新装版］
風呂で覚える古文単語［改訂新装版］
風呂で覚える古文文法［改訂新装版］
風呂で覚える漢文［改訂新装版］
風呂で覚える日本史〔年代〕［改訂新装版］
風呂で覚える世界史〔年代〕［改訂新装版］
風呂で覚える倫理［改訂版］
風呂で覚える百人一首［改訂版］

共通テスト対策

満点のコツシリーズ

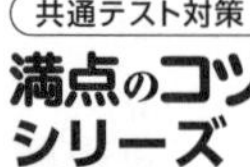

共通テストで満点を狙うための実戦的参考書。
重要度の増したリスニング対策は
「カリスマ講師」竹岡広信が一回読みにも
対応できるコツを伝授！

共通テスト英語〔リスニング〕
満点のコツ［改訂版］新 DL
共通テスト古文 満点のコツ［改訂版］新
共通テスト漢文 満点のコツ［改訂版］新

入試対策　共通テスト対策

赤本ポケットシリーズ

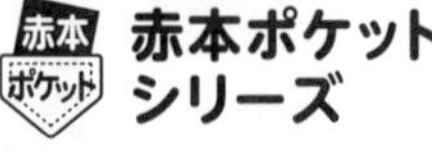

▶共通テスト対策
共通テスト日本史〔文化史〕

▶系統別進路ガイド
デザイン系学科をめざすあなたへ

2025年版　大学赤本シリーズ　No. 446

金沢工業大学

2024年7月20日　第1刷発行
ISBN978-4-325-26505-4
定価は裏表紙に表示しています

編　集　教学社編集部
発行者　上原 寿明
発行所　教学社
〒606-0031
京都市左京区岩倉南桑原町56
電話　075-721-6500
振替　01020-1-15695
印　刷　太洋社